Making Kingdom Disciples
A New Framework

하나님 나라의 제자
새로운 틀

하나님 나라와 제자도는 기독교에서 가장 중요한 개념이다. 이 두 가지는 예수님과 초대교회의 핵심적인 가르침이었다. 찰스 도나휴는 기독교 세계관에 근거하여 하나님 나라를 제자도와 설득력 있게 연결시키면서, 하나님 나라의 제자들은 전혀 새로운 삶을 사는 사람이라고 말한다. 이 책은 제자도를 위한 틀로서 인식론에 근거하여 하나님 나라, 언약과 같은 성경신학적인 주제들을 다룬다. 그리고 오늘날 이 시대를 이해하는 틀로서 근대성, 포스트모더니즘, 세대 차이와 같은 주제들을 다룬 후에, 복음이 세상에 어떻게 제시되어야 하는지 모범들을 성경에서 찾아 보여주고 있다. 기독교 세계관과 하나님 나라의 관점에서 새롭게 제자도를 이해할 수 있는 길잡이로서 이 책을 강력하게 추천한다.

이상일 총신대학교 신학과 교수

예수님의 지상명령의 핵심어인 명령형 동사는 '제자로 삼아라'이다. 예수님은 모든 민족에게까지 확장되는 제자화 교육이, 세례 받은 이후 그리스도의 모든 말씀을 알고 행하는 데까지 이르러 참된 제자가 되는 수준에 이르는 교육과정이 되도록 요구하셨다. 찰스 도나휴는 이 책에서 제자화 교육을 개혁신학 및 기독교 세계관으로 해명하였고, 세상에서의 제자도 실천 문제들을 쉽고 명쾌하게 설명하였다. 이 책은 기독교교육의 핵심과 실제를 이해하는 일에 큰 도움을 줄 것이다.

조성국 고신대학교 기독교교육과 교수

"It is good to see that Making Kingdom Disciples: A New Framework is finally being published. When it was published over 10 years ago I was hoping it would be translated and now we have it. The need may be even greater now when we see young people leaving the church without having become disciples of King Jesus the Lord and giver redeemer of all areas of life."

마침내 『하나님 나라의 제자』가 출판된 것을 기쁘게 생각한다. 10여 년 전 이 책이 나왔을 때, 한국어로 번역되기를 바랐는데 이제야 그렇게 되었다. 오늘날 수많은 젊은이들이 우리의 왕이요, 삶의 모든 영역의 구속자이신 예수 그리스도의 제자가 되지도 못하고 교회를 떠나는 것을 생각할 때, 이 책은 더없이 귀하다 하겠다.

웨슬리 웬트워쓰 Wesley Wentworth IVP출판고문

'제자도'는 예수 그리스도를 믿는 자에게 요구되는 삶을 가장 잘 표현해 주는 말이다. 하지만 그동안 한국교회의 제자훈련은 성도를 말씀, 기도, 교제, 전도라는 종교적인 틀 안에 묶어두고 교회에만 모든 에너지를 쏟게 하는 교회 성장의 도구로 전락했다. 그래서 성도가 교회에서 받은 은혜와 영적인 능력을 가지고 세상의 빛과 소금이 되며, 세상 가운데 하나님의 통치가 임하게 하며, 세상으로 하나님을 보게 하는 데까지 나아가지 못했다. 찰스 도나휴의 이 책은 '하나님 나라'의 관점에서 새롭게 제자도와 제자훈련을 설계한다. 그래서 '하나님 나라'뿐 아니라 '기독교 세계관', '개혁주의 신학', '언약신학'이라는 신학적 토대를 위해, 성도가 실제로 살아가야 할 이 세상을 지배하고 있는 철학과 세계관을 분석해 준다. 그리고 이를 실제로 적용하기 위한 성경적 모델까지 잘 제시하고 있다. 이 책이 좌초하고 있는 한국교회의 제자훈련을 성찰하고 재설계하여, 성경이 말하는 온전한 제자도의 능력과 영광을 회복하는 도구로 사용되길 간절히 소원해 본다.

정병오 기독교윤리실천운동 공동대표

각자의 관점과 이해가 그 사람의 삶의 방향을 결정하듯이 하나님 나라에 대한 이해는 그리스도인의 신앙 패턴에 절대적인 영향을 끼친다. 하나님 나라 중심의 제자도는 영혼 구원의 차원을 넘어 그리스도인을 통해 구속되어야 할 세계에도 눈을 뜨게 한다. 이 책을 통해 변화하는 세상 속에서 변치 않는 진리를 위해 사는 그리스도인들이 갖추어야 할 균형 잡힌 제자도를 정의하는 데 도움을 얻을 것이라 확신한다. 새로운 창조의 역사에 동참하는 예수 그리스도의 제자가 되기를, 또 제자 삼기를 소망하는 그리스도인에게 제자도의 분명한 방향과 방법을 선명하게 보여주기에 이 책을 적극 추천한다.

이거랑 교사선교회 대표

하나님 나라의 제자
새로운 틀

2019년 1월 19일 초판 1쇄 발행
지은이 찰스 도나휴
옮긴이 이현민 김양숙 김종훈
펴낸이 김선희
편집위원 전경자 백승국 김만호 고광철
디자인 정선은
인쇄 중앙문화사
펴낸곳 템북(TEMBOOK)
주소 인천광역시 중구 흰바위로37, 5층 503-1호(운서동, 영종프라자)
전화 032-752-7844
팩스 032-752-7840
이메일 tembook@naver.com
홈페이지 www.tembook.co.kr
출판등록 2018년 3월 9일 제2018-000006호

ISBN 979-11-963970-9-8
값 22,000원

Making Kingdom Disciples
A New Framework

Copyright ⓒ 2005 by Charles H. Dunahoo
Originally published in English as Making Kingdom Disciples: A New Framework
by P&R Publishing Company, Philipsburg, New Jersey, U.S.A.
All rights reserved.
This Korean translation edition © 2019 by TEMBOOK, Inc., Republic of Korea.
This Korean edition is published by arrangement of P&R Publishing Company through
rMaeng2, Seoul, Republic of Korea.

이 한국어판의 저작권은 알맹2 에이전시를 통하여 P&R 출판사와 독점 계약한 템북(TEMBOOK)에 있습니다.
신 저작권법에 의하여 한국 내에서 보호받는 저작물이므로 무단 전재와 무단 복제를 금합니다.

하나님 나라의 제자
새로운 틀

찰스 도나휴

이현민, 김양숙, 김종훈 역

템북

차례

추천사   9
서문   13

1부 말씀 알기: 제자도를 위한 틀   29
  1장 하나님 나라 모델의 개관   31
  2장 인식론: 앎의 내용과 방법   59
  3장 하나님 나라   99
  4장 기독교 세계관   135
  5장 개혁주의 신앙   167
  6장 언약 신학   219

2부 세상 알기: 제자도의 맥락   249
  7장 근대성 속에 틀 지워진 문화   257
  8장 포스트모던 패러다임   285
  9장 세대 차이의 배경   321

3부 말씀을 세상에 적용하기 위한 성경적 모델들 353
    10장 사도행전 17장에서 보는 바울의 사례 356
    11장 전도서: 세계관 연구 379
    12장 성경을 언약의 말씀으로 읽기: 창세기 13장 415

후기 447
부록 1. 제자 삼는 사역에서 세례와 교회의 역할 453
부록 2. 로버트 웨버의 『기독교 사역론』에 대한 논평 455
주 458
용어 해설 466
추가적인 참고문헌 470
역자 후기 474

일러두기 이 책의 성경 인용은 『개역개정』을 따랐다.

추천사

많은 이들이 제자도에 대한 또 다른 책이 필요한지 그 이유를 물을 것이다. 우리가 이 주제에 대해 충실하게 다룬 적이 있었을까? 나는 없었다고 본다. 대부분의 제자도에 관한 책들은 제자 삼는 과정을 다루고 있다. 실제로, 많은 사람들이 제자 삼는 사역을 효과가 증명된 몇 개의 공식으로 축소시킨다. 누군가에게 지속적인 경건의 시간을 가지게 하고 성경읽기와 기도를 강조하고 친구들과 이웃을 전도하게 만들고 다른 사람들도 이런 일을 하도록 이끈다. 그리고 이렇게 하면 당신이 예수님의 제자를 얻게 된다고 한다. 하지만 과연 이런 것이 진정으로 제자를 만든다고 할 수 있을까?

가장 간단하게 정의하자면, 제자란 그리스도를 따르는 사람이다. 만약 우리가 예수님의 지상 사역 기간 동안 그분을 따라다녔다면, 어떤 말씀을 들었을까? 분명 하나님 나라 혹은 천국(하늘나라)에 대해 들었을 것이다. 이것이 예수님께서 전하신 메시지의 핵심이었고, 제자들이 받아들이기 원하셨던 메시지였다. 예수님의 관점에서 제자가 된다는 것은 그 어떤 특정한 행동 패턴을 가지는 것보다 훨씬 더 큰 일에 관여하는 것이다. 그것은 예수님을 왕으로 인정하는 것과 함께, 자신의 삶을 하나님 나라 안에서 사는 것으로 완전히 재구성하는 일이다.

예수님께서 하나님 나라의 도래에 대해 설교하셨기 때문에, 당신이 들고 있는 이 책은 꼭 필요하고 중요하다. 제자도는 과정과도 관련이 있지만, 그보다 훨씬 중요한 것은 삶을 바라보는 방식의 근본적인 변화를 요구한다.

찰스 도나휴(Charles H. Dunahoo)는 예수님의 사역에서 가장 중요한 주제인 제자도에 대한 책을 교회에 제공해 준다. 제자 삼는 사역의 하나님 나라 모델은 제자 삼는 사역의 과정에 주의를 기울이면서 그 내용도 강조한다. 예수님의 제자는 경건의 시간을 통해서 말씀을 배울 뿐 아니라 그들의 삶이 변화된 것도 알게 된다. 그들은 세상에 사는 보통 사람들과는 다르게 생각하는 법을 배운다. 도나휴는 인식론의 문제점들을 참을성 있게 보여주고 진리에 대한 기독교적 접근법이 포스트모더니즘 세계의 진리관과 어떻게 다른지를 보여준다. 하나님 나라의 범주로 생각하지 않는 사람은 제자가 될 수 없는 것이다.

하나님 나라의 제자는 평범한 세상 사람들과 다르게 생각하기 때문에, 세상을 완전히 새롭고 신선한 방식으로 볼 수 있다. 모든 사람들이 세계관을 가지고 있지만, 그리스도인은 하나님 나라를 중심에 둔 세계관을 가진다. 왕 되신 예수님께서 존재하는 모든 것을 다스리신다. 하나님 나라의 사고 방식을 가진 제자들은 전체 세계가 예수님의 왕 되심을 인정하도록 하려 한다. 이것은 그저 그림의 떡이나 장차 이루어질 일이 아니라 바로 지금 여기에 있어야 할 일이라고 생각하는 사고 방식이다. 하지만 예수님께서 온 우주의 통치자라는 관점으로 삶을 바라보는 사람들은 점점 더 줄어들고 있다. 이런 관점을 가지고 있지 않으면 그 누구도 그리스도의 제자라고 인정받을 수 없다.

이런 관점이 제자가 되는 실제적이고 현실적인 과정을 가로막는 것이 아니라, 이것이야말로 완전하게 발현된 진정한 그리스도의 제자가 되는 모델을 보여준다. 예를 들어, 당신이 제자가 되면, 언약을 통해 하나님과의 관계 안에서 살아가게 될 것이다. 언약 안에서 살아가는 것은 하나님과의 관계에 의해 다스려지는 삶을 살 것을 요구한다. 도나휴는 언약적 삶의 방향을 제시하면서 또한 성경을 언약적으로 어떻게 읽어야 하는지도 보여준다.

제자도에 관한 새로운 접근방법을 제공해준 찰스 도나휴에게 교회는 감사의 빚을 지고 있다. 그는 예수님을 따르는 삶의 방법뿐 아니라, 그런 사람이 어떤 사람인지에 대해서도 알려주고 있다.

알렌 D. 커리 Allen D. Curry

서문

또 다른 책이 왜 필요할까? 제자도를 다룬 수많은 책들이 이미 쓰여졌고 출간되었는데 말이다. 여러 해 동안 제자도를 주제로 수백 권의 책을 읽고 교회 지도자들에게 추천하는 일을 해 왔지만, 내가 말하고 싶은 것을 정확하게 다룬 책은 한 권도 보지 못했다. 이 책의 내용 중 일부는 이미 다른 저자들이 다루었거나 다른 곳에서 더 유창하게 저술되기도 했다. 하지만, 제자도와 관련하여 이 책에서 제시하는 것과 같은 주제들로 구성된 책을 아직 보지 못했다. 그래서 그동안 내가 읽고 배운 내용들을 목사이면서 젊은 세대를 담당한 사역자로서, 또 교회 교육과 훈련을 담당한 코디네이터로서 지금까지 쌓아 온 경험과 접목하여, 어떤 특정한 방법으로 발전시키기보다는 큰 그림으로서의 제자도를 제안하기로 결심하였다. 나는 이 책이 하나님 나라의 제자 삼는 사역에 대한 개요서이자 입문서가 되기를 원하고, 전문 사역자와 평신도 사역자 모두에게 도움이 되기를 소망한다.

나의 평생의 목표는 목회자들과 교사들을 격려하는 것이었다. 그것은 그들이 제자 삼는 사역에 더 많이 참여하도록 격려하는 일이다(그들 중 대부분은 현재 자신들이 하는 것보다 이 일에 더 많이 헌신해야 한다고 생각한다). 목회자들은 교회 안 모든 부서들과 교사들이 따라 실천할 수 있는 잘 조율된 교육 계획을 장려할 필요가 있다. 삶을 변혁함으로써 기독교 신앙의 위대한 보물 상자를 열기 위해서는 교육의 과정이 의도적이어야 한다. 이 일은 설교 강단에서만 이루어 낼 수 있는 일이 아니며, 제자도에 대한 무계획적인 접근법으로 이루어 낼 수 있는 일도 아니다.

당신과 나는 하나님의 목적을 이루기 위해 역사 속에서 지금 이 시대, 이 땅에 살고 있다. 우리가 지금 이 시대를 살아가는 것은 결코 우연이 아니다. 사도 바울은 아테네 사람들에게 하나님께서 우리가 살아갈 연대를 정하시고 거주의 경계를 정하셨다고 말했다.사도행전 17:26b 또 고린도전서 12장에서 그리스도의 몸인 교회에 관하여 하나님께서 각 부분을 그분이 원하시는 대로 조직하여 전체로 만드신다고 말한다. 만물을 다스리시는 하나님께서 왜 우리를 하필 이 곳, 이 시대에 살게 하시는 걸까? 웨스트민스터 소요리문답의 탁월한 진술은 우리에게 "인간의 제일되는 목적은 하나님을 영화롭게 하며, 영원토록 그를 즐거워하는 것"임을 상기시켜 준다. 혹은 바울이 안디옥 사람들에게 한 설교 중에 "다윗은 당시에(그의 세대에) 하나님의 뜻을 따라 섬겼다." 사도행전 13:36 는 말을 생각나게 한다. 하나님의 목적을 이루기 위하여 우리는 역사 속에서 지금 여기에 있다. 이것에 대해서는 의심의 여지가 없다.

이 책의 원리들이 어느 특정한 세대를 위한 것은 아니지만, 이 책을 쓰면서 특별히 염두에 둔 세대는 가장 일반적인 의미의 기독교적인 틀(framework)도 제공받지 못한 지금의 젊은 세대들이다. X세대 또는 베이비 버스터(출생률 격감기에 태어난 세대)와 밀레니엄 세대의 어린이와 젊은이들은 교회에서 찾아보기 힘들어졌고, 아마도 기독교적 믿음에서도 멀어졌을 것이다. 마르바 던(Marva Dawn)은 『그것은 실패한 운동인가?』(*Is It a Lost Cause?*)라는 책에서 현대 포스트모던 사회에서 젊은 세대들에게 닿으려는 노력들이 승산이 없는 것은 아니라고 주장한다. 그러나 그들에게 닿기 위해서, 교회와 가정은 이 두 세대를 이해해야 하고, 관계나 진리의 두 가지 측면 중 어느 하나라도 중요한 본질을 잃지 않으면서 그들에게 적응하려는 자세를 가져야 한다. 던의 초기 저서 중 하나인 『기준을 낮추지 않고 관계 맺기』(*Reaching Out Without Dumbing Down*)는 아이들에게 가르치는 내용의 수준을 낮추지 말라고 도전한다. 철학자 디오게네스 알렌(Diogenes Allen)은 지식과 진리로부터 실체를 제거하려는 시도에 대해 경고한다. 이 두 세대는 학문적으로 가장 좋은 교육을 받았지만 그들 중 대부분은 성경적으로 가장 무지하다. 만약 기독교 공동체와 부모들이 기꺼이 대가를 지불하고 이 문제의 해결책을 배우고자 한다면, 우리는 그리스도께로 돌아온 한 세대를 볼 수 있게 될지도 모른다. 인간적으로는 그런 일이 일어날 수 없을 것 같지만, 우리는 약속에 신실하신 통치하시는 하나님을 신뢰한다.

하나님께서 내가 매 순간 최선을 다해 하고 있는 이 일의 시급성과 열정을 당신에게 전달해 주시길 기도한다. 로마서 13장 11절에서 "또한 너희가 이 시기를 알거니와 자다가 깰 때가 벌써 되었으니"라는 말씀과 역대상 12장 32절에서 잇사갈 자손에 대하여 "때를 잘 분간할 줄 알고 이스라엘이 하여야 할 바를 아는 사람들"이라고 묘사하는 말씀은 나에게 끊임없는 도전을 준다.

이 세대 안에서 하나님의 목적을 위하여 살려면 그분의 뜻과 이 세대 모두를 잘 이해해야 한다. 어떤 사람들은 하나님의 뜻을 잘 이해할 수 있고 다른 어떤 사람들은 이 세대를 잘 이해할 수 있겠지만, 좀 더 효과적인 것은 두 가지에 대한 이해를 모두 가지는 것이다. 그렇지 않다면 우리에게 주신 소명을 저버리는 것일 수 있다. 왜냐하면 하나님의 말씀을 이해하기 위해서는 세상을 잘 이해해야 하고, 세상을 이해하기 위해서는 그분의 말씀을 잘 이해해야 하기 때문이다. 하나님의 말씀과 그분의 목적을 이해하기 위해서는 성경 말씀을 원래의 맥락 안에서 이해하고, 그것이 역사적으로 발전해 온 것을 이해한 다음, 오늘날 우리의 상황 안에서 이해해야 한다. 이 세 가지 해석의 지평은 복잡하게 연결되어 있다. 따라서 우리가 이 세 가지 모두를 충실히 탐구하지 않는다면, 하나님께서 지금 우리에게 말씀하시는 바를 놓치게 된다.

이 책의 목적은 제자 삼는 과정과 "하나님 나라"의 관점을 통합하는 것이다. 장(chapter)을 더해 갈수록 우리는 이 목적에 더 다가갈 것이다. 각 장들은 이 세대를 위한 사역의 최종적 도전에 직면하게 될 때, 오늘날 이 세대를 향한 마지막 사명을 위해 우리에게 무엇이 필요한지 알게 한다. 1부에서는 말씀(사역을 위한 틀)에 대해서, 2부에서는 세상(사역을 위한 맥락)에 대해서, 3부에서는 적용을 위한 성경적 모델에 대해서 다룰 것이다. 그리고 오늘날 하나님의 목적을 이루기 위하여 이 책을 어떻게 사용할지 구체적인 방법들을 제시하면서 끝을 맺는다. 각 장은 개인적으로나 혹은 그룹으로 더 깊은 생각과 토론을 위한 주제들을 포함하고 있으며, 그 장에서 다루는 핵심 내용과 관련한 참고도서 목록도 제시하였다.

1부

포스트모던 시대에 하나님 나라의 제자가 되어 효과적인 사역을 하려면 하나님의 구원에 대한 지식과 그분의 말씀에 대한 정확한 지식, 우리를 둘러 싼 세계에 대한 올바른 지식, 우리 자신을 아는 참된 지식이 필요하다. 장 칼뱅(John Calvin)은 『기독교 강요』 1권의 1장에서 하나님을 아는 지식과 우리 자신을 아는 지식은 서로 연결되어 있어서 이 둘을 분리하는 것은 불가능하다고 했다. 실재에 대한 우리의 지식과 경험, 이해는 지식의 주체인 우리 자신과 하나님의 언약 공동체 안에서 우리의 역할에 영향을 받는다. 2장에서는 인식론, 즉 우리가 아는 것을 어떻게 아는지에 대해서 논할 것이다. 어려울 수 있지만, 이 장은 이 책의 나머지 부분에 관한 논의의 기초가 될 것이다. 예수 그리스도의 진정한 제자가 되려면 하나님의 말씀을 대할 때 우리의 두뇌 활동을 멈추거나 생각하기를 중단할 수 없다.

덧붙여 말하자면, 예수님을 믿는 자로서 우리는 모든 일에서 우리 자신이 하나님 나라의 백성임을 잊지 말아야 한다. 3장에서는 우리가 누구인지 그리고 우리가 어떻게 살고 생각해야 하는지를 결정하는 하나님 나라의 개념에 대해 다룰 것이다. "하나님 나라" 백성들은 세상과 달라야 한다. 하나님의 계획 안에서 우리는 이 세상의 한 부분이지만, 세상과 달라야 한다.

산상수훈(마태복음 5장~7장)은 우리의 삶에서 분명히 드러나야 하는 내적이고 외적인 특징에 대한 설교이다. 예수님은 이 설교를 통해 그런 특징과 행동들이 세상을 다르게 만들 것이라고 말씀하신다. 그러나 그 말씀이 맞다면, 우리 문화권에서 그리스도인들의 영향력은 왜 줄어들고 있는 것일까? 몇 가지 예외는 있지만, 오늘날 그리스도인들은 도덕적, 영적, 교육적, 철학적인 영향력을 거의 가지고 있지 않은 것 같다. 그리스도인들과 세속주의자들 모두 다가오는 사회적 붕괴에 대해 경고하고 있다. 조지 바나(George Barna)는 1998년도에 출판된 『교회의 재림』(The second coming of the church)에서 교회가 나아가야 할 진로의 방향을 돌릴 수 있는 시간이 5년 정도 남았고, 그렇지 않으면 교회는 완전히 무가치하게 될 것이라고 말했다. 조지 바나가 말했던 5년은 이제 지나갔는데, 교회가 계속 쇠퇴하게 될 것이라는 그의 염려는 일부 현실이 되고 있다. 이 책은 그와 같은 쇠퇴의 이유와 처방에 대해서 검토할 것이다.

4장은 그리스도인의 세계관을 다룰 것이다. 이 장은 세계관에 관련되어 있는 문제와 세계관을 개발하는 방법에 대한 논의이다. 성경은 우리가 그리스도인이 될 때 우리의 돌같이 굳은 마음이 살같이 부드러운 마음이 된다고 말한다. 또 한편으로는 우리에게 우리의 몸과 혼, 마음(지성)으로 하나님을 사랑하라고 가르치고 있다. 19세기 후반부터 20세기 전반에 이르기까지 그리스도인들에게 생각하도록 격려하고 가르치는 일에 대한 강조가 거의 없었다(서구의 고전적인 교육 모델은 사람들에게 생각하도록 가르치는 경향이 있었지만, 그것은 현재의 포스트모던 세계와 잘 맞지 않는 계몽주의 모델과 관련을 가지고 있었다. 그 모델은 히브리-기독교적 접근법을 정확히 반영하지도 않는다. 예를 들어, 그 모델은 계시보다 이성이 더 우월하다는 입장을 견지한다). 그리스도인들이 생각해야 할 필요성과 일관된 세계관을 개발할 필요성에 대해서 논의할 것이다. 그 세계관은 삶의 조각들을 전체로 묶어 정합적인 체계를 형성한다.

오늘날의 그리스도인들은 생각하는 것이 구원과 인생을 위하여 꼭 필요한 것은 아니라고 믿을 뿐만 아니라 교리와 신학은 전문적인 신학자들에게만 필요하다고 믿고 있다. 5장은 역사적 개혁주의 전통 안에 있는 성경적 교리를 다룬다. 사도 바울은 디도서 2장 1절에서 우리가 가르치는 것이 바른 교리에 일치하는 것이어야 한다고 말하며 우리의 역할이 무엇인지 분명히 밝혔다. 하지만, 우리가 속한 개혁주의 및 복음주의 진영에서는 교리를 삶과 공동체와 관련시키지 않고 교조적 방법으로 가르치는 경향이 있거나, 아니면 교리를 전혀 가르치지 않고 있다. 이 장에서 나는 이 두 가지의 접근 방식이 결국에는 모두 동일한 결과를 가져온다는 것과 포스트모던 세계의 압박 아래서 우리를 지켜 줄 기반이 하나도 없을 것임을 보여 줄 것이다. 개인적이고 공동체적인 삶 안에서 사람들의 마음을 감동시킬 수 있는 실제적인 방법으로 바른 교리를 가르치는 일은 과거 어느 때보다도 중요하다. 교리를 실제 삶과 관련시키지 않고서는 자라나는 세대 속으로 그것을 가지고 들어갈 수 없으며, 그들이 그리스도를 받아들이고 그리스도인 공동체로 나아오게 할 수도 없다.

언약에 초점을 맞추고 있는 6장은 기독교가 수직적인, 그리고 수평적인 관계 안에서 육신이 된 진리에 관한 종교임을 강조할 것이다. 인격적인 삼위일체 하나님께서 우리를 그분의 형상대로 창조하셔서 인격적인 방식으로 그분과 관계를 맺으시고, 또 신앙의 공동체 안에서 서로 관계를 맺도록 하셨다. 개인주의를 강하게 강조하는 모더니즘은 기독교 공동체를 약화시켰다. 그것은 개인주의적이고 자기 의존적인 문화를 초래하였다. 우리가 살고 있는 포스트모던 세계에서, 특별히 자라나는 세대가 외롭고, 분열되고, 고립된 그들의 삶에서 찾고 있는 것이 바로 이 언약적 사고와 삶이라고 믿는다.

2부

7장은 현재의 문화적 환경을 다룰 것이다. 만일 우리가 이 세대에서 하나님의 목적을 이루려면 이 시대를 이해해야 한다. 하나님께서는 역사를 창조하셨고, 역사는 그분께서 정하신 종말을 향해 움직이고 있다. 동양 사상과는 반대로, 우리는 역사가 그저 주기적으로 순환한다고 보지 않는다. 그러나 역사가 격변적 종말을 향하여 움직이고 있는 것으로 보는 단선적(linear) 이해 안에서, 우리가 현재를 이해하고 미래를 생각하는 기준을 가지기 위해서 과거로부터 교훈을 배울 수 있는 순환적인 패턴이 있는 것은 분명하다.

200년, 500년, 혹은 2,000년 전과 오늘은 다르다. 나는 항상 청교도들을 존경하고 사랑하지만, 그렇다고 우리가 그들이 살던 세계에서 살 수는 없다. 우리는 바울이나 칼뱅, 루터가 살던 세계에서 살 수 없다. 한 가지 이유는, 문화의 핵심인 언어가 변해왔고, 최신의 것, 최고의 것을 추구하는 근대성의 결과로 그 변화의 속도는 20세기에 이르러 더 빨라지고 있다. 우리는 우리를 둘러싼 대중 문화에 의해 (자주 의식하지도 못한 채) 심대한 영향을 받고 있다. 우리의 생활방식, 예배 습관, 편리함에 대한 집착, 즉석 주문식 소비자적 사고는 근대성을 반영한다.

8장은 포스트모더니즘을 집중 조명해 볼 것이다. 19세기 후반에 소개되었지만 20세기를 거치면서 급속하게 세력을 키운 포스트모더니즘은 우리의 후속 세대가 나올 즈음에 우리 문화 안에서 모습을 분명하게 드러내었다. 그것은 실재를 해석하고 이해하는 새롭고도 독특한 방법을 수반하였다. 월터 앤더슨(Walter Anderson)의 『실재가 예전의 것이 아니다』(*Reality Isn't What It Used To Be*), 리처드 미들턴(Richard Middleton)과 브라이언 왈쉬(Brian Walsh)의 『진리가 예전보다 이상해졌다』(번역판 제목: 포스트모던 시대의 기독교 세계관, 살림출판사, *Truth Is Stranger Than It Used To Be*)라는 책 제목들은 포스트모더니즘과 관련한 변화의 일면을 반영하고 있다.

포스트모더니즘에 대한 논의가 필요한 이유는 그것이 일시적 유행이 아니기 때문이다. 포스트모더니즘은 다양한 방식으로 드러나는 총체적인 인식체계(패러다임)의 전환이다. 다원주의, 상대주의, 관용, 대중문화에 대한 우리의 현재 관심사와 같은 주변적이고 하찮은 주제가 아니다. 그것은 우리의 인식론과 의사소통 방법에 영향을 미친다. 포스트모더니스트들은 사물들을 해체함으로써 언어를 자유롭고 개방적으로 사용하여 자신들만의 고유한 범주와 실재들을 구성하였다. 예를 들어, 그들은 자신들이 역시를 통해 말하고 싶은 것이면 무엇이든 말하기 위해 역사를 해체한다. 계몽주의 시기와 이성의 시대에는 경험이 부차적인 역할을 하지만, 인간의 자율적 이성과 경험을 최종적인 기준점으로 격상시켰다. 하지만 포스트모더니즘은 사람의 경험을 가장 높은 지위로 승격시켰다. 포스트모더니즘은 절대성과 보편성을 배제한 채 실재를 제시하는 첫 번째 모델이다.

9장은 세대와 관련된 주제를 논할 것이다. 세계를 이해하려면 그 안에 살고 있는 각 세대의 사람들을 이해해야 할 필요가 있다. 각 세대는 독특하게 구별되는 특징들을 가지고 있으며, 이 특징들은 각 세대의 구성원들이 사고하는 방식과 그들이 그렇게 행동하는 이유에 대하여 제대로 이해할 수 있게 해 준다. 제2차 세계대전 이전의 세대로부터 시작하여 현재의 밀레니얼 세대(1980년에서 2000년 사이에 태어난 어린이와 청소년들)에 이르기까지, 우리는 모든 세대들에게 효과적으로 사역할 수 있는 방법을 이해하려고 노력할 것이다. 특별히 우리는 X세대(베이비 버스터)와 밀레니얼 세대에 초점을 맞출 것이다. 이 두 세대는 실제로 이전에 교회에 다닌 적이 있었는지는 모르겠지만, 수적으로 대거 교회를 떠난 세대이다. 이들은 성경을 전혀 모르기 때문에 하나님에 대한 참된 지식을 가지지 못한 포스트모더니즘의 첫 세대이다. 우리에게 주어진 도전적 과제는 자라나는 이 세대들에게 다가가 그들을 교회로부터 쫓아내는 방식이 아니라 그리스도인 공동체 안으로 끌어들이는 방식으로 그들에게 진리의 복음을 전하는 것이다.

3부

마지막 3부는 개인 혹은 소그룹의 귀납적 성경공부에서 사용할 수 있는 자료들을 담고 있다. 우리는 해석학 혹은 성경 해석의 역할에 대해서 간략하게 논할 것이다. 우리가 하나님 말씀을 공부할 때, 이 책에 제시되어 있는 퍼즐조각들을 끼워 맞추는 것이 중요하다.

기독교 공동체는 우리 문화 안에 있는 성경적 문맹이라는 거대한 시대적 조류를 바꿀 수 있는 전략을 세워야 하는 도전적 과제를 가지고 있다. 이 일은 과거의 방법으로는 이룰 수 없다. 중세의 초기 대학교 모델에서 개발되어 근대주의의 패러다임과 함께 확장되었던 신학을 학문적으로 실천하는 것은 지금의 후기-과학적이고 비이성적인 세대에 맞지 않다. 우리는 이미 개혁되었지만 한편으로는 하나님 말씀으로 항상 개혁되고 있는 중이다. 성경은 언제나 우리의 "믿음과 삶의 오류 불가능한 규칙"이긴 하지만, 중요한 것은 우리가 그것을 이해하는 것이다. 비록 성경이 오랜 기간에 걸쳐 기록되었고, 요한계시록과 함께 정경

이 완결되었을지라도, 웨스트민스터 신앙고백서(1.8)에 따라, 말씀은 평범한 사람들의 "서민적인" 일상언어로 번역되어야 한다. 과거의 지식 없이는 성경을 효과적이고 적절하게 공부할 수 없는 것처럼, 우리 시대의 일상적인 사람들의 언어로 성경을 공부하지 않는다면 그 공부는 효과적일 수 없다.

이것은 성경을 현대적으로 번역하는 것 그 이상을 의미한다. 주님처럼 그분의 말씀은 살아 있고 강력하다. 그것이 바로 오늘 우리를 위한 그분의 기록된 말씀이다. 비록 포스트모더니즘이 권위와 배타주의, 절대적인 것, 보편적 진리에 대해서 의심하는 경향이 있지만, 성경은 모든 시대에 모든 사람을 위한 진리이다. 하나님께서는 우리에게 그분의 말씀을 가지고 이 세상과 소통함으로써 그분과 함께 일하기를 기대하신다.

10장은 사도행전 17장에서 바울이 아테네인들과 대화하는 것으로부터 우리가 배울 수 있는 것을 살펴본다. 바울의 설교에서 그들 문화를 이해하고 자신의 말을 듣는 청중들에게 적합한 용어를 사용하되 본질이 왜곡되지 않은 복음의 선포가 결합되어 있는 것을 살펴본다. 11장은 포스트모던 사고방식을 가진 사람들의 전형적인 염려와 질문에 대해서 어떻게 대답하는지에 초점을 두고 전도서의 개관을 다루고 있다. 12장은 아브라함의 생애(창세기 13장)에서 한 일화를 사용하여 도덕주의와 율법주의의 함정에 빠지지 않기 위해서 성경을 언약적으로 읽는 것이 중요함을 보여주려고 한다.

이 책은 개혁주의 신학과 칼뱅주의 세계관에 대한 확신을 바탕으로 쓰여졌다. 칼뱅이 그의 시대에 그러했던 것처럼, 이 두 가지는 오늘날 하나님의 진리를 더 효과적으로 전할 수 있도록 해 줄 것이다. 만일 이 책을 통해 그리스도인들, 특히 그리스도인 지도자들에게 성경적으로 그리고 전략적으로 생각하도록 격려할 수 있다면 이 책의 목적은 달성된 것이다.

만일 이 책이 당신이 편안하게 여기던 영역들을 어지럽히고 불편함을 야기한다면, 이 책이 당신에게 생각하도록 도전하고 격려할 것이라 확신한다. 누군가가 말한 대로, "당신이 사람들에게 그들이 생각하고 있다고 생각하게 만든다면 그들은 당신을 사랑할 것이다. 그러나 당신이 그들을 생각하도록 만든다면, 그들은 당신을 미워할 수도 있다"는 것을 나는 충분히 마음에 새기고 있다. 미움을 받으려고 이 책을 쓰지는 않았다. 우리의 지성으로 하나님에 대해 생각하고 우리의 마음으로 그분을 사랑하는 것이 나의 목적이다. 절대적으로 중요한 것은 시간이다. 우리는 인간적으로는 수행이 불가능한 과업을 가지고 있다. 하나님의 교회를 세우고 그분의 나라를 확장하기 위하여 우리 주님께서 우리의 힘을 결집시켜 주시길 기도한다.

1부

말씀 알기: 제자도를 위한 틀

1장

하나님 나라 모델의 개관

승천하시기 전에 예수님께서는 교회에 한 과업을 명하셨다. 이 과업은 그분께서 승천하신 날로부터 이 세대가 끝나고 이 땅에 다시 오실 때까지 교회가 맡아서 행해야 할 사명이다. 그분께서는 "하늘과 땅의 모든 권세를 내게 주셨으니 그러므로 너희는 가서 모든 민족을 제자로 삼아 아버지와 아들과 성령의 이름으로 세례를 베풀고 내가 너희에게 분부한 모든 것을 가르쳐 지키게 하라 볼지어다 내가 세상 끝날까지 너희와 항상 함께 있으리라" ^{마태복음 28:18-20} 고 말씀하셨다.

이 말씀의 중요성은 아무리 강조해도 지나치지 않다. 이 말씀은 만물의 구원이 완성되는 그분의 재림 때까지 교회를 향한 하나님의 뜻이 무엇인지 보여준다. 교회의 사명은 전도하고 신자들을 교육함으로써 제자를 삼는 것이다. 달리 말하면, 신자들은 변화되어 그리스도의 형상을 닮아가야 한다. 이는 하나님 나라에서 그리스도께서 하셨던 것과 같은 섬김의 삶을 통해서 드러난다.

이 장을 통해 제자 삼는 것에 관한 하나님의 계획을 개괄적으로 보여줄 수 있을 것이다. 나는 이것을 하나님 나라의 접근법이라 부르는데, 여기서 우리는 교회가 담당하는 역할에 대해 이해할 필요가 있다. 최근의 연구 경향을 보면, 제자 삼는 사역들이 별로 효과가 없었다는 점이 드러나고 있다. 예를 들어, 그리스도인이라 고백하는 사람들 중에서 자기가 성경적 세계관을 가지고 있다고 생각하는 사람은 10%에도 미치지 못한다. 조지 바나(George Barna)는 이것을 그의 저서, 『교회의 재림』(*The Second Coming of the Church*)[1]에서 말하고 있다. 교회의 효용성을 평가했던 많은 사람들이 이 주장을 뒷받침하고 있다.

그들 중에서 조지 갤럽(George Gallup Jr.)과 마이클 린지(D. Michael Lindsay)는 미국인의 종교 생활에 나타난 주요한 경향을 다음과 같이 요약한다.

- 종교의 대중적 확산
- 성경 지식의 현저한 결핍
- 신앙의 비일관성
- 피상적인 믿음
- 하나님을 믿는다고는 하나 신뢰하지 않음
- 조직화된 종교가 영향력을 발휘하지 못함[2]

종교와 종교적 실천은 삶의 사적인 영역으로 내몰린다. 그리스도인과 비그리스도인은 생활방식에서 거의 차이가 없다. 갤럽과 린지는 그리스도인들이 사회에서 비그리스도인들과 크게 구별되지 않을 뿐만 아니라 종교에서조차도 거의 구별되지 않는다고 결론을 내린다.

사도 바울이 주는 충고를 미국의 상황과 대비해 보라.

> 그러므로 형제들아 내가 하나님의 모든 자비하심으로 너희를 권하노니 너희 몸을 하나님이 기뻐하시는 거룩한 산 제물로 드리라 이는 너희가 드릴 영적 예배니라 너희는 이 세대를 본받지 말고 오직 마음을 새롭게 함으로 변화를 받아 하나님의 선하시고 기뻐하시고 온전하신 뜻이 무엇인지 분별하도록 하라 로마서 12:1-2

현대 문화를 살펴보면 지금 자라고 있는 젊은 세대는 역사상 성경을 가장 모르는 세대이다. 우리는 사람들이 점점 더 고독과 고립을 경험하는 단절된 문화 가운데 살고 있다. 교회 안에 있는 사람이나 바깥에 있는 사람 모두 제도화된 교회를 긍정적으로 보지 않는다. 왜냐하면 교회가 인생의 문제와 도전에 대한 실질적인 해결책을 말해 주거나 제공해 주지 않기 때문이다. 우리는 현재 우리가 알고 있는 것과 같은 제도화된 교회의 죽음에 직면할지 모른다. 그게 아니라면, 10년 내에 지금의 교회 모습을 완전히 다르게 만들 수도 있는 제도화된 교회의 전면적인 해체를 목격할 수도 있다. 오늘날의 주류 철학인 포스트모더니즘은 기초를 제거하고 실재를 반기초적이고 상대주의적인 방식으로 재정의하려는 세계관적 패러다임이다. 그리스도인들은 이 세상에서 빛과 소금으로 존재하도록 준비되지 못했고, 많은 사람들이 세상으로부터 물러나거나 담을 쌓고 자신을 그 속에 가두었다. 그리하여 그리스도인들은 세상이 보기에 별로 중요하지도 않고 의미가 없는 존재가 되어버렸다.

나는 내가 속한 교단의 기독교교육과 출판의 기획 책임자로서 관찰한 바에 근거하여, 지금까지 제자를 삼는 성경적 모델이 없었다고 결론을 내린다. 여기서 "제자"라는 말은 다양한 의미를 함축하고 있기 때문에 이 단어를 자세히 살펴보는 것이 중요하다. 이 책에서는 이 단어를 다음과 같이 정의한다.

일반적인 정의: 제자는 어떤 신념 체계를 받아들이고 그 신념에 근거하여 인생에 대한 통일적이고 전체적이며 의도적인 접근법을 채택하는 사람이다.

하나님 나라의 관점에서 내린 정의: 하나님 나라의 제자는 자신을 향한 하나님의 생각을 헤아려서 그것을 자기의 전체 삶에 적용하는 사람이다.

"그 마음의 생각이 어떠하면 그 위인도 그러한 즉"^{잠언 23:7}이라는 말씀을 두고 볼 때, 기독교적 의미에서 모든 제자의 목적은 "모든 생각을 사로잡아 그리스도에게 복종하게"^{고린도후서 10:5} 하는 것이다.

1980년대 말엽 어느 날, 나는 미시시피주 잭슨에 있는 리폼드 신학교 기독교교육대학원의 학장이었던 친구 노만 하퍼(Norman Harper)의 사무실에서 그와 대화를 나눈 적이 있었다. 그는 "찰스, 우리에게 가장 큰 문제 중 하나는 가르치는 장로들(목사들)이 기독교교육에 대한 비전을 가지고 있지 않다는 것이라네"라고 말하였다. 그는 여러 해 전에 『제자훈련을 통한 현대 기독교교육』(엠마오, *Making Disciples: The Challenge of Christian Education at the End of the 20th Century*)이란 책을 출판했었다. 그는 책에서 제자란 "자신의 삶 전체를 예수 그리스도의 주되심 아래에 두고 살기를 의식적으로 원하고 노력하는 사람"이라고 정의한다. 나아가 "제자를 삼는 것이 모든 참된 교육의 궁극적인 목적이다"라고 말한다. 그 후로 수년 간 그가 소천하기 전까지 미국 기독교교육 및 출판 위원회의 장로교회 위원으로 있는 동안 우리는 그 생각에 대해서 더 깊은 대화를 나누었다. 그때 이후로 나는 그가 했던 충고의 말들을 자주 회상하곤 한다. 20세기의 끝이 가까워 오면서 그리고 현재의 상황과 통계들을 곰곰이 생각해 보면 그가 했던 말들이 나에게는 새로운 방식으로 확고해지기 시작했다.

제자 삼는 사역에 집중하였던 기관인 네비게이토의 부총재 짐 피터슨(Jim Petersen)도 비슷한 이야기를 했다. 그의 저서, 『생활방식의 제자도: 오늘의 세계에서 예수를 따르는 도전』(*Lifestyle Discipleship: The Challenge of Following Jesus in Today's World*) 중, 제1장 "제자도와 현대 문화"의 첫 문장은 다음과 같이 시작된다. "30년 간의 제자 훈련 프로그램, 그러나 우리는 제자가 되지 않았다."

관점이 약간 다르지만 하퍼와 피터슨 모두 옳다는 결론으로

위와 유사한 말을 인용하면서 논의를 진전시킬 수도 있다. 나는 교회와 관련된, 좀 더 넓게는 종교와 철학 분야와 관련된 현재의 경향을 연구하면서, 그리고 지역교회의 지도자들과 조지 바나, 조지 갤럽, 로버트 워쓰나우(Robert Wuthnow)와 같은 연구자들과 함께 일했던 경험을 통해, 우리가 지금까지 실천했던 제자를 삼는 패러다임이 의문의 여지가 있거나 심지어 잘못되었다는 확신을 갖게 되었다. 실제로 내가 곧 진술할 네 가지의 제자 삼는 접근법 중 세 가지는 완전히 틀린 것은 아니다. 그러나 그것들은 개별적으로 또는 다른 것과 결합하여도 내가 옳다고 믿는 접근법에 미치지 못한다. 그러므로 그 접근법들은 하나님께서 의도하신 결과를 만들어내지 못한다. 이런 의미에서 볼 때 만약 그것들이 단독으로 사용되었다면 그 접근법들은 잘못되었다.

간단히 말하면, 의도하지는 않았지만 제자를 삼는 방식은 종종 하나님 중심이라기보다는 사람 중심이었고 효과가 별로 없었다. 다른 방식의 많은 활동과 운동이 있을 수도 있겠지만, 통계자료는 현실이다. "사람 중심"이라는 말은 집단적인 의미뿐 아니라 개인적인 차원에서도 사람이라는 의미로 사용한다. 우리는 올바른 패러다임-사람 중심이 아니라 하나님 중심인 모델, 즉 편협한 고립주의나 분리주의 접근방법이 아니라 "하나님 나라"

의 접근법-에 따라 움직여야 한다. 그 차이점은 무엇인가?

나에게 큰 영향을 끼친 프란시스 쉐퍼(Francis Schaeffer)는 삶의 모든 영역에 영향을 미치는 모종의 포괄적인(지배적인) 철학이 있다고 주장한다. 그는 자신의 저서 『거기 계시는 하나님』(생명의 말씀사, *The God Who Is There*)에서 철학이 가장 상위에서 작동하기 시작하여 그 아래로 신학과 교회를 포함한 삶의 모든 영역에 영향을 미치는 계단형 도식을 제시하였다(도표 1.1은 쉐퍼의 원래 도표를 약간 변형시켰다). 이것은 우리가 제자 삼기에서 반드시 따라야 할 접근법의 일면을 보여준다.

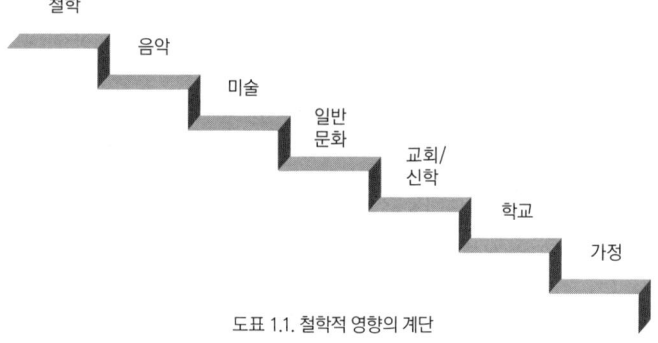

도표 1.1. 철학적 영향의 계단

근대의 시기는 계몽주의 철학으로 인해 엄격하였다. 모든 것이 어느 자리에든 꼭 맞아 들어가야 했다. 포스트모더니즘이 시작되기 전까지는 논리와 이성이 지배하였다. 포스트모더니즘은 1960년대에 새로운 모델로서 완전한 힘을 발휘하기 시작하였고, 말과 논리, 이성을 무시하는 정도가 이전에 이성이 지배할 때보다 더 심하였다. 1998년 바나가 우리에게 배의 방향을 돌릴 수 있는 시간이 5년 정도 밖에 남지 않았다[3]고 말했을 때 과도한 소란을 일으켰다고 할 수 있지만, 제자 삼는 사역의 방향을 전환할 필요가 있다고 말한 이유는 정당한 것이었다. 우리가 알고 있듯이 마이클 리겔(Michael Regele)의 책, 『교회의 죽음』(*The Death of the Church*)은 가시적 교회를 두고 말하는 것인데 교회가 살아나기 위해서는 죽어야만 한다는 그의 주장은 옳다. 오늘날 교회가 제자를 만들기 위해 애쓰는 방법에 대해서 살펴보고 그런 다음 하나님께서 마음에 두고 계신 것에 대해서 알아보자.

세 가지 미흡한 접근방법

명료한 논의를 위하여 제자 삼기라는 표제어 아래 오늘날 사용되고 있는 세 가지 주요한 접근방법에 대해서 말할 것이다 (도표 1.2). 이 세 가지 접근방법이 틀렸다는 것이 아니라 단지 환원적(reductionistic)이고 불완전하다는 것이다.

접근방법	초점		맥락	지향점	특징
모델 1 프로그램 기반	사람 중심	정보제공적/ 내용	공동체(대규모 집단) 속의 사람	프로그램, 활동	"기독교인 게토 (ghetto)" 조장
모델 2 개인		조직형성적/ 관계	사람 대 사람 개인 대 개인	절실한 필요	영적 성장을 위한 점 검표, 교회 공동체와 별개로 이루어질 수 도 있음
모델 3 소그룹		조직형성적/ 관계	소그룹 속의 사람	사회	소그룹 내 조직에 초 점, 회중의 공동 예 배의 역할을 경시할 수도 있음
모델 4 하나님 나라	하나님 중심	변혁적 (정보와 조직 을 포함) 내용 관계 적용 봉사와 사역	위의 것 모두	하나님 나라	삶과 사고의 총체적 인 변혁, 하나님과 그분의 나라에 대한 전체적인 묘사에 초 점

도표 1.2. 제자 만들기의 모델

첫 번째 접근방법은 프로그램에 기반을 둔 모델로서 전체 공동체를 구성하는 사람에게 초점을 맞춘다. 두 번째 접근방법은 각 개인과 그들의 절실한 필요에 초점을 맞추고 있다. 세 번째 접근방법은 사람을 소그룹 관계의 맥락 속에 두고 있으며 사회에 좀 더 많은 초점을 맞추고 있다. 이런 접근방법들은 사람과 하나님 사이의 관계에 모든 관심을 집중시키고, 사람됨과 다른 사람과의 관계에 대한 관심은 부차적이다.

접근방법 1. 프로그램 기반 모델

첫 번째 모델은 주로 1950년대 이전에 사용되었다. 이것은 "정보제공 모델 혹은 프로그램에 기반한 모델"이라고 부를 수 있다. 이 모델은 공동체에 속한 사람과 그의 활동에 초점을 맞추면서 최고의 정보를 가장 많은 사람들과 공유하는 것을 강조한다. 이 모델은 그리스도를 믿는 믿음의 고백뿐만 아니라 교회에 소속하는 것과 출석을 강조한다. 사람들은 교회 활동과 예배, 공동체 식사, 주일학교, 소그룹에 참여하고 있을 때 자신들이 가진 기독교 신앙을 공개적으로 표명하는 것이 어렵지 않음을 발견한다. 다른 사람들이 그들과 동일하게 행동하는 것은 타당성 구조(plausibility structure) 혹은 안전한 환경을 만들어 낸다. 그 그룹에게 교회는 거의 기독교의 작은 지상낙원과 같은 곳이 된다.

사람들은 교회 안에서 성경을 읽고 성경적 주제들도 배우지만, 그 집단 환경 밖에서는 자신의 신앙을 유보하는 경향이 있다. 이 모델은 종종 제자 만들기를 위한 프로그램화된(정보제공적) 접근방법이 된다. 우리는 마샬 맥루한(Marshall McLuhan)과 같은 사람으로부터 전달 방법은 쉽게 메시지로 바뀔 수 있고, 따라서 메시지의 원래 의도는 변질될 수도 있다는 것을 배웠다. 바로 이런 이유 때문에 우리는 만약 메시지가 올바로 정의되었다면 그 메시지의 내용이나 의도를 변질시키지 않고 일관되게 전달할 수 있는 방법을 사용해야 한다고 강력하게 주장한다.

접근방법 2. 개인적 모델

20세기 초엽에 교회는 자유주의와 보수주의로 나뉘어졌다. 자유주의자는 온전한 복음의 초점을 희생하면서 복음의 메시지를 사회적으로 광범위하게 적용하는 것을 추구하였고, 보수주의자는 그런 도전에 반발하여 세상으로부터 물러났다. 이런 상황은 접근방법 1의 무력함과 맞물려 1940년대 말과 1950년대 초엽에 새로운 모델을 개발하게 하였다. 이 두 번째 모델은 "병행교회"(para-church) 모델에 더 가깝다. 이것은 "개인적 모델"이라고 부른다. 이 개인적 모델은 개인과 그 개인이 하나님과 맺는 관계에 초점을 맞춘다. 이 모델에서 사람들은 대개 누군가의 간증을 통해 그리스도를 영접한다. 그런 후에 새 신자가 그리스도 안에서 성장하도록 돕는 사람이 붙는다. 이 모델은 새 신자와 규모가 작은 그룹에서 일대일로 만나서 훈련해 줄 사람 혹은 멘토를 찾는다. 일반적으로 성경을 읽고 성구를 외우며 복음 전도 방법을 배우고 기도하는 것에 관심을 가진다. 이 접근방법은 제자가 되기 위해 실천해야 할 항목들을 명료하게 열거한 리스트를 만들도록 한다. 이 개인적 모델의 효과는 일대일 가르침의 효과에 의존한다. 이 접근법은 프로그램 기반 모델과 겹쳐지면 강해지고, 따로 떨어져 있으면 약해진다. 빌리 행크스(Billy Hanks), 빌 쉘(Bill Shell)같은 사람들이 이 방법과 교회의 방법이 통합되어야 할 필요성을 언급하였고 글도 썼다. 사실, 우리 모두는 자신이 그리스도인이라는 것을 고백하지만 그리스도인으로 살아가면서 교회의 필요성을 전혀 느끼지 못하는 사람들을 알고 있다. 이 모델은 쉽사리 그런 생각을 강화한다.

접근방법 3. 소그룹 모델

세 번째 접근방법은 소그룹 안에서 작동한다. 로버트 파즈미뇨(Robert Pazmiño)가 조직형성적 모델이라 불렀던 이 방법은 두 번째 접근법과 마찬가지로 일대일 관계이든 소그룹이든 간에 사람에게 초점을 맞춘다. 이 특별한 관계중심의 모델은 1960

년대에 시작되었다. 60년대와 70년대 기간 동안 도처에서 성장하는 수많은 소그룹들이 일어났다. 엄격한 개인주의에 대한 약간의 반발과 개인 상호간의 좀 더 강렬한 관계에 대한 욕구에서 나온 "우리끼리" 의식("groupie" mentality)이 문화 전반에 걸쳐 생겨났다. 이 운동은 감수성 훈련 참가자 그룹과 수행 심리학(transactional psychology)의 출현과 함께 발달하였다. 동시에 알코올 중독자 협회와 같은 그룹들이 약간의 성공을 경험하였다. 일반적으로 사람들은 혼자 있거나 군중들 속에 있을 때보다 소그룹에 소속해 있을 때 더 많은 진보를 보이는데 이 접근법은 그런 강렬한 관계의 구축에 기반하였다.

소그룹 안에서 삶의 나눔과 기도, 성경공부 혹은 성경적 주제에 대한 토론과 같은 활동들을 한다. 유대-기독교 역사에서 상당한 부분은 소그룹에 초점이 맞추어져 있기 때문에 이 모델은 자연적으로 하나님의 백성들의 생활 가운데 자리를 얻는다. 초대교회의 역사를 공부한 사람들은 가정교회에 대해 잘 알고 있다. 어떤 저자가 표현한 것처럼, "우리는 아무런 구별 없이 그저 모인 무리가 아니라, 우리의 생각과 느낌을 나눌 수 있고 영구적인 가치를 가진 것을 창조해내는 일을 함께 할 수 있는 소수의 사람들 속에 소속될 필요가 있다."[4]

로버트 웟쓰나우는 40%의 미국 성인들이 정기적으로 만나면서 돌봄과 지원을 제공받는 다양한 소그룹들에 소속되어 있으며, 그 그룹들 중 3분의 2는 교회나 유대교 회당과 관련을 가지고 있다고 쓰고 있다.[5] 개인의 삶에 절실한 필요를 중심으로 만들어진 이 소그룹 모델은 프로그램이나 내용보다는 관계와 돌봄에 훨씬 더 많은 초점을 두고 있다.

접근방법 4. 하나님 나라 접근법

하나님 중심 체계라고 할 수 있는 하나님 나라 접근법은 앞의 세 모델들을 포함할 뿐만 아니라 그것들을 하나님 나라의 맥락 안에 위치시킨다. 그것은 정보제공적이고, 형성적이며, **변혁적**이다! 우리가 변혁적 단계에 도달하기 전에는, 바울이 로마서 12장과 고린도후서 10장에 기록한 것처럼, 모든 생각을 사로잡아 그리스도께 복종시키고 이 세대의 행동과 관습을 본받지 않고 사고방식을 변혁함으로써 새 사람으로 변화된 존재라는 성경적 의미의 제자가 될 수 없을 것이다. 이것은 단지 우리의 경건 생활 혹은 교회 생활뿐만 아니라 전체 삶에 적용된다. 아브라함 카이퍼(Abraham Kuyper)는 "우리 인간 삶의 영역 중에서 만유의 주권자이신 그리스도께서 '내 것이다'라고 말하지 않는 곳은 단 한 평도 없다"고 말하였다. 삶의 모든 것이 하나님의 다스림 아래에서 살아가야 할 종교적 행위이다.

하나님 나라 접근법의 주된 목적은 전체 삶을 향한 하나님의 말씀을 알고 이해하며 적용하는 데 있다. 그것은 또한 하나님의 명령에 더욱 순종하는 삶을 사는 것도 포함된다. 사고방식과 생활방식을 변혁하는 것은 교회 공동체 안과 밖 모두에서 하나님의 형상인 사람들을 섬기고 돌보는 일의 핵심이다. 모든 생각을 사로잡아 그리스도께 복종시키는 것 역시 본질적이다. 이 하나님 나라 모델은 삶의 모든 영역에 스며 있는 철학이 있다고 생각하는 그리스도인을 배출한다. 워쓰나우가 강조하듯이, 그리스도의 주되심은 우리가 하나님 나라를 위해 돈과 다른 물질적 자원을 사용하는 방식을 통해 드러날 것이다.

하나님 나라 모델은 믿음과 삶을 분리하지 않는다(그것은 가능하지도 않다). 이 모델은 하나님의 진리를 삶의 모든 영역에 통합하는 것에 초점을 맞추고 있다. 하나님 나라 모델은 단지 학술적이거나 정보제공적이거나 지적인 개념이 아니며 모든 영역에 대한 봉사와 사역을 강조한다.

우리는 하나님 나라의 패러다임의 기본인 성경공부뿐 아니라 그리스도의 주되심 아래에 있는 삶의 모든 합당한 영역들-수학, 과학, 역사, 법학, 심리학, 사회학-에 대해서도 배워야 한다. 이러한 과정 속에서 교회는 하나님 나라 모델의 핵심이므로 그 역할이 축소되어서는 안된다. 하나님 나라 모델의 패러다임은 제도화된 교회보다 넓다(3장은 교회와 하나님 나라의 관계에 대해서 논할 것이다).

그러므로 하나님 나라의 접근법은 앞의 세 접근법보다 더 포괄적이며, 앞의 세 접근법의 국면들을 포함해야 한다. 하나님 중심의, 혹은 하나님 나라의 접근법은 하나님에 대한 올바른 관점, 또한 하나님께서 사람과 맺으시는 관계, 사람이 하나님과 맺는 관계, 사람이 다른 사람들과 맺는 관계, 사람이 그를 둘러싼 세계와 맺는 관계에 대한 올바른 관점에 초점을 맞춘다.

하나님 나라의 접근법에서 기독교교육은 서로 다른 사회 기관들-가정, 교회, 학교, 국가-과 그들 간의 관계, 우리를 둘러싼 세계 만을 다루는 것이 아니라, 과학과 역사, 수학, 법학과 같은 삶의 다른 영역들에 대해서도 다룬다. 그러므로 **우리는 기독교 세계관을 가져야 한다.**

하나님 나라의 체계(kingdom framework)를 중요하게 만드는 것 중 하나는 그것이 개인의 변화(transformation)에 관심을 기울이며 하나님 형상으로서 각자가 가진 독특함을 인정하는 것이다. 하나님 나라에서는 틀에 박힌 상투적인 것이 아무 것도 없다. 우리는 우리가 처한 상황에서 주님을 섬기고 사역할 때 우리의 독특함을 드러내어 보여주어야 한다. 하나님 나라의 모델은 개인이 가진 은사를 존중한다. 우리가 어떤 생활 가운데 있든지 간에 우리는 주님께서 목적하신 바를 섬겨야 한다. 그것이 우리가 존재하는 이유이다.

하나님 나라의 초점(kingdom focus)을 중요하게 만드는 또 다른 하나는 그것이 자라나는 세대에게 하나님의 말씀과 우리를 둘러싼 세계와 자신을 알도록 특별하게 도전하는 것이다. 그런 지식이 자라면서, 우리는 기독교교육이 제자도라는 것과 그리스도께서 만유의 주이시기에 제자도는 만물을 통해서 하나님께 복종하는 것이라는 사실을 깨닫게 된다.

칼빈 대학이나 카버넌트 대학과 같이 하나님 나라의 관점으로 가르치는 대학은 소수에 지나지 않으며, 그런 식으로 가르치는 교회도 내가 알고 있기로는 얼마 없다. 스위스의 라브리(L'Abri)에서 프란시스 쉐퍼가 사용한 이 접근방법은 (비록 그가 소그룹과 일대일 방법도 함께 사용하였지만) 아마도 제자도를 하나님 나라의 모델(이건 내가 이름 붙인 것이다)에 기반을 두는 것에 가장 근접한 것이다.

여기서 구체적인 방법으로 더 들어가는 것은 원하지 않는다. 그보다는 우리에게 방법론을 개발할 길을 제시해 줄 하나님 나라의 체계 혹은 배경을 이해하는 것에 초점을 맞추려고 한다. 이 책의 1부와 2부는 그 방법에서 필요한 몇 가지 요소들을 확인하고 기대되는 몇 가지 결과들을 기술할 것이다. 그러나 실제로 하나님 나라의 체계는 개인에 따라 혹은 집단에 따라 다양할 것이다. 나는 지금까지 자신들의 방법이 제자를 만드는 올바른 방법이라는 인상을 주는 수많은 프로그램을 살펴보았다. 유용한 방법들이 많지만, 실천 과정에 적용하기 위해 선택한 어떠한 방법도 복음의 메시지를 훼손하거나 변경하는 방법으로 사용되어서는 안된다.

또한, 나는 하나님 나라 모델은 진리의 복음을 포함하고 있음을 강조하고자 한다. 그것은 자증하시는(self-attesting) 예수 그리스도로 시작하고 그분으로 끝맺는다. "만물이 그 안에서 함께 선다." "만물 가운데서 그리스도께서 으뜸이 되신다." 하나님 나라의 모델은 복음을 희생해서는 안된다. 왜냐하면 복음이 없으면 우리가 제자를 삼기 위해 애써야 할 실체가 없기 때문이다. 만약 어떤 사람의 세계관이 성경의 자증하시는 그리스도로 시작하지 않는다면, 그 세계관은 무위로 돌아갈 것이다. 다른 한편으로, 하나님 나라의 모델은 성경공부와 나눔, 기도, 복음전도의 의미를 가진 간증에 참여하는 것을 넘어선다. 성경의 내용을 아는 것과 그 지식을 일상의 삶에서 사용하는 방법을 아는 것은 별개의 문제이다. 기독교교육이란 곧 제자 삼는 일이다. 이미 언급했던 부적절한 접근방법과는 대조적으로, 기독교교육은 단지 프로그램 중심적이거나 정보제공적이지 않으며, 사람 중심적이거나 형성적(formational)이지도 않고, 어느 한 기관이나 삶의 한 영역에 국한되지도 않는다. 그것은 하나님 중심적이고, 전체 삶 지향적이며, 따라서 변혁적(transformational)이다. 이것은 우리가 다른 방식으로 생각하고 행동하고 살아가도록 돕기 위해 의도적으로 고안된 과정이다. 그러나 하나님 나라 모델은 정형화되거나 천편일률적인 제자를 만들어내지 않는다. 사실, 하나님 나라 모델 안에서 작업을 하면 우리는 많은 사안들에 대해서 서로 다른 결론에 도달할 수도 있겠지만 체제와 관련하여서는 일치를 이룰 것이다. 하나님 나라의 그리스도인들은 정치의 영역에서 문제를 다르게 볼 수도 있겠지만 그들 모두는 그런 선택지들을 다룰 때 특정한 세계관을 가지고 작업할 것이다. 이것이 앞서 인용한 짐 피터슨의 말이 그렇게 중요한 이유이다.

제자 삼는 사역에서 우리의 목표는 삶의 변혁이다. 당신은 하나님 나라의 체제 **밖에서는** 제자가 될 수 없고 삶의 방향성을 변화시킬 수도 없다. 사고와 삶의 지속적인 개혁이 바로 하나님 나라 모델의 목적이기 때문에 당신은 당신의 사고와 삶을 지속적으로 개혁하는 성경적 세계관을 개발할 것이다.

말씀에 대한 추가적인 언급

하나님께서는 그분의 나라에 속한 사람들로 하여금 삶의 모든 영역에서 말씀의 사람이 되도록 하신다. 그분은 우리가 광범위한 진리의 영역을 최종적으로 평가하는 오류불가능한 지침으로 말씀을 사용하기 원하신다. 시편의 저자는 **"주의 빛 안에서 우리가 빛을 보리이다"** 시편 36:9 라고 말했다. 그분은 우리의 지침이 되는 성경을 사용하여 모든 영역에서 그분의 진리를 배우기를 원하신다.

우리는 성경 속에 담긴 하나님의 말씀에 특별히 주목하여야 한다. 왜냐하면 성경은 그분의 기록된 말씀이고 우리는 삶 전체에서 하나님의 진리를 이해하기 위해 노력해야 하기 때문이다. 하나님의 일반계시와 특별계시는 이분법적으로 분리되지 않는다는 것을 기억해야 한다.

그러므로 우리는 기독교교육을 다음과 같이 정의한다. **기독교교육은 하나님의 진리 위에 세워진 세계관을 전수하는 과정이다. 그것은 예수 그리스도와 그분의 말씀을 중심에 두는 하나님 나라의 접근방법이다. "교육은 사람들이 그리스도를 통하여 하나님을 아는 지식과 믿음, 소망, 사랑이 자라고 성장하는, 하나님께서 시작하시고 사람이 협력하는 과정이다."** [7] 노만 드용

(Norman De Jong)은 진정한 교육은 진리 안에 있는 교육이고 모든 진리는 하나님으로부터 나오는 것이기 때문에 교육이란 말에 "기독교적"이란 형용사를 사용하는 것은 불필요하다고 주장한다. 기독교적이지 않는 어떤 교육도 진정한 교육이 아니다. 교육은 종교적인 실천이지만, 이 타락한 세상에서 모든 종교가 기독교적이지는 않다. 이것이 바로 하나님의 말씀을 모든 지식과 교육의 기초로 사용해야 할 이유이다.

바울이 로마서 12장 1-2절에서 우리의 사고 방식을 새롭게 함으로써 새로운 사람으로 변화를 받으라고 한 말을 떠올려보라. 애석하게도 만약 통계가 맞다면, 우리의 제자 삼는 모델은 사람들을 영적으로 더 민감하게 만들 수는 있을지 모르나 그들은 사고 방식이나 생활 방식을 바꾸지는 않는다. 바나가 말한 10%-자신이 가진 세계관을 인식하고 신앙을 고백하는 그리스도인의 숫자-를 기억하라. 또한, 제임스 엥겔스(James Engels)와 윌 노턴(Will Norton)이 『현대 기독교 공동체: 이론과 실제』(*Contemporary Christian Communications: Its Theory and Practice*)에서 그리스도인이 된 이후에도 그들의 세계관이 전혀 변화되지 않은 기독교 개종자들이 있다는 주장도 기억하라. 전도는 영혼의 구원과 마음(지성)의 구원이라는 이중적 과업을 가지고 있다는 찰스 말릭의 주장에 덧붙여, 모어랜드(J. P. Moreland)와 윌리엄 레인 크레이그(William Lane Craig)는 다음과 같은 의견을 진술한다. "우리의 교회는 불행하게도 그리스도인으로서 자신들의 마음(지성)을 낭비하는 사람들로 넘쳐나고 있다. 말릭이 관찰하였듯이 그들은 영적으로는 거듭났을지 몰라도, 지성은 아직 회심하지 않았다. 그들은 여전히 불신자처럼 생각한다."

성경은 "만물이 다 그로 말미암고 그를 위하여 창조되었다"라고 말한다. 그러므로 그분은 "만물의 으뜸"이 되신다. 골로새서 1:16, 18 어떤 기관(가정, 교회, 학교)이든 형식적으로 그리고 비형식적으로 하나님의 진리를 공부하고 기독교교육에 관여하는 것은 정당한 일이다. 그러나 개인들도 역시 이 일에 관여하여야 한다. 이것은 정당한 일이고 모든 만물이 그리스도의 영광을 위하여 회복되기 위해서 반드시 해야 할 일이다.

제자를 삼는 하나님 나라의 접근법은 우리의 삶을 포함한 모든 삶을 주님께로 향하도록 변혁하는 것을 목적으로 한다. 그것은 성화의 과정과 로마서 12장 1-2절에서 바울이 쓴 전적인 변혁을 목적으로 한다. 즉, 모든 영역에서 그리스도를 닮아가는 생활양식을 의도적으로 전파한다.

마지막으로, 우리는 마태복음 28장 19-20절의 대위임령에서 드러나는 전략적 핵심요소를 주목할 필요가 있다(부록1을 보라). 이 유명한 구절에서 예수님은 제자 삼는 것과 세례를 연결하신다. 세례는 교회에 속한 두 가지 성례 중 하나이기 때문에 우리는 제자 삼는 것이 교회와 연결된다는 것을 믿는다. "내가 너희에게 분부한 모든 것을 가르쳐 지키게 하라"는 말씀도 명백하게 교회와 연결되어 있다.

더 깊은 생각과 토론을 위한 주제

1. 제자를 삼는 세 가지 미흡한 접근방법 중 당신은 어느 것이 가장 익숙한가? 그것은 당신의 삶에, 특별히 당신의 세계관에 어떤 영향을 미쳤는가?

2. 이 장에서 언급된 모델 중에서 당신의 교회가 제자도를 위해서 사용하는 것은 무엇인가? 그것은 우리가 진술한 것과 다소 다를 수 있다. 만약 그렇다면, 당신은 그 차이점을 알 수 있는가?

3. 세 가지 미흡한 방법은 그 초점이 정보제공적이거나 조직형성적인 반면에 하나님 나라의 접근법은 변혁을 목적으로 한다는 것에 주목하였다. 이 두 관심사를 어떻게 하나님 나라의 접근법에 통합할 수 있는가?

4. 하나님 나라는 3장의 주제이다. 제자를 삼는 하나님 나라 접근법과 세 가지 미흡한 방법들 사이의 차이점과 유사점을 이해하고 있는가? 진정한 차이점은 무엇인가? 하나님 나라의 모델은 다른 세 개의 모델이 요구하는 것과는 다른 패러다임을 요구한다는 것을 명심하라.

5. 책을 읽는 이 시점에서 당신의 교회에 어떤 제자 훈련 프로그램을 기획할 수 있을까? 제자 훈련에 패러다임의 전환이 요구될 수도 있음을 명심하라. 이 책을 읽는 동안 당신의 기획에서 점검과 수정이 필요한 부분은 무엇인가?

추천도서

De Jong, Norman. *Teaching for a Change*. Phillipsburg, N.J.: P&R Publishing, 2001. 이 책은 단지 정보나 내용을 전수하는 것이 아니라 삶의 변혁을 위한 교육을 요구한다. 그러므로 드용이 쓴 저작의 목적은 학교 상황 가운데서 하나님 나라 제자 삼기와 같은 것이다.

Harper, Norman. *Making Disciples: The Challenge of Christian Education at the End of the 20th Century*. Memphis: Christian Studies Center, 1981. 『그리스도의 제자 만드는 기독교교육』(도서출판 토라) 기독교교육과 하나님 나라에서 제자 삼기에 대한 핵심적인 책 중 하나이다. 이 책은 하나님 나라 그리고 은혜 언약과 교육(제자 삼기) 과정 간의 관계에 대해 견고한 성경적이고 개혁주의적인 관점을 반영하고 있다.

Pazmiño, Robert W. *Foundational Issues in Christian Education*. Grand Rapids: Baker, 1997. 『기독교교육의 기초』(디모데) 기독교교육은 진공 상태에서 일어나지 않는다는 것을 깨닫고 파즈미뇨는 일곱 개의 근본적인 문제들을 논하고 있다. 그는 연속성과 변화의 균형을 유지해야 함을 이해하고 있다. 이 책은 우리에게 근본정신을 바꾸지 않으면서 기독교교육을 담을 "새 부대"에 대해 숙고하게 만든다. 우리는 너무나 자주 현대적이 된다는 것을 기본을 잊는 것으로 동일시한다. 아니면 새로운 흐름에 대해서 "이것이 우리가 지금까지 늘 해오던 방식이다"라고 하면서 반발하기도 한다. 이 책은 정말로 기독교교육의 "기본서"라고 할 수 있다.

_____. *Principles and Practices of Christian Education: An Evangelical Perspective*. Grand Rapids: Baker, 1992. 위의 책을 잇는 훌륭한 후속작. 파즈미뇨는 기독교교육의 변혁적 국면을 상세하게 설명한다. 그는 인격적인 공동체적 변혁의 필요성뿐만 아니라, 구체적인 상황 속에서 특정한 사람들을 그 과정과 연결시켜야 할 필요성을 강조한다.

2장

인식론: 앎의 내용과 방법

　이 책에서 인식론에 관한 장이 왜 이렇게 일찍 나오는가? 프란시스 쉐퍼는 "인식론은 우리 세대의 핵심 문제이다. 현재 세대는 이전 세대와 근본적으로 다른 방식으로 지식을 바라보고 있기 때문에, 소위 '세대 차이'라고 하는 것은 실제로는 인식론적인 차이이다"라고 말한다.[1] 인식론은 지식, 특별히 인식의 **내용**과 **방법**에 대한 연구 또는 이론이다. 하나님께서는 우리가 가진 지식의 내용과 방법 모두에 대해 관심을 가지신다. 이 둘은 우리의 생활 방식과 밀접하게 관련되어 있으므로, 우리는 이 영역에 대해 어느 정도 일반적인 이해를 가져야 한다.

이 장에서는 우리가 제자로 양육하고 사람들을 도울 수 있는 두 가지 방법에 초점을 맞출 것이다. 첫째, 그들은 자신이 무엇을 믿고 있는지, 그리고 왜 믿는지를 알기 위한 견고한 기초를 가져야 한다. 둘째, 요한일서 1장 8절에서 말한 바와 같이, 하나님의 진리가 인격이 되어 "우리 속에" 있다는 것을 이해해야 한다. 그러므로 이 장에서 우리는 진리와 지식에 대해서 초점을 맞출 것이다. 이 진리와 지식은 진리의 근원이신 하나님과 그 진리를 받아들이는 우리들 양편 모두와 관계를 맺고 있다. 제자를 삼는 일에 있어서 우리의 궁극적인 소망은 하나님의 진리가 단지 우리 삶의 일부가 되는 것이 아니라, 우리가 신실하고 지속적으로 그 진리를 실천하는 것이다. 요한일서 1:6

제자는 믿음에만 근거하여 사는 것이 아니라, 지식과 이해에 근거하여 사는 사람이다. 생각하는 것은 일이 다 끝난 후 이어지는 보충적 반성이 아니다. 그것은 하나님의 형상과 모양으로 창조된 인간됨의 일부이다. 만약 우리의 인식론이 완전히 잘못되었다면 어떤 일이 벌어질지 상상해 보라. 우리가 알고 있는 것이나 그것을 알아가는 과정에 대해서 전혀 확신할 수 없을 것이다. 이것이 바로 진리가 되었으면 하고 바라는 것이라면 무엇이든 진리가 되는 지금의 포스트모던 문화에 대한 간략한 설명이라 할 수 있다. 진리를 말하는 것은 마치 젤로

(Jell-O, 역주-미국 General Food사의 과즙 젤리, 만드는 사람에 따라 모양과과 색을 달리 할 수 있음)를 고르는 것과 같다. 만약 진리가 단지 진리가 되었으면 하고 바라는 것이거나 우리에게만 진실한 것이라면 그 진리는 전혀 중요하지 않다. 신자로서 우리가 하나님의 객관적인 진리와 함께 출발한다고 해서 우리의 주관적인 경험이 궤도를 벗어나는 것은 아니다. 오히려 우리는 다른 어떤 곳에서 출발하는 것보다 하나님과 함께 출발하는 것이 성공적일 가능성이 더 많다.

며칠 전, 나는 슬프고도 우습지만 온전히 진실된 세 명의 심판에 관한 이야기를 이메일로 받았다. 나는 이 이야기가 앤더슨(Anderson)의 『실재가 예전의 것이 아니다』(*Reality Isn't What It Used to Be*)와 리처드 미들턴(J. Richard Middleton)과 브라이언 왈쉬(Brian J. Walsh)가 쓴 『포스트모던 시대의 기독교 세계관』(살림출판사, *Truth Is Stranger than It Used to Be*)에서 이미 봤던 것이다. 야구 경기가 끝나고 세 명의 심판이 맥주를 마시면서 대화를 이어가고 있었다. 한 심판이 "볼이면 볼, 스트라이크면 스트라이크지. 나는 있는 그대로 선언한다네"라고 말했다. 다른 심판이 "볼이면 볼, 스트라이크면 스트라이크지. 나는 내가 본 대로 선언한다네"라고 말했다. 세 번째 심판이 "볼이면 볼, 스트라이크면 스트라이크이지. 하지만 내가 선언하기 전까지 그것은 볼도 스트라이크도 아니지"라고 말했다.

빌라도가 예수께 "진리가 무엇이냐"라고 물었을 때, 요한복음 18:38 그의 질문은 역사적으로 계속 반복되어 왔던 근본적인 문제를 보여주고 있다. 오늘날 우리가 처한 상황은 그런 질문에 대한 대답이 너무나 모호하고 불명료하기에 포스트모던적 풍조에서는 그런 질문이 더 이상 적합하지 않다. 빌라도가 그런 질문을 하게 만들었던 예수님의 말씀 역주-요한복음 18:37 은 자주 간과되어 왔다. 그 결과, 진리는 객관성이라고 불리는 어떤 희미한 저 바깥의 영역에 존재하는 추상적인 명제로 여겨져 왔다. "내가 곧 진리이다"라는 예수님의 말씀을 자세히 읽어 보면, 우리는 진리, 곧 지식이 비인격적인 개념이 아니라 인격체이신 예수 그리스도와 관련되어 있음을 알게 된다.

만약 내가 아는 것이나 내가 안다고 생각하는 것이 그리스도의 인격과 관련이 없다면 그것은 완전히 잘못된 것이다. 빌라도의 질문은 요한복음에 나오는데, 그 복음서의 시작은 이렇다. "태초에 말씀이 계시니라 이 말씀이 하나님과 함께 계셨으니 이 말씀은 곧 하나님이시니라 그가 태초에 하나님과 함께 계셨고" 요한복음 1:1-2 이 구절에서 사용된 "말씀"이라는 단어는 헬라어의 **로고스**(*logos*)를 번역한 것이다. 그 단어로부터 "말씀"이라는 단어뿐 아니라 "논리"라는 단어도 나왔다. 대부분의 주석과 성경 연구들은 이 용어의 논리적이고 합리적인(즉, 지식이라는 의미를 내포하는) 측면에만 초점을 맞추고, 인격적 측면에는 주의를 충분히 기울이지 않는다. 말씀이 있었고 그 말씀이 하나님이시다. 하나님께서 한 인간이 되셨다. 하나님께서 진리와 지식을 인격적으로 구현한 존재가 되셨다. 우리는 지식을 외부에 존재하는 것, 관계와 동떨어진 것으로 만드는 오류를 범하였다. 요한은 말씀이 하나님이시라고만 말하지 않았다. 14절에서 그는 말씀이 육신이 되었다고 말한다. "말씀"으로 지칭된 이 "인격"이 하나님이시다. 그리고 그 하나님께서 육신이 되셨다.

인식론에 대해서 생각할 때, 그것을 하나님과의 관계 안에서 생각하는 것이 필수적이다. 진리와 지식은 그분과 따로 떨어져 존재하지 않는다. 우리는 하나님이 아니다. 그분은 우리의 외부에 계시고, 그분은 자신이 만드신 창조세계 위에 계신다. 이것은 그분의 초월성을 말한다. 하지만 성경의 하나님은 우리 가운데 계신다. 우리는 이것을 그분의 내재성이라 표현한다. 바로 이런 이유로 앎에는 주관적 측면과 객관적 측면 둘 다 있지만, 비인격적인 측면은 없다. 인격적 지식(personal knowledge)이라는 관념은 과학자인 마이클 폴라니(Michael Polanyi)나 철학자이자 신학자인 레슬리 뉴비긴(Lesslie Newbigin)

이 만들어내지 않았다. 그것은 인격적이신 하나님과 함께 시작된 것이다.

20세기 전반기의 신정통주의 신학자들은 바른 생각을 가지고 있었다. 단지 그들은 진리를 사람과 사람의 경험에 의존하게 하는, 앎의 문제의 주관적이고 실존적인 측면으로 너무 멀리 나갔고 그 쪽에 터를 잡았다. 하지만 우리는 앎의 과정에서 주체와 객체를 인위적인 학문적 방식으로 떼어 놓지 않아야 한다. 왜냐하면 하나님은 진리이시고 모든 참된 지식의 근원이시기 때문이다.

하나님, 즉 진리를 아는 것은 인격적인 믿음의 헌신을 요구한다. 우리가 하나님을 모른다면 우리가 만들어 낼 수 있는 하나님에 관한 모든 담론은 아무 것도 아니다. 문제는 우리가 참일 것이라고 믿는 것과 실제로 참된 것을 상호 연결하는 것이다. 우리의 인식과 가정, 진술은 우리 각자가 가진 개인의 인격적인 인식의 격자와 필터를 통과한 것임을 자각해야 한다. 우리가 텍스트를 지각하는 방식은 우리 개인의 인격적인 격자에 영향을 받기 때문에 우리는 자주 참된 의미(real point)를 놓칠 수 있다. 만일 그런 일이 일어났다면 우리가 틀린 것이다. 이는 우리가 가진 개인적인 인식의 격자 혹은 필터가 궁극적으로 성경의 계시에 충실하다는 것이 확실해야 함을 의미한다.

젊었을 때 목사로 봉직하면서 이 개념을 가르치고 싶었다. 어느 날 설교에서 "인식론적 자의식"(epistemologically self-conscious)이란 표현을 사용하였다. 나는 꼭 필요한 경우가 아니면 특수 용어나 전문 용어를 잘 사용하지 않는다. 하지만 가르침을 위해서 그런 말들을 써야 할 때면 그런 말들을 사용한 후에 곧바로 그 말에 대한 정의를 내린다. 나는 "인식론적 자의식"이라는 말을 "우리가 알고 있는 것과 그것을 아는 방법에 대해서 자각하고 있는 상태"로 정의 내렸다. 연세 많으신 교인 중 한 분이 이 정의를 이해하지 못하시고 내가 그 전문 용어를 사용하는 것에 대해서 몹시 불안해 하셨다. 그럼에도 불구하고 때로는 전문 용어를 사용할 필요가 있는데, 지금이 바로 그런 때이다.

인식론의 본질에 대한 제이 우드(W. Jay Wood)의 생각은 여기에 인용할 가치가 있다.

> 만일 우리가 제대로 생각하고자 한다면 우리의 지적 삶을 주의 깊게 살펴보는 것이 필수적이다. 그리고 제대로 생각하는 것은 제대로 사는 것에 필수적인 요소이다. 이 전통에 따르면 우리는 인지적 삶(예를 들면, 중요한 문제에 대해서 우리가 신념을 형성하고, 옹호하며, 주장하고, 개정하며, 포

기하고, 실천하는 방식)을 지도 감독함으로써만이 생각하는 사람으로서, 그리고 궁극적으로 사람으로서 탁월하게 될 수 있다.[2]

하나님의 제자로서 나는 두 가지 이유로 "인식론적 자의식"을 갖기를 원한다. 첫째, "그 마음의 생각이 어떠하면 그 위인도 그러한즉" 잠언 23:7 이라고 한 성경의 가르침 때문이다. 마태복음 12장 34절과 15장 18절에서 예수님께서는 마음 속에서 나오는 것의 중요성에 대해서 비슷한 말씀을 하신다. 둘째, 우리는 대중 문화 환경 가운데 아주 쉽게 무의식적으로 기만 당할 수 있으며 잘못되고 치명적인 사상을 받아들일 수 있기 때문이다.

로마서 12장에서 바울은 우리에게 생각하는 존재가 되기를 요청한다. 나는 여러 가지 이유로 로마서 12장을 좋아하지만, 가장 큰 이유는 그가 우리에게 생각하는 존재가 될 것을 요구하기 때문이다. 그는 더 나아가 생각하는 것은 단지 학문적인 활동이 아니라고 말한다. 생각은 우리의 삶과 사역에 영향을 미친다. 우드의 묘사에 따르면, 우리가 정신적으로 게으르게 되면 우리의 삶은 곧바로 그것을 반영한다. 결국 우리 신앙은 깊이가 없어지고, 우리는 연약한 상태로 남게 된다.

미국은 일부 선출직 공무원들과 "교회"를 대표하는 사람들로 인해 매우 당혹스럽고 충격적인 상황을 경험하였다. 한 개인의 도덕성이 사적인 것인지 아닌지 혹은 그것이 전체 삶에 영향을 끼치는지 아닌지에 대한 질문이 제기되었다. 미국은 도덕적으로 그리고 지적으로 성인의 수준에 이르지 못한 어른들이 대부분인 나라이다. 그 문제의 일부는 믿음에 깊이를 더하고 삶에서 그것을 실천하도록 만드는 인식론적인 틀이 우리에게 없다는 것이다.

8장과 9장에서 우리는 포스트모더니즘과 "세대"에 대해서 다룰 것이다. 오늘날 다섯 세대가 함께 살아가고 있는데, 인식론의 영역만큼 세대 간의 차이가 확연히 드러나는 곳도 없다. 쉐퍼는 소위 "세대 차이"는 사실 인식론적 차이라고 통찰력 있게 말했다. 그는 옳았다. 처음과 두 번째 포스트모던 세대인 베이비 버스터들(X세대들, 역주-1960년대 초반부터 1980년대 초반까지 출생률 격감기에 태어난 사람들)과 밀레니얼 세대(역주-1980년대 초반부터 2000년대 초반까지 출생한, 베이비 부머의 자녀 세대)에 초점을 맞추고 포스트모더니즘을 연구해 보면, 지식에 있어서 뿐만 아니라 인식의 주체와 대상에서도 확실한 패러다임의 전환을 관찰할 수 있다.

이것을 역사적 관점으로 살펴볼 필요가 있다. 왜냐하면

우리가 어디에서 왔는지를 이해하는 것은 우리가 현재 어디에 있고 어디로 가고 있는지 이해하는 데 도움이 되기 때문이다. 역사는 세 부분 혹은 세 시대로 구분할 수 있다. 첫 번째 시대는 16세기 종교개혁 전에 시작되어 종교개혁 이후 짧은 시간 지속되었던 **전근대**(premodern) 시기이다. 두 번째 시대는 18세기 초부터 20세기 중기까지의 **근대**(modern) 시기이다. 세 번째 시기는 20세기 중반에 시작하여 21세기에 계속되고 있는 **포스트모던**(postmodern) 시기이다. 이렇게 세 시기를 구분하는 근거는 진리와 권위, 지식과 관련이 있다. 이들 각각의 시기마다 지식의 내용과 방법(인식론)이 다르다.

전근대 시기에는 지식과 진리, 권위의 기준은 하나님을 믿는 믿음과 계시에 근거해 있었다. 그리스도인이건 아니건 간에, 전근대 모델의 중심에는 하나님이 있었다. 믿음과 신앙은 인식 과정의 출발점이었다. 인식의 주체와 대상 사이에는 관계가 있었다. 이성과 논리, 경험론에 대한 신뢰는 별로 크지 않았다. 이 시기는 미신과 마술에 대한 믿음이 성행했던 때이기도 했다. 그럼에도 불구하고 하나님으로부터 계시를 통해 나오는 보편적 진리라는 개념은 있었다. 전근대 시기에는 창조주 하나님과 하나님의 형상과 모양대로 만들어진 피조물인 인간을 분명하게 구분하였다. 하나님께서는 그분의 창조세계

위에 계셨지만, 창조세계와 인격적인 관계를 맺고 계셨다.

근대 시기에 오면서 인식론적 패러다임의 전환이 일어났다. 흔히 계몽주의 시기 혹은 이성의 시대라고 불리는 이 시기에도 하나님과 계시의 존재가 인정되었지만, 계시에서 이성으로 초점이 이동되었다. 사람이 최종적인 기준이 되었다. 전근대 시대처럼 하나님의 생각에 대해 생각하기보다는, 이제 사람이 최초의 본질적인 생각을 하는 존재가 되었다. 하나님은, 혹시라도 그 과정 속에 포함되어 있다면, 원래의 생각을 되비추어 생각하는 존재가 되었다. 이 시기는 과학과 산업혁명의 시대였다. 이성과 논리, 경험적인 과학적 연구 방법이 최고가 되었고 그런 것들을 신뢰하였다.

인식론적 방법론은 객관성에 초점을 맞추었다. 지식은 문자 그대로 인식의 주체로부터 떨어져 외부에 존재하는 것이다. 하나님과 지식 사이의 분열이 깊어짐에 따라 사람과 지식 사이의 분열도 깊어졌다. 인식 주체와 인식 대상을 떼어놓으려는 노골적인 시도가 있었다. 지식의 영역에서 모든 것은 사실적이어야 했다. 지식은 논리의 합리적 법칙에 맞아야 했고 사람에 의해 설명되고 이해되어야 했다. 경험적인 것을 포함하지만 주된 관심사는 경험보다 사람이 발견한 객관적 지식에 있었다. 사람이 최종적인 결정자였지만 그가 아는 것은 자아의 외부, 저 바깥에 존재하였다.

(그런데 성경공부의 실행과 본문의 주해, 신학 연구를 위한 우리가 가지고 있는 복음주의적이고 개혁주의적 패러다임은 이 근대 시기에 개발된 과학적 방법을 대단히 많이 반영하고 있다. 이것은 신학을 학문의 여왕으로 부르는 것에서부터 18, 19세기, 그리고 20세기의 신학을 발전시키기 위하여 경험주의적 방법과 과학적 조사방법을 사용하는데 이르기까지 모든 면에서 명백하다. 많은 믿음의 선조들이 이런 동일한 문화적 도구를 사용하였다. 신학에서는 문화적 도구들을 사용하지 않아야 한다고 주장하면서, 다른 한편으로는 그런 도구들을 일상적으로 사용하였던 위대한 신학적 통찰을 가지고 있었던 사람들의 생각을 인용하는 글을 읽거나 말을 들을 때면 가끔씩 혼란스러워진다.)

포스트모던 시기는 또 다른 명백한 패러다임의 전환을 가져왔다. 20세기에 들어와서, 특별히 1950년대에 들어서부터 표면에 드러나기 시작한 거대한 전환이 있었다. 이 다가올 전환의 징후는 이미 진리와 지식의 기준으로서 사람과 그의 존재, 그의 경험에 관심의 초점을 두고 내면을 들여다 보는 실존주의 철학자들과 함께 널리 퍼져 있었다. 데이비드 흄(David Hume)과 르네 데카르트(René Descartes)와 같은 근대 사상가들이 주장한 사실적, 논리적, 합리적, 과학적 경험주의는 거부되었고, 지식은 점점 더 인식의 주체, 자아, 개인적 경험에 집중되었다. 따라서 우리가 진리와 지식이 되었으면 하고 바라는 것이면 무엇이든 진리와 지식이 되었고, 그것은 일반적으로 우리의 경험에 근거하고 또 확실하게 우리의 선택에 근거하게 되었다. 이런 문화 속에서 사람들은 역사를 왜곡시키거나 해체하는 것도 거리낌없이 하고, 역사를 그들이 말하고 싶은 대로 재구성하거나 혹은 단어들도 어떤 의미로든 그가 의미하고자 하는 대로 사용한다.

근대와 마찬가지로 포스트모던 시대에도 사람이 각광을 받고 지식의 기준이 되었다. 그러나 지금은 근대와는 다르게 객관적 지식과 진리의 영역과 합리적이고 논리적인 국면들에 대한 관심은 한물 갔다. 포스트모던 시대의 사람은 진리란 어느 특정한 때에 우리가 원하는 것 혹은 필요한 것이라는 공리에 근거하여 살아가기로 작정했다. 진리는 사람에 따라, 상황에 따라, 순간순간 달라질 수 있다. 이것이 바로 내가 포스트모던 인식론을 젤로(Jell-O)에 비유한 이유이다. 이 패러다임에서는 보편적이거나 절대적인 진리란 없기 때문에 어떠한 확실한 것도 파악하기가 어렵다. "확실한 모든 것이 공기 속으로 녹아 사라진다"라고 한 카를 마르크스의 진술은 포스트모더니즘을 묘사한 것이다. 계시는 적어도 그것이 받아들여진다면, 너무 주관적으로 결정되기에 하나님이 어떤 분인지는 우리가 원하는 대로 될 수 있고, 우리가 그분이 계시지 않는 걸로 결정하면 존재하지 않는 분이 될 수도 있게 되었다.

특별히 최근 400년 간 서양에서 발전되어온 비극은 인격적인 하나님으로부터 진리와 지식이 분리된 것이다. 이 분리는 아직도 미묘해서 포착하기 어렵지만 명백하다. 그러나 우리 삶의 외부에 있는 어떤 것과도 관련이 없는, 우리 내부에 있는 진리에 대해서 이야기 하는 것은 우리 자신의 외부에 있으면서 전적으로 객관적인 진리에 대해서 이야기하는 것만큼이나 잘못된 것이다.

톰 라이트(N. T. Wright)가 지식은 인식 주체로부터 절대 독립적이지 않다고 말할 때, 그는 방향을 올바로 잡은 것 같다. 무엇인가를 아는 것은 우리가 앎의 대상과 모종의 관계를 지속하는 것이다. 이것이 앞에서 지식의 인격적 측면에 대해서 언급한 이유이다. 우리가 아는 것은 우리 바깥에 있는 어떤 것, 어떤 객관적인 것에 근거를 가지고 있다. 한편 "내가" 혹은 "우리가" 안다고 말할 때, 우리는 지식의 인격적 혹은 주관적 측면과 관련을 맺는다.[3] 이것은 우리가 지식이라고 부르는 것이 그것을 아는 것과 별개로 존재하지 않는다는 것을 의미하는 것이 아니라, 우리가 그것을 인격적으로만 알 수 있다는 것을 의미한다.

현재의 세대가 권위와 관련된 문제를 가지는 이유 중 하나는 그들에게 권위는 하나님과 분리되었거나 성경에서 계시하는 하나님이 아닌 어떤 것과 결합된 개념이 되었기 때문이다. 그렇지 않다면 권위는 전통과 관련이 있는데 그것은 너무 비인격적이라서 현재의 세대에게 제공해 줄 것이 별로 없어 보인다.

하나님 해석적 사고
God-Interpreted Thinking

인식론과 전체 지식 이론에 접근하는 방법 중에 유일하게 지속적으로 우리를 만족하게 하는 접근법은 인격적인 하나님, 즉 진리인 동시에 당신의 백성에게 진리를 계시하시는 그분과 함께 시작한다. 다른 모든 입장은 실재와 상호관련을 맺는데 부족함이 있다. 오직 하나님과 함께 시작하는 것이 진리를 알고자 하는 우리의 욕구를 충족시켜 줄 것이다.

시편 기자는 "하나님이여 주의 생각이 내게 어찌 그리 보배로우신지요 그 수가 어찌 그리 많은지요"^{시편 139:17} 라고 말하였다. 우리는 하나님의 형상과 모양대로 만들어졌기 때문에 우리가 죄 가운데서 진리를 억누르려고 할 때 조차도 우리는 하나님에 대해서 생각하지 않을 수 없다. 심지어 무신론자들의 주장처럼 우리가 그분을 부인하고자 할 때도 그분을 부인하기 위해서는 먼저 그분을 인정해야 한다.

하나님에 대한 우리의 생각이 언제나 가치 있는 것은 아니다. 왜냐하면 생각이 언제나 옳은 것은 아니기 때문이다. 우리는 성경 문맹의 시대를 살아가고 있다. 조지 갤럽, 조지 바나와 그 밖의 사람들이 이미 이것에 대해서 분명하게 기록했다. 하나님에 대해 참되고 올바른 생각을 하려면 단순히 우리의 생각에 대해서만 사고해서는 안된다. 우리는 그분을 따라서 그분의 생각에 대해서 사고해야 한다. 하나님과 함께 시작해야 하고, 그분께서 우리를 둘러싼 세상과, 특별히 기록된 그분의 말씀을 통하여 스스로를 계시하신 것에 대해서 생각해야 한다. 우리가 하나님에 대해 생각하고 아는 것은 그분이 알고 계시하신 것과 일치하여야 한다. 그렇지 않다면 궤도를 벗어나게 될 것이다.

이 장을 시작할 때 인용했던 쉐퍼의 말을 기억해 보라. 만약 우리가 인식론에서 기초를 잘못 놓으면 나머지 모든 것이 잘못될 것이다. 하나님은 우리가 아는 지식의 내용과 방법의 기초이시다. 우리는 하나님에 대한 온전한 지식을 얻어야 하고 그 기초 위에 알아가는 과정을 촉진하는 방법을 알아야 한다. 그것이 궁극적으로 우리 삶의 본질적인 욕구를 충족시켜 줄 것이다.

하나님께서 주도적으로 우리에게 자신을 드러내셨기에 우리는 진리이신 그분을 알 수 있다. 이것이 우리가 객관적인 진리와 주관적인 개인 혹은 인식의 주체를 분리할 수 없는 이유이다. 우리는 하나님을 단순히 객관적으로만 알 수 없다. 왜냐하면 그분은 인격적인 삼위일체의 하나님이시기 때문이다. 그분에 대한 지식을 얻기 위해서는 그분과 관계를 맺는 것이 필요하다.

이 개념을 자세히 설명해 보자. 오늘날 기독교 세계에서 자주 논의되는 문제 중 하나는 창조이다. 하나님께서 우리를 창조하셨는가? 아니면 우리는 진화 과정을 통한 자연선택의 결과인가? 우리는 원시의 점액질로부터 진화되어 여러 상이한 존재의 단계를 거쳐 최종적으로 직립하고 생각하며 느끼는 존재가 되었는가? 성경은 과학 교과서가 아니라 진리를 알리기 위해 기록되었다. 만약 우리가 기록된 말씀과 상반된 어떤 것을 믿는다면 우리가 믿고 안다고 주장하는 것은 잘못된 것이다. 창세기 1장은 하나님께서 엿새 동안 세상을 창조하셨다고 기록하고 있다. 성경에서 말하는 "날"에 대한 다른 정의를 내리는 샛길로 빠지지 않고, 만약 우리가 하나님께서 나흘 만에 혹은 열 이틀 만에 천지를 만드셨다고 결론을 내린다면, 이것은 하나님께서 성경에서 말씀하신 것과 부합되지 않기 때문에 우리가 오류를 범하는 것이다.

하나님께서는 그분의 진리를 두 개의 책을 통해 우리에게 전해 주셨는데, 그분이 손수 만드신 창조세계라는 책과 그분의 말씀이라는 책, 즉 자연과 성경이다. 우리는 이것을 종종 일반계시와 특별계시라고 지칭한다. 우리는 "생육하고 번성하여 땅에 충만하라"는 명령에 대한 본래적 책임에 신실할 수 있고 신실해야만 한다. 이것은 우리가 두 개의 책을 배우는 학생이 될 것을 요구한다. 이 과정에서 어느 한 책이라도 하나님께서 의도하지 않은 것이 되게 해서는 안된다. 자연의 책에서 우리는 진리를 찾기 위해 연구하고, 관찰하며, 실험하고, 증거를 얻는다. 그러나 우리의 연구와 결론이 계속해서 목적하는 바에 부합되게 하기 위해서는 자연의 영역에서 우리가 배운 것과 하나님께서 기록한 말씀을 통해 우리에게 하신 말씀을 상호 관련시키며 점검해 보아야 한다. 그분은 우리에게 말씀과 성령을 주셔서 우리가 올바른 길에서 벗어나지 않도록 도우신다. 이 두 책 사이에 모순은 없다. 하나님의 진리는 다면적이지만, 그분의 진리는 미진한 부분이 전혀 없는, 완전한 하나의 통일된 전체이다. 모든 진리는 하나님의 진리이고 진리는 내부 모순을 일으키지 않는다.

우리가 하나님을 알 수 있다는 사실은 많은 적용점을 가지고 있다. 예를 들면, 그분은 창조주 하나님이시고 우리는 그분의 피조물이기 때문에, 우리는 절대 하나님이 알고 계시는 모든 것을 알 수 없다. 이것은 우리가 어떤 것이든 남김없이 완전히 알 수 없다는 것을 의미한다. 이것이 얼마나 가슴 시원하게 만족스러운지 생각해 보라! 오직 하나님만 모든 것에 대한 완전한 지식을 가지신다. 어떤 것을 알기 위해서는 모든 것을 알아야 한다고 주장하였던 헬라인들과 달리 그리스도인들은 사람은 희미해진 안경으로 보고 있고, 유한하며, 죄인이기 때문에 사람이 알아야 할 모든 것을 알 수는 없지만, 그래도 진리를 알 수 있다고 말한다.

하나님께서는 모든 것을 원래부터(originally) 참되게(truly) 알고 계시고, 우리는 그분을 알 수 있다. 그러므로 우리는 사물들을 유비적으로(analogically) 그리고 파생적으로(derivatively) 알 수 있다. 유비적으로 안다는 것은 어떤 의미일까? 로버트 레이먼드(Robert Reymond)는 이것을 다음과 같이 설명한다.

지식과 관련하여 세 가지 가능성이 있다. … 우리는 사물을 일의적으로(univocally, 동일하게), 혹은 다의적으로(equivocally, 다르게), 혹은 유비적으로(analogically, 부분적으로는 유사하고 부분적으로는 유사하지 않게) 알 수 있다. 만약 내가 사과와 오렌지 사이에서 이끌어낸 하나의 유비를 주장한다면, 여러 가지 측면에서 확연히 다른 사과와 오렌지가 적어도 한 가지 측면에서는 동일하다고 주장하려는 것이 아닌가?[4]

유비를 통해 아는 것은 창조주와 피조물의 구별됨을 설명하고 보존하는 가장 좋은 방법이다. 더 경이로운 것은 하나님께서 우리에게 "참된 진리"를 보여주시기로 결정하셨다는 사실이다. 진리이신 그분은 우리가 실재를 연구하고 이해하며 설명할 수 있도록 하기 위해 진리를 인간적인 모습, 즉 인간적인 용어로 드러내시기로 결정하셨다. 우리가 아는 것이 그분이 아는 것에 부합하는 한, 고린도전서 13장에서 바울이 말했던 바와 같이 비록 우리가 부분적으로 알지라도, 우리는 우리가 아는 것에 대해 만족할 만한 신뢰를 가질 수 있다.

다른 한 편으로 포스트모던주의자들이 보편적인 기준점 없이 진리와 지식에 도달하려고 할 때, 그들의 절충적 접근법은 완전히 혼란 상태에 빠진다는 것이 드러났다. 포스트모더니즘에서 전체를 통일되게 하는 요소는 없다. 이것은 진리가 왜 그렇게 상대적인지, 그리고 실재와 진리가 "예전과 달라져 낯설어진" 이유가 된다. 포스트모던주의자들은 언제나 보편적인 것의 부재를 "찰나적이고 순간적으로 보편적인 것 혹은 절대적인 것"(물론 이런 것들은 존재하지 않는다)으로 채우려고 한다. 사물에 대해 그들이 보고, 경험하고, 결론을 내린 것은 신뢰할 만한 것이 아니다. 왜냐하면 그들의 격자가 잘못되었기 때문이다. 그들은 그들이 실재를 있는 그대로 보았다는 것을 확신할 수 없다.

오늘날 실재와 진리, 지식을 이해하려는 인간의 시도를 가장 잘 설명하는 용어 중 하나가 실재를 무엇이든 그가 원하는 대로 만들어버리는 "유아론"(唯我論, solipsism)이다. 레슬리 뉴비긴이 말한 대로 우리는 진리와 지식을 알아가는 학생이 되면서, 또한 진리와 지식의 심판자도 되었다. 그러나 우리의 편견과 필터가 우리의 판단에 영향을 미치고, 우리는 언제나 사물을 명확하게 볼 수도 없다. 어떤 하와이 예언자는 "우리는 우주를 인식함으로써 우주를 창조한다"라고 말하였다.[5]

신뢰할 만한 견제와 균형의 접근법
A Reliable Checks-and-Balances Approach

비록 주관적인 경험이라 할지라도, 진리는 우리의 해석보다 더 많은 것을 포함하여야 한다. 우리는 가능한 최대한 우리의 개인적 편견을 제거하려고 노력해야 한다. 우리가 아는 것 혹은 안다고 주장하는 것은 우리가 믿는 것의 결과이다. 우리의 지식은 우리의 감각과 경험, 전통에 근거하고 있어서 만약 신뢰할 만한 기준점이 없다면 우리가 아는 것에 대해 평가하는 일은 매우 어렵다.

우리는 우리가 아는 것과 그 이유에 대한 견제와 균형의 접근법이 필요하다. 프란시스 쉐퍼의 책을 처음 읽었을 때, 나는 그가 왜 "참된 진리"(true truth)라는 표현을 사용하는지 궁금하였다. 우리가 살아가는 포스트모던 시대에는 낱말들을 자기만의 의미로 사용하는 경향이 있으며, 이것을 염두에 두는 것이 의사소통 과정에 매우 중요하다는 사실을 깨닫게 되었다. 만약 사람이 진리가 되었으면 하고 바라는 것이면 무엇이든지 진리가 된다면, 모든 낱말은 사람이 원하는 무슨 의미로든 사용될 수 있다. 쉐퍼는 우리에게 진리는 하나님과 관련을 가져야만 한다는 것을 상기시켜 주기 위해 "참된 진리"라는 표현을 사용하였다. 우리가 진리라 부르는 것이 무엇이든지 간에 그것이 하나님의 진리와 부합하지 않는다면 그것은 참된 진리가 아니다.

만약 이 포스트모던 세대가 인생에서 경험과 이득, 좋은 것들에 대해 이야기하고 싶어한다면, 그 목적을 위해 사람이 취할 수 있는 가장 좋은 것은 하나님을 알고 진리를 아는 것이다. 그분은 형제보다 더 끈끈한 친구일 뿐 아니라, 실재와 진리, 인생을 규정하는 기준점이기도 하다. 그분은 우리에게 진리를 판단하는 기준이 되는 두 개의 다림줄을 주셨다. 제1다림줄은 그분의 기록된 말씀 안에 있다. 그러므로 그분께서 성경 안에서 성령님을 통해 말씀하실 때, 그분이 우리의 최종적인 진리의 기준점이다. 성경은 진리를 판단하는 기준이 된다. 웨스트민스터 총회의 성직자들이 상기시켜주듯, 바로 이것이 우리의 신앙과 실천의 법칙이다. 하나님께서는 우리에게 앎의 과정에서 견제와 균형을 위한 또 다른 것을 주셨는데, 그것은 바로 함께 모인 우리 서로이다. 복음주의 진영에서 어떤 사람들은 앎의 과정에 공동체를 포함하는 것을 꺼려했으나, 우리는 그런 실수를 저질러서는 안된다. 하나님께서는 그분의 말씀과 성령님과 함께 진리를 판단하는 제2의 기준인 그리스도의 몸 속에 우리를 두셨다. 신앙 공동체 안에서 우리는 진리를 알기 위해 함께 일하는 방법을 배워야 한다. 베드로후서 1장 20절에 **"성경의 모든 예언은 사사로이 풀 것이 아니니"**라고 기록되어 있다.

하나님께서는 우리에게 객관적인 진리를 계시하시지만, 우리는 그것을 순전하게 객관적으로 알 수 없다. 하나님께서는 우리가 그렇게 알도록 하지 않으셨다. 혹은, 임마누엘 칸트를 필두로 한 철학자들이 말하듯, 우리는 사물 그 자체는 알 수 없으나 주권적인 하나님께서 우리에게 그분의 진리를 계시하셨기 때문에 알 수 있다. 인식 주체와 인식 대상은 분리되어서는 안된다. 앞에서 말했듯, 모든 앎은 주관적인 인격적 앎과 연관되고, 따라서 지식은 인격(the person)과 연관된다. 실제로 인식 주체가 인식 대상과 떨어질 수 있다고 믿는 것은 환상이다. 그러므로 우리는 우리의 필터가 하나님의 지식과 진리를 왜곡하지 않고 있음을 하나님의 견제와 균형의 방법을 사용해서 스스로 확인해야 한다. 참된 지식은 하나님과 분리될 수 없고, 우리가 그것을 알아가는 것과 분리되어 알 수도 없다. 이것은 진리가 우리의 앎이 되기 전까지는 진리가 아니라는 것을 의미하지 않으며, 진리를 순전히 객관적으로 알 수는 없다는 것을 말한다. 이것이 인식의 과정에서 견제와 균형이 필수적인 이유이다.

전근대에서 근대와 포스트모던으로 넘어오면서 우리는 각각의 패러다임이 어떻게 다음 패러다임을 인도하였는지를 보았다. 그 진보의 시작에 우리가 "정립"(테제)이라고 부르는 것이 있었는데, 그것은 어떤 문제에 대한 진술이다. 그런 다음에 우리는 정립의 반대인 "반정립"(안티테제)을 가진다. 만약 어떤 것이 참이면, 그 반대는 거짓이다. 이 인식론의 방법은 전근대와 근대의 대부분 시기에 유효하였다. 그런데 근대 후기에 "종합"(진테제)이라고 불리는 새로운 체계(scheme)가 등장하였고, 이것은 독일의 관념주의자 게오르크 헤겔(George W. F. Hegel)에 의해 널리 알려졌다. "종합"은 기본적으로 "정립"과 "반정립"이 충돌한 결과이다. "종합"의 등장으로 어떤 것이 참이면 그 반대는 참이 아니라고 말하는 것으로 더 이상 충분하지 않게 되었다. 그러나 만약 어떤 것이 참이고 그 반대가 참이 아니라면, 그 대립으로부터 "종합"이라고 불리는 새로운 진리가 일어날 수 있을 것이다. 거기서부터 이 과정이 다시 시작된다. "종합"에서 새로운 "정립"과 새로운 "반정립"이 발생한다. 그래서 진리는 언제나 변화하는(evolve) 중이다. "하얀 것은 하얗다"라는 "정립"을 예로 들어보자. 그것의 "반정립"은 "하얀 것은 검다"이다. "종합"은 하얀 것과 검은 것의 충돌에 의해서 생겨난 회색이다. 그러므로 회색은 그것과 반대하여 일어나는 모든 것과 충돌하며, 이것은 무엇인가 다른 것을 만들어낸다.

> 정립 + 반정립 = 종합 = 정립 + 반정립 = 종합

이 변증법은 진리란 자기에게 좋은 것, 혹은 진리는 우리가 결정하는 것이라는 태도를 받아들임으로써 "정립"과 "반정립"을 옆으로 비켜가는(곧바로 "종합"으로 뛰어넘는) 포스트모더니즘과 가깝다. 포스트모던주의자들은, 어떤 사람이나 문화도 중립적이거나 객관적이지 않음을 인정하기 때문에, 또 주관주의를 초월할 수 있는 방법이 없고 ("메타내러티브는 존재하지 않는다"이므로) 대립하는 주장들을 해결할 방법도 없기 때문에, 진리가 때와 장소에 따라 상대적으로 결정되는 인식의 과정을 받아들일 수밖에 없게 된다.

이 모든 것이 지식과 진리의 영역에서, 그리고 인식의 영역에서 반드시 하나님이 최종 기준점이 되어야 하는 지를 설명해 주고 있다. 만약 하나님이 기준점이 아니라면, 우리는 실재를 알 수 있게 하는 기준을 가질 수 없다. 우리가 아는 것과 우리가 아는 것을 어떻게 아는지에 관한 문제에 있어서 인격적인 삼위일체 하나님과 함께 시작해야만 한다. 우리는 인식

과정의 인격적 측면을 보아야 하며, 하나님을 진정으로 아는 것이 어째서 모든 참된 지식을 아는 것에 본질적인지 그 이유를 이해해야 한다.

1930년대에 코넬리우스 반틸(Cornelius Van Til)은 "배너"(Banner)라는 잡지를 위해 과학 논문 시리즈를 썼다. 그 글에서 그는 참된 지식에서 하나님의 필연성을 알려주는 다음의 실례를 사용하였다.

> 나는 소를 보고 있다. 나는 그것이 동물이라고 말한다. 그런데 동물이란 무엇인가? 그 질문에 충분히 대답하기 위해서 나는 생명이 무엇인지 말할 수 있어야 한다. 왜냐하면 소는 살아있는 존재이기 때문이다. 나는 소가 풀을 뜯고 있는 것을 본다. 풀도 살아있는 걸까? 그렇다, 살아있다. 풀은 땅에서부터 자란다. 땅도 살아있는가? 아니다, 살아있지 않다. 그러나 어떤 사람들은 땅이 살아있다고 말한다. 어쨌든 살아있는 생명체에게 생명이 없는 무생물은 꼭 필요하다. 따라서 내가 땅이 무엇인지 말할 수 없다면, 생명이 무엇인지 말할 수 없다. 물리적 실재 전체가 무엇인지 말할 수 있기 전까지 소가 무엇인지 진정으로 말할 수 없다. 그러나 이제 훨씬 더 큰 어려움이 다가온다. 우리 자신이 바로 이 실재

의 한 부분인 것이다. 언뜻 보기에 이것은 우리에게 내부적 전망(inside view)이라는 이점을 제공하는 관점으로 보일 수도 있다. 그러나 그것은 오로지 내부적인 전망이라는 약점을 가지고 있는게 확실하다. … 하나님께서 계신다고 해 보자. 그분은 가장 좋은 외부적 전망(outside view)을 가지고 계실 것이다.[6]

반틸은 하나님에 대한 우리의 지식과 우리에 대한 하나님의 지식의 필수불가결성이라는 생각을 전개해 나간다. 그는 우리 스스로에 대한 지식이 우리에 대한 그분의 지식에 부합하지 않으면 완전히 잘못될 것이라고 주장한다. 그런 다음 반틸은 하나님과 사람 사이의 지식이 그분의 창조세계 속의 다른 모든 것을 알아가는 일에도 역시 본질적이라는 것을 보여준다. 유익한 유제품들을 얻기 위해서 소가 무엇인지 알 필요는 없지만, 소를 알기 위해서는 반드시 하나님을 알아야 하고, 나 자신에 대해서도 알아야 한다. 그 둘은 서로 밀접하게 관련되어 있다. 그러나 그런 지식을 가지고 있더라도, 소가 무엇인지 완벽하게 알 수 없다는 것을 이해해야 한다. 만약 우리가 하나님 없이 무엇인가를 알 수 있는 영역이 단 하나라도 있다면, 하나님은 하나님이 아니다. 만약 내가 하나님께서 알고 계신 것과 일치하지 않는 무언가를 안다고 주장한다면, 나는 궤도를 수정해야 한다.

인식론 내의 일반은총

만약 우리가 하나님 없이는 아무것도 알 수 없다면, 어째서 불신자가 무엇인가를 알 수 있는가? 이것은 정당한 질문이다. 하나님께서는 지혜로우시고 주권적이셔서, 인식의 과정에 따라 사람들을 언제, 어디서, 어떻게 도울지 알고 계신다. 하나님께서는 그분의 형상과 모양대로 사람을 창조하셨다는 진리에 근거하여 "일반은총"(common grace)이라고 불리는 교리를 우리가 이해할 수 있도록, 아브라함 카이퍼, 헤르만 바빙크(Herman Bavinck), 코넬리우스 반틸과 같은 사람들을 사용하신다. 범죄로 인한 타락이 그 형상을 크게 훼손시켰고, 죄가 인간에게서 하나님께서 애초에 주셨던 그 진리를 빼앗아갔지만, 인간은 타락으로 하나님의 형상을 완전히 잃은 것은 아니다. 그러므로, 그 형상은 창조주 하나님과 피조물인 사람 사이에 접촉점으로 남아있다. 그것은 사람들 사이의 접촉점이기도 하다.

모든 사람은 그 속에 신성에 대한 감각을 가지고 있다는 장 칼뱅(John Calvin)의 말은 자주 인용되어 왔다. 비록 사람이 그것을 억누를 수 있고, 그렇게 한다고 할지라도, 신성에 대한 감각은 날마다 작동하고 있다. 그렇지 않다면 믿지 않는 사람은 어떤 역할도 할 수 없고, 어떤 일도 이룰 수 없을 것이다. 반틸은 "하나님을 알지 않으려면, 사람은 자기 스스로를 파괴해야만 할 것이다. 그러나 그는 그런 일을 할 수 없다. 하나님의 얼굴과 음성을 피하기 위하여 사람이 숨어들어갈 수 있는 비존재(non-being)의 영역은 없다. 산이 그를 덮어주지 않을 것이며, 음부가 그를 숨겨주지 않을 것이다. 그 어떤 것도 우리가 대면할 수 밖에 없는 분과 만나지 않도록 인간 존재를 막아 주지 못한다"[7]고 말했다. 이것은 신자와 불신자가 하나님의 문화명령을 수행하려고 어떻게 함께 협력하고 노력할 수 있는지도 설명해 준다. 하나님의 일반은총을 통해, 비록 우리는 언제나 늘 자각하고 있지는 않을지라도 하나님 때문에 참된 지식이 존재한다는 전제 위에서 일한다. 불신자가 자신이 알고 있는 것에 대해서 이런 자각을 못하는 것은 이해할 수 있으나, 신자가 하나님의 은혜를 잊어버리고 사람의 지식을 높이는 것은 용납될 수 없다. 하나님은 신자와 불신자 모두에게 앎의 최종적인 기준점이다.

하나님의 일반은총은 신자와 불신자에게 동일하게 주어지고, 타락하여 부패한 인간이 하나님과 그분과의 관계를 전적으로 부인할 수 없기 때문에, 적어도 일반적인 의미에서 그는 여전히 하나님의 진리의 수혜자이다. 로마서 1장 19-32절에서 사도 바울에 의하면, 불신자는 하나님을 구원의 차원에서는 알지 못할지라도 창조의 차원에서는 안다. 그는 하나님에 대해서 무엇인가를 알지만, 그 지식은 전적으로 하나님의 자비로움에 의존하며 그것에 의해 결정된다. 이것을 설명하면, 인간은 타락한 죄인이지만 우리를 향한 하나님의 자비로우심으로 인해 가능한 최악으로 타락하지는 않았다. 결과적으로 믿지 않는 사람은 창조세계 안에서 하나님께서 애초에 계획하셨던 일의 일부를 이루어가는 일에 신자와 함께 할 수 있다. 헨리 미터(Henry Meeter)는 다음과 같이 요약한다. "성경의 기록과 칼뱅의 가르침으로부터 우리는 하나님께서 선택을 받지 못한 자들에 대해 호의적인, 혹은 은혜로운 태도를 가지고 있다는 것과, 일반은총이 그들을 회개와 하나님을 위한 삶으로 인도하지는 않았기 때문에 언젠가 이 일반은총이 그들이 받을 형벌을 가중시킬 것임을 배운다."[8]

일반은총은 인식론과 관계가 있는데, 인식론은 삼위 하나님을 부인하는 불신자가 어떤 것을 알기 위해 그분을 전적으로 의지한다는 것을 우리에게 일깨워준다. 마태복음 5장 45절에서 예수님께서 우리에게 말씀하시듯이, 하나님께서는 의로운 자와 불의한 자 모두에게 비를 내려주신다. 그분은 불신자들에게도 진리를 보여주실 수 있고 그렇게 하신다. 하나님은 진리의 기원 혹은 창조자이시다. 사람은 그분의 형상과 모양대로 창조된 피조물이다. 따라서 하나님의 은혜로운 계시로 인하여 사람은 완전하거나 완벽하지 않지만 진리를 참되게 알 수 있다. 타락이 사람에게 있는 하나님의 형상을 크게 훼손시켰지만, 그 형상은 완전히 파괴되지 않았고, 하나님께서도 보편적인 인류에게 자신을 계시하시는 것을 거두어들이거나 멈추게 하시지 않았다. 비록 죄된 인간이 진리를 부인하고 억누르는 주장을 할지라도 하나님께서는 은혜로운 자비로 전체 인류에게 계속해서 자신을 계시하신다. 일반은총으로 인해, 믿지 않는 사람도 빌려온 원리 위에서 일하면서 가끔씩 하나님과 진리에 대하여 무엇인가를 배울 수 있는데, 그것은 신자들을 위협하기보다는 도와준다(예를 들면, 아인슈타인이 발견한 상대성이론 같은 것이다). 이 일반적인 지식은 신자와 불신자 간의 관계에서 중요한 접촉점이 되며 우리가 원수를 사랑하고 그들과 함께 참을성 있고 신중하게 일할 수 있는 기반이 된다. 왜냐하면 그들도 하나님의 형상과 모양대로 창조되었기 때문이다.

결론

에덴 동산에서부터 오늘에 이르기까지 역사를 되돌아보면, 우리는 인식론에서 두 개의 분파를 발견한다. 여러 가지 변종들이 있지만, 결국 두 개의 분파만 있다. 그 첫 번째 분파는, 지식은 삼위의 하나님과 함께 시작한다는 것을 굳게 믿는다. 우리의 전체 지식은 하나님과 그분의 계시에 근거해 있다. 앎의 과정에서 우리의 이성적 능력 또는 경험적 감각을 사용할 때, 우리는 우리가 생각하고 관찰하는 것이 하나님의 계시에 의존해 있다는 이해를 하게 된다. 이것이 창조세계의 원래 상태였다. 하나님의 은혜가 나중에 출현한 죄의 등장을 무효화했을 때, 그분은 신구약 성경을 통하여, 또 아우구스티누스, 토마스 아퀴나스(더 낮은 정도로), 장 칼뱅, 아브라함 카이퍼, 코넬리우스 반틸, 존 프레임(John Frame), 그렉 반센(Greg Bahnsen) 같은 사람들과 많은 기독교 사상가들을 통하여 어떤 유산을 창조하셨다.

두 번째 분파는 창세기가 시작할 때 에덴 동산에서 아담과 하와가 뱀의 유혹을 받아 사람이 지식과 진리를 위하여 하나님을 전혀 의존할 필요가 없다는 명제를 받아들이는 순간 세상에 나타났다. 지식과 진리를 위하여 하나님을 의존할 필요가 없다면, 사람은 하나님과 상관없이 참된 지식을 얻을 수 있는 능력을 가지고 있다. 하나님의 계시는 절대적으로 필요한 것이 아니다. 사람은 진리를 알기 위하여 그의 이성적이고 논리적인 능력뿐 아니라 그의 감각과 경험도 사용할 수 있다. 사람은 실제로 그가 진리가 되었으면 하고 바라는 것이라면 무엇이든지 진리로 만들 수 있다. 이 분파의 계보는 동산에서 사탄의 유혹과 함께 시작되었고, 신구약 성경을 통하여, 플라톤, 아리스토텔레스, 데카르트, 존 로크, 이마누엘 칸트, 프리드리히 니체, 포스트모던주의자와 같은 사람들과 함께 역사를 통해 이어져 오고 있다.

오직 하나님만이 길이고 진리이며 생명일 때, 지식과 진리와 권위는 굳건히 설 수 있다. 그분은 그런 분이시고 우리가 그분을 그렇게 믿는다면, 우리의 지식은 그분으로부터 오며 우리가 아는 것은 그분이 아는 것에 부합할 수 밖에 없다. 그분의 말씀과 성령님에 의해 그리스도인 공동체의 신실함으로 진리에 대한 더 크고 정확한 이해를 얻으며 우리는 함께 일할 수 있는 것이다.

하나님의 섬김(God's service)에서 우리의 역할을 이해하고 좀 더 명확하게 하려고 할 때, 포스트모던 시대는 진리와 지식, 권위에 관한 이데올로기에 있어서는 완전히 틀렸지만, 우리에게 모든 영역에서 좀 더 관계적이고 경험적으로 생각하도록 만든다. 인식론은 고전적인 혹은 전통적인 계몽주의 모델로 인하여 시계추가 그 반대방향으로 너무 멀리 옮겨갔던 영역들 중 하나이다. 관계와 경험은 배움의 과정에서 필수적이다. 우리는 지식과 진리가 인격적이라는 것을 더욱 더 깊이 깨닫게 해 줄 인식론의 성경적 초점을 견지해야 한다. 그 지식과 진리는 우리의 일상생활에서 확신되고 실천되며 적용되어야 한다. 하나님에 의해 그 지식과 진리가 우리의 사고방식과 생활방식, 하나님과의 관계, 우리를 둘러싼 세상과의 관계, 서로 간에 관계 맺는 방식을 다르게 만든다. 바로 이런 것들이 젊은 세대가 질문을 통해 탐구하며 찾고 있는 것이다.

더 깊은 생각과 토론을 위한 주제

1. 잠언 1:1-7을 읽어라.
   1) 인식론과 관련하여 7절의 의미와 적용점은 무엇인가?

   2) 인식론의 주제 속에 지혜가 맞아 들어가는 곳은 어디인가?

   3) 잠언 1:29을 읽고 지식과 하나님을 경외하는 것의 관계에 대해 토론하라.

2. 로마서 1:19-32을 읽어라.
   1) 하나님에 대해서 말하는 것은 무엇인가?

   2) 사람에 대해서 말하는 것은 무엇인가?

   3) 바울이 가르치는 교훈의 중요한 의미는 무엇인가?

   4) 인식론에 관하여 쉐퍼가 한 말을 어떻게 강조하고 있는가?

3. 시편 139편을 읽어라.
   1) 이 본문은 많은 진리를 가르치고 있다. 그런데 인식론에 대해서는 어떤 의의를 가지고 있는가?

   2) 하나님의 지식에 대해서 그리고 하나님을 아는 사람에 대해서 무엇을 말하고 있는가?

   3) 이 본문과 로마서 1:19-23은 어떤 유사한 진리를 가르치고 있는가?

4. 로마서 12장을 읽어라.
   1) 편지를 읽는 독자들에게 세상의 틀에 억지로 짜맞추어지지 말라고 도전한 후에, 바울이 소금과 빛이 되는 방법을 보여주고 있는 것을 주목하라. 이것을 염두에 두고 이 장에 대해서 토론하라.
   우리는 어떻게 세상의 틀에 짜맞추어지거나 세상의 방식에 순응하여 왔는가? 어떻게 그렇게 될 수 있는가? 그 결과는 무엇인가?

5. 그룹 전체 혹은 작게 나누어진 집단들이 아래의 목록에서 고른 주제로 토론하도록 하라.

   1) 인식론의 중요성에 대해 설명하고 토론하라.

   2) 요한복음 18:36-39을 읽으라. 빌라도와 예수님의 대화에 대해 토론하라. 여기서 성경저자가 말하고자 하는 메시지는 무엇인가?

   3) 인식론적으로 자각한다는 것은 무엇을 뜻하는가? 그리고 그것이 중요한 의미는 무엇인가?

   4) 역사에서 세 시기는 인식론과 어떻게 관련되는가?

   5) 인식론은 실제로 앎의 객관적 부분과 개인적 또는 주관적 부분을 어떻게 연결하는가?

   6) 진리와 지식(인식론)은 우리가 가진 권위에 대한 개념에 어떻게 영향을 주는가?

   7) 어디에서 이성과 논리, 경험주의가 인식론과 맞아 들어가는가?

   8) 인식의 주체와 대상은 인식론과 무슨 관계가 있는가?

9) 인식의 과정에서 인식의 주체와 대상의 시사점은 무엇인가? 객관과 주관의 차이에 대해서 토론하라.

10) 우리는 어떻게 하나님을 따라 그분의 생각에 대해 생각하는가?

11) 일반은총의 교리와 인식론 사이의 연관성은 무엇인가?

12) 우리가 사물을 완전하게 아는 것을 막는 것은 무엇인가? 그리고 이것이 왜 중요한가?

13) 인식론은 우리의 관계에 어떤 영향을 미치는가?

6. 하나님에 대한 지식은 우리의 수직적인 관계와 수평적 관계, 즉 하나님과 우리 서로 간, 창조세계와의 관계에 어떻게 영향을 주는가?

7. 그룹의 구성원들이 우리의 일상적인 삶에서 인식론에 대한 이런 연구를 활용할 수 있는 활동계획을 세우게 하라.

8. 서로를 위해 기도하고 세계에 관한 진리를 전하고 가르치는 일을 실천하라.

추천도서

- Frame, John M. *The Doctrine of God.* Phillipsburg, N.J.: P&R Publishing, 2002. 『신론』(개혁주의신학사) 이전의 책, *The Doctrine of the Knowledge of God*을 보완하는 인식론과 관련된 여러 장들이 있다.
- Mark, Esther Lightcap, *Longing to Know.* Grand Rapids: Brazos, 2003. 이 장에서 주장한 것과 비슷한 접근법. 그녀는 인식론에 관해서, 특별히 지식의 인격적 측면에 대해 귀중한 통찰력을 가지고 글을 썼다.
- Van Til, Cornelius, *The Defense of the Faith.* Philadelphia: Presbyterian and Reformed, 1955. 『변증학』(개혁주의신학사) 변증학과 인식론을 다루고 있는 표준적인 고전이다.
- Wood, W. Jay. *Epistemology: Becoming Intellectually Virtous.* Downers Grove, Ill.: InterVarsity, 1998. 읽기 쉽고 대중적인 인식론에 대한 책이다. 인식론의 인격적이고 관계적 국면에 대한 훌륭한 통찰이 있다.

3장

―

하나님 나라

『나머지 여섯 날』(*The Other Six Days*)에서 폴 스티븐스(R. Paul Stevens)는 만인 제사장론을 다루면서 1세기 말부터 발전해 온 교회 안의 이분법적 구분을 없애려 했다. 그는 하나님의 백성은 비록 은사와 직무에 있어서 구별은 있지만 사제와 평신도로 나뉘지 않고 한 백성이라는 입장을 취한다. 그 백성 안에서 서로 다른 역할과 임무를 가지고 있지만, 우리는 모두 동등한 하나님의 백성 중 한 사람이다.

다른 사람들이 뭐라 말하든 상관없이, 한 사람의 제자, 특별히 이제 막 제자의 삶을 살기로 한 사람은 그가 하나님의 나라뿐만 아니라 교회의 일원이라는 사실을 이해하는 것이 중요하다. 이 하나님 나라 개념은 신학과 선교, 사역의 의미에 영향을 미친다. 제자의 삶은 이 세 영역 모두와 관련을 가지며, 우리를 부르신 자리를 이해하는 방식이 우리가 제자로서 살아가는 방식을 결정할 것이다.

신학에 대한 세 가지 잘못된 개념이 교회 역사를 통해 발전되어 왔다. 첫째, 신학은 개념적이고 추상적이며 이론적인 범주 안에 있어서 그 내용에 대한 실천은 나중에 따라온다는 생각이다. 둘째, 전문적인 학자들이 신학을 연구하여 그것을 평범한 교회 회원들에게 내려준다는 생각이다. 셋째, 계몽주의 시대 이래로 신학은 하나님의 백성 전체의 생활 방식이 아니라 전문화된 과학이 되었다는 생각이다. 이런 잘못된 개념들은 분명히 짚고 넘어가야 하며 교정되어야 한다. 이에 대해서는 5장에서 좀 더 깊이 논의할 것이다.

동일한 사고방식이 **선교**의 개념에도 적용되어 주님을 섬기기 위해서는 설교자가 되거나 선교사가 되어야 하며 그런 일을 위하여 안수를 받거나 파송을 받아야 한다고 생각한다. 하나님의 "평범한" 백성은 교회의 적극적인 선교 사명과 관련이 없다.

사역에서도 역시 이 개념이 적용되어 드러난다. 오직 전문가들만이 사역의 일을 하거나, 스티븐스가 말하듯, 평범한 그리스도인은 사역의 대상(수혜자)이지 사역의 주체(행위자)가 아니다. 이것은 사역이란 평범한 그리스도인이 하는 일이 아니라는 점을 분명하게 주장하고 있다.

내가 이 책을 쓰는 이유 중 일부는 우리가 진정한 제자됨이 무엇인지에 대한 성경적 관점을 제대로 가지고 있지 않다는 염려가 점차 커지고 있기 때문이다. 이에 대한 명확한 생각이 없으면 제자를 삼는 올바른 길은 막연한 추측에 불과하다. 그랬기 때문에 지금까지 우리는 분명한 정의도 없이 교회의 성장과 "제자 양육"을 위한 잡다하고 마구잡이식 프로그램과 방법들을 개발해 왔다. 앞서 언급한 통계수치가 제자가 되는 것이 무엇인지에 대한 전체적인 관점이 결여되어 있음을 보여주는 것이 전혀 놀랄 일이 아니다.

코넬리우스 플랜팅가(Cornelius Plantinga)는 『기독 지성의 책임』(규장, *Engaging God's World*)에서 "예수님의 명령을 받은 제자들은 '그리스도의 사람'이 되는 것은 '하나님 나라의 사람'이 되는 것임을 이해했다. 하나님 나라에서 일하는 것이 우리 삶의 방식이다. 따라서 그리스도를 따르는 많은 사람들은 그 나라를 지적으로 가장 잘 섬기는 법을 배우기 위해서 강력한 기독교교육이 필요하다는 결론을 내린다"[1] 고 말했다.

이 책을 통해서 제자란 예수님을 따르는 사람일 뿐만 아니라 삶의 모든 영역에서 하나님께서 행하시는 일들을 돌보고 사랑하는 사람이라는 점을 분명히 드러내고자 한다. 나는 제자란 미리 정해 놓은 활동의 체크리스트를 수행하는 사람이라는 생각에 반대한다. 하나님 나라의 제자는 개인기도 생활이나 성경공부, 개인적인 간증활동이 그리스도인의 삶에서 특별히 고상한 지위를 가진 것으로 여기면서 그런 일을 하는 것만으로 만족할 수 없다. 많은 그리스도인들이 삶에서 적법하게 성스러운 영역과 적법하게 세속적인 영역이 있다고 생각한다. "제자 삼는" 방법들이 이런 생각을 키워왔다. 그러나 만약 우리가 하나님 나라에 대한 바른 관점을 가지고 있으면 하나님께서 관심을 가지지 않고 그분이 주님으로서 다스리지 않는 삶의 영역은 아무 것도 없음을 알 것이다. 사도 바울은 "그런즉 너희가 먹든지 마시든지 무엇을 하든지 다 하나님의 영광을 위하여 하라"고린도전서 10:31고 말한다.

제자 삼는 과정에서 하나님의 말씀을 따를 때, 하나님의 나라에 대해서 성경적으로 생각하는 것이 필수적이다. 슬프게도 우리의 연구와 조사, 경험에 의하면, 많은 사람들이 하나님 나라에 대해서 분명한 개념을 가지고 있지 않다. 어떤 사람들은 그것을 단지 교회와 동의어로 보고 있는 반면, 또 다른 사람들은 교회와 하나님 나라 사이에 어떤 관련도 없다고 본다. 또한 현재의 하나님 나라와 그 나라의 미래적 국면을 혼동하기도 한다. 하지만 하나님 나라에 대한 이념은 기독교 신앙에 가장 기본적인 것이다. 하나님 나라 혹은 하늘 나라는 예수님이 전하신 복음의 중심 주제였다. 그분은 "천국이 가까이 왔다"마태복음 4:17 는 말로 당신의 사역을 시작하셨다. 요한복음 3장에서 그는 니고데모에게 거듭나지 아니하면 하나님의 나라를 볼 수 없을 것이라고 말씀하셨다. 이것은 기본이다.

제자 삼는 사역의 하나님 나라 접근법은 우리 삶의 일부 만이 아니라 모든 영역에서 변혁적인 영향을 미칠 것이다. 따라서 우리는 하나님 나라가 무엇인지 이해해야 한다. 제자 삼는 사역의 초기 단계에서 이것을 건너뛰지 말아야 한다.

신약성경에는 "하나님 나라"와 "천국"이란 표현이 나온다. 우리는 장황한 주석적 논의나 성경 역사를 참조하지 않아도 이런 용어들이 같은 실체를 가리키고 있음을 안다. (두 가지 다른 용어가 등장하는 이유는 유대인들이 "하나님"이란 단어를 사용하는 것을 극도로 꺼려서 "하늘"과 같은 말로 대체하거나 하나님이란 말이 들어갈 자리를 비워두었기 때문이다.) 나라(왕국)란 개념을 사용함으로써 성경은 예수 그리스도의 왕권을 그분께서 다스리시는 창조세계의 모든 **영역**이라는 측면과 삶의 모든 국면에 대한 그분의 **통치**라는 측면 모두를 강조하고 있다.

제자 삼는 사역의 하나님 나라 모델이 가진 독특한 특징 중 하나는 그것이 사람이 아니라 하나님께 초점을 맞추고 있다는 점이다. 사람이 아니라 예수님께서 그 나라의 왕이시다. 우리는 그 왕께 영광을 돌리고, 머리 숙여 절하며, 섬길 의무를 가진 그분의 백성이다. 우리가 그 나라(통치영역과 주권)에 대해 생각할 때, 그분을 섬기지 않아도 되는 삶의 영역은 아무 것도 없다. 우리가 제자 삼는 사역의 과정을 하나님께 초점을 맞추어 시작하지 않으면 우리는 사람에게 초점을 맞추게 될 것이고, 그것은 변혁(transformation)이 아니라 형성(formation)에 초점을 맞추는 것이다. 우리가 믿기로는 그것이 지금까지 실천되어 왔고 지금도 실천되고 있는 많은 방법과 모델이 범한 잘못이다. 제자는 그분의 제자로서, 모든 것에서 우리 자신이 아니라 주님께 초점을 맞추어야 한다.

또한, 제자 삼는 과정의 핵심으로서 주 하나님에 대해 초점을 맞추는 것과 함께 하나님 나라의 모델은 다른 사람들과 우리 주위를 둘러 싼 세계와 관계 맺는 법을 이해하도록 돕는다. 이 모델은 우리가 교회와 하나님 나라의 연속성과 불연속성 모두를 이해할 수 있도록 도울 것이다. 그것은 하나님 나라가 지금도 있고, 이 세대의 마지막에 완전하게 도래할 것임을 상기시켜 줄 것이다. 나아가 하나님 나라 모델은 우리가 그리스도인의 삶이 현재와 미래에 실제로 어떤 것인지 오해하지 않도록 해 줄 것이다.

다음 장에서 우리는 세계와 인생에 대한 성경적 관점에 대해서 논할 것이다. 만약 우리가 하나님 나라에 대한 바른 개념을 가지고 있다면, 성경적 세계관이 자연스럽게 나타날 것이다. 『위니 더 푸』 시리즈로 유명한 밀른(A. A. Milne)은 『두 사람』(*Two People*)이라는 제목의 소설을 썼는데 거기에 펌프 씨(Mr. Pump)에 대한 이야기가 나온다. 펌프 씨는 남성용 잡화 상인이며 종교적으로 매우 독실한 사람이었다. 그는 실제로 너무나 종교적이었고 그에게 종교는 너무나 성스러웠기 때문에 자신의 종교를 감히 일상적인 삶의 현장에 가지고 오지 못했다. 이것을 보여주는 예로서, 그는 두 개의 모자를 가지고 있었는데 하나는 시장에서 쓰고 다른 하나는 일요일 아침 교회에 갈 때 썼다. 그는 이 두 모자를 절대 혼동하지 않았는데 왜냐하면 일요일은 주님의 일을 위한 날이었고 월요일부터 주말까지는 장사를 위한 날이었기 때문이다. 그는 "어쨌든 어떤 사람도 동시에 두 주인을 섬길 수 없다"고 말하였다. 펌프 씨가 교회와 시장터를 **구분**(distinction)하여 본 것은 옳았으나 그 둘이 섞이지 않는다고 주장하면서 성/속을 **분리**(division)한 것은 잘못되었다.

이 이야기는 우리가 이 땅의 삶에서 이중적인 역할을 가지고 있음을 이해하도록 돕는다. 한편으로 그리스도인은 두 개의 모자를 쓰고 있는 것으로 보인다. 그러나 좀 더 정확히 표현하자면 우리는 오직 하나의 모자만 쓰고 있다. 우리는 "이 세상에 있지만, 이 세상에 속해 있지는 않다." 우리는 하나님 나라와 그분의 교회 모두에 소속된 회원이다. 이 둘이 다르기 때문에 우리는 두 개의 모자를 쓰고 있다고 말할 수도 있다. 하지만 다른 한 편으로 그리스도께서 만물을 다스리시는 주이시기에 우리는 분명히 하나의 모자만 쓰고 있는 것이다.

펌프 씨처럼 선의를 가지고 교회에 나가는 사람들이 많다. 그들은 일요일에는 자신들도 주님을 섬겨야 하지만, 주중에는 전문적인 성직자나 교회의 직원들이 교회와 관련된 모종의 사역을 통해서 주님을 섬겨야 한다고 생각한다. 옷을 팔고 집안일을 하며 학교에서 가르치는 것은 종교적 혹은 성스러운 활동이 아니라 종교적 의미가 전혀 없는 세속적인 직업 활동일 뿐이다.

그러나 모든 것을 포괄하는 하나님 나라를 이해하게 되면 우리가 하는 모든 일이 종교적 활동이고 하나님의 영광을 위해 수행되어야 한다는 것을 깨닫게 된다. 이 사고방식을 가지고 나는 수많은 경우에 내 마지막 목회 활동 기간에 실천하기 시작했던 사역 방법을 제안하였다. 우리는 그것을 "모든 교인이 사역자" 프로그램이라 불렀다. 물론 우리가 바라는 것은 모든 그리스도인이 전문적으로 주님을 섬기도록 위임을 받거나 파송을 받은 사역자나 선교사가 되는 것이 아니다. 우리는 영적인 은사를 사용하여 주님을 섬기는 것은 단지 일요일의 활동이나 교회의 전문 사역자들에게만 국한되는 것이 아님을 의도적으로 알려주려고 노력했다. 그것은 하나님의 모든 백성에게 주어진 일상적인 삶의 과정이어야 한다. 이것이 의미하는 바가 무엇인지는 명확하다. 우리가 주중에 하는 일이 무엇이든 상관없이 우리는 그것으로 주님을 섬겨야 한다.

현재 드러난 증거는 하나님 나라 개념이 신앙생활을 처음 시작하는 새로운 그리스도인에게, 심지어 신앙생활을 오래한 성숙한 그리스도인들에게도 전달되지 않고 있음을 보여준다. 그러므로 그리스도인의 삶은 펌프 씨가 나누었던 것처럼 거룩한 영역과 속된 영역으로 나뉘어져 있다. 이 잘못된 개념이 작동하는 한 가지 방식은 지역 교회의 목사나 외국 선교사는 일상생활 속에서 하나님을 섬기고 있기 때문에 시장이나 국내에서 일하는 사람들보다 더 영적이라고 생각하는 것이다. 그러나 성경은 그런 자의적인 분리를 가르치지 않는다. 모든 그리스도인들은 그들이 하는 일이 무엇이든 간에 모든 일을 하나님의 영광을 위해 해야 한다. 종교적인 활동은 일주일 내내 이루어져야 할 일상의 과정이다. 삶의 모든 것이 영적인 의미를 가진 거룩한 것이기에 삶에서 세속적이거나 비종교적인 국면은 없다.

여러 해 동안 나는 자신들이 하는 일에서 만족감을 느끼지 못하며 좌절하거나 소진을 경험한 사람들을 만나왔다. 적지 않은 교회 회원들이 "이것이 내가 직장을 그만두고 신학교에 가서 목사나 선교사가 되어야 한다고 하나님께서 말씀하시는 방식이 아닐까요?"라고 물어왔다. 상담을 받으려고 왔던 사람들 전부가 아니더라도 대부분은 주님을 섬기고 싶어하는 진정한 열망을 표현하였지만, 그들은 현재 하는 일을 통해서는 그 일에 실패하고 있다고 느꼈다. 그것은 단지 세속적인 직업일 뿐이었다. 그런 상황에서 내가 항상 하는 일은 변화의 가능성을 다루기 전에 소명에 대한 하나님 나라의 모델을 상기시켜 주는 것이었다. 하나님께서 다른 방향으로 인도하시고 새로운 변화를 시작하시지만 그것이 꼭 신학교나 외국의 선교지로 향하는 것은 아니라는 결론을 내린 적이 여러 번 있었다. 때로는 전임 사역자로 나서도록 부르신다는 결론을 내린 적도 있었다. 많은 사람들은 자신의 직장에 남아 있기로 결정하였으나 그 태도는 새롭게 변화되었다.

하나님 나라는 무엇인가?

하나님 나라 혹은 천국은 무엇인가? 우리가 제자 삼는 사역의 하나님 나라 모델을 시행하려면 이것을 이해하는 것이 필수적이다. 나는 이 질문에 대해서 가능한 기본적인 대답을 하고 싶지만 간단하지가 않다. 이 주제에 대해서 좀 더 공부하기를 원하는 사람들을 위해서 이 장의 끝에 읽어야 할 책을 제안할 것이다. 이 장에서 다루지는 않겠지만 하나님 나라에 대해서 생각할 때 꼭 포함되어야 할 하나님 나라와 세상 나라 사이의 반립(antithesis)과 같은 중요한 주제들이 있다. 나는 이 책 전체를 통해서, 특별히 2부에서 반립과 긴장을 보여줄 수 있기를 희망한다.

시편 103편 19절에서 시편 기자는 "여호와께서 그의 보좌를 하늘에 세우시고 그의 왕권으로 만유를 다스리시도다"라고 아주 분명하게 우리의 질문에 대답하고 있음을 먼저 주목하자. 시편 기자는 그리스도인이 믿는 기본적인 신앙, 하나님은 창조주이시며 그분의 모든 창조세계를 다스리신다는 것을 진술하고 있다. "그분의 나라"에는 모든 만물이 다 포함되어 있다.

하나님 나라 개념의 핵심은 무엇보다도 지금 하나님의 **다스림**과 **통치**를 의미한다. 19절에서 왕이신 하나님께서 그분의 백성을 포함한 당신의 나라 전체를 다스리시는 입법자이시며 권위자이심을 주장한다. 구약성경에서 선지자, 특별히 다니엘과 이사야 같은 사람들은 아직 완전하지는 않을지라도 하나님께서 현재 그분의 나라를 다스리시고 계심을 보았다는 것은 분명하다.

둘째, 입법자이신 하나님은 인격적이시기 때문에 우리는 현재와 장래에 도래할 하나님 나라의 **관계적** 국면을 이해해야 한다. 하나님 나라의 백성으로서 우리는 그분이 우리 삶을 모든 수준에서 만지고 계심을 깨달아 간다. 그분께 속하지 않은 영역은 아무 것도 없다.

셋째, 신약성경에서 사도 바울은 하나님 나라의 미래적 국면을 언급한다. "이러므로 하나님이 그를 지극히 높여 모든 이름 위에 뛰어난 이름을 주사 하늘에 있는 자들과 땅에 있는 자들과 땅 아래에 있는 자들로 모든 무릎을 예수의 이름에 꿇게 하시고 모든 입으로 예수 그리스도를 주라 시인하여 하나님 아버지께 영광을 돌리게 하셨느니라" ^{빌립보서 2:9-11}

구약과 신약 모두 하나님 나라가 도래하고 있다는 생각을 보여준다. 실제로 예수 그리스도의 오심으로 그 나라가 도래하였다. ^{마가복음 1:15} 하지만 우리는 또한 그리스도께서 이 세대의 끝에 다시 오실 때 그 나라가 완전하게 도래할 것임을 기억한다. 그때가 바로 빌립보서 2장 10-11절의 말씀이 최종적으로 그리고 완전하게 실현되는 순간이다.

우리는 하나님 나라의 과거, 현재, 미래의 국면을 명심할 필요가 있다. 왜냐하면 하나님 나라와 관련하여 어떤 사람들은 우리가 현재 누리고 있는 것이 장래에 누리게 될 모든 것이라고 말하고, 또 다른 사람들은 하나님 나라의 도래는 현재의 실재와는 아무런 관련이 없는 완전히 미래의 사건이라고 주장하였기 때문이다.

나는 신앙생활 초기에 현재와 미래에 하나님 나라가 세워져 가는 것이 전적으로 하나님께서 하시는 일이라는 것을 배워서 기쁘다. 메러디스 클라인(Meredith Kline)은 창조와 완성(종말) 사이에 하나님의 개입이 있다고 말한다. 태초와 종말 사이의 시간에 하나님의 개입을 통해서 그분은 당신의 나라를 세워 가신다.[2] 당신은 이 이야기를 기억할 것이다. 하나님께서 아담에게 만약 선악을 알게 하는 나무의 열매를 먹으면 반드시 죽을 것이라고 말씀하셨다. 우리는 아담이 불순종하여 그 열매를 먹었다는 이야기를 읽을 때 당장 하나님의 심판이 내릴 것이라 기대한다. 그러나 실제로는 하나님께서 개입하셔서 다음과 같이 말씀하신다. "나는 내가 정한 시간에 최후의 심판을 내릴 것이다. 그동안 나는 아담의 죄로 인해 야기된 피해를 되돌릴 구원의 계획을 시작할 것이다." 이것은 오직 하나님만이 하실 수 있는 일이며, 인간은 하나님의 은혜를 받아 누리는 자이다.

우리는 하나님 나라가 도래하였음을 깨닫는다. 그리스도께서 오셨고 그분이 영으로 여기 계시기 때문에 그 나라는 지금 우리와 함께 있다. 그러나 하나님 나라는 또한 미래의 종말론적 사건("아직")이기도 하다. 하나님께서 "만물을 그의 발 아래에" 고린도전서 15:27 두실 때가 아직 남아 있다. 예수님께서 우리에게 당신의 나라가 하늘에서처럼 땅에 임하도록 기도하라고 가르치셨던 것이 놀랍지 않은가? 게르할더스 보스(Geerhardus Vos)는 중첩된 두 단계의 하나님 나라의 도래에 대해서 말하였는데, 첫 번째는 점진적 과정이고 두 번째는 그리스도의 다시 오심과 최종적인 완성과 연결된 격변적이고 즉각적으로 일어나는 사건이다.

현재와 미래의 의미 때문에 우리가 맨 먼저 확실하게 하고자 하는 것 중 하나가 그리스도인들이 하나님 나라의 교리를 이해하는 것이다. 덧붙여서 나중에 보게 되겠지만 제자가 되는 것을 하나님 나라의 관점에서 이해하는 것은 젊은 세대가 그들의 인생에서 찾고 있는 도전을 확실하게 제공한다. 젊은 세대가 그리스도인들에 대해 비판하는 것 중에 하나는 그들이 비그리스도인들과 전혀 다를 바가 없다는 것이다. 그들은 많은 사람들에게 그리스도인이 된다는 것은 단지 교회에 가서 찬송을 부르는 것을 의미할 뿐이라는 사실을 알고 있다. 이런 회의적인 젊은이들은 하나님 나라가 가져다 주는 현재의 의미와 미래의 소망을 볼 필요가 있다.

하나님 나라와 교회의 관계

우리가 하나님 나라와 교회의 관계에 대해서, 그리고 그 둘과 세상과의 관계에 대해서 이야기할 때, 교회는 특별히 좁은 개념으로 그리스도인의 삶에 초점을 맞추고 있음을 깨달아야 한다. 교회의 사명은 은혜와 말씀, 성례의 방편과 관련되어 있다. 그것은 또한 믿는 성도들 안에서 특별한 "가족" 관계에 초점을 맞추고 있다. 대조적으로 하나님 나라는 교회와 달리 삶의 모든 영역과 관련을 맺고 있으므로 그리스도인의 삶의 훨씬 더 광범위한 혹은 더 넓은 국면을 제시한다. 이 개념을 두 개의 원으로 표현할 수 있다(도표 3.1).

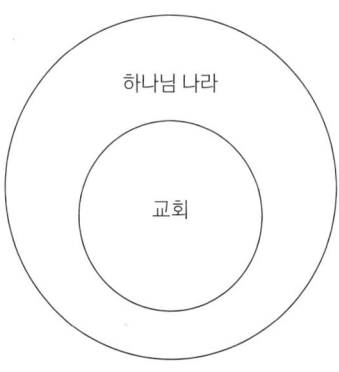

도표 3.1. 하나님 나라와 교회

사람들은 다른 어떤 장소보다 교회를 보면서 하나님 나라가 어떤 곳인지 더욱 분명하게 볼 수 있어야 한다. 왜냐하면 교회는 하나님 나라의 중심이기 때문이다. 바깥 원이 표현하는 하나님 나라는 그 통치영역에 한계가 없다. 그리스도는 교회의 왕이요 머리이시며, 주이시고, 통치자이시다. 그러나 그분은 또한 우주의 주이시기도 하다. 그리스도의 교회에 속한 그리스도인이 빛과 소금의 역할을 위해 하나님 나라의 더 넓은 영역으로 나아갈 때, 하나님은 그들의 삶이 인생의 모든 영역에서 영향력을 발휘하도록 의도하셨다. 하나님 나라의 백성으로서 우리가 가진 기독교 신앙은 하나님 나라의 범위 안에 있는 어떤 것과도 분리될 수 없다.

어떤 사람이 세상에서 교회가 드러나기보다는 교회에서 세상이 더 많이 드러난다고 말한 적이 있다. 그렇다면 문제가 상당히 심각하다. 그리스도인은 세상과 같아져서는 안된다. 우리는 이 세상에 있지만 이 세상에 속해 있지는 않다. 신약성경에 나오는 모든 하나님 나라의 비유와 산상수훈의 팔복^{마태복음 5장}은 하나님 나라의 백성은 삶의 방식이 다르다는 점을 강조한다. 가정 생활에서 그리스도인들은 달라야 한다. 정치나 교육, 법, 혹은 거래 행위에 있어서도 그리스도인들은 달라야 한다. 이는 하나님께서 그분의 몸인 교회에 속한 사람들, 그리스도의 제자들이 스스로를 단지 사회 개혁가들로 생각하지 않기를 원하신다는 것을 의미한다. 그분이 제자들에게 바라시는 것은 그들이 하는 모든 일을 통해서 무엇보다도 먼저 자신을 그리스도인으로 생각하는 것이다. 이것은 결과적으로 그리스도인이 자기 주변의 세계에 변혁적 영향력을 가진 위치에 있도록 할 것이다.

더글라스 배너맨(Douglas Bannerman)은 다음과 같이 썼다.

> 그러나 현재 우리가 논의하는 관점에서 볼 때 실제로 이 세상에서 하나님 나라는 단지 교회라고 말해도 충분할 것이다. 그것은 특별히 자신의 삶과 일을 통해 직접적이고 간접적으로 이 세상에서 영향을 끼치는 것으로 평가받는 "참 종교를 고백하는 세계에 흩어져 있는 모든 자들과 그들의 자녀들", 즉 웨스트민스터 신앙고백에 따르면, 가시적 보편교회(the catholic Church visible)를 의미한다.[3]

도표에서 두 원은 교회가 하나님 나라와 분리되어 있지도 않고 동일하지도 않음을 보여준다. 교회는 하나님 나라의 중심이다. 레이먼드 존(Raymond Zorn)은 『교회와 하나님 나라』(*Church and Kingdom*)에서 이를 잘 말하고 있다. "현재로서는 교회가 하나님 나라의 필요 불가결한 일부이지만 하나님 나라와 동일시될 수 없다는 점에 유념하기 원한다." 그리고 호트 (F. J. A. Hort)를 인용하여 다음과 같이 쓰고 있다.

> 우리는 하나님 나라를 눈으로 볼 수 있도록 드러내는 대표자로서 또는 그 나라의 통치를 실현하는 주된 도구로서, 혹은 또 다른 언어의 유비적 형식으로 **에클레시아**(교회)에 대해 이야기할 수 있을 것이다. 그러나 이 둘을 동일한 것으로 간주함으로써 복음서에서 하나님 나라 혹은 천국에 대해서 이야기하는 것을 교회에 직접적으로 적용할 수 있게 해서는 안된다.[4]

이것은 실천적인 면에서 그리스도인들이 자신이 선 바로 그 자리에서 하나님의 목적에 합당하게 그리스도인의 삶을 살아냄으로써 하나님 나라가 삶의 모든 영역으로 확장되고 이 세상에 영향력을 발휘한다는 것을 의미한다. 이것은 그리스도인들이 영적으로 성장하고 주 예수 그리스도를 믿는 내적인 믿음을 외적인 환경 속에서 살아낼 때 하나님 나라가 자라가는 것을 의미한다. 존은 그것을 다시 한 번 말하고 있다. "하나님의 백성은 이 세상으로부터 분리되는 것이 아니라, 이 세상을 정복하고 그분의 통치 아래 복종하도록 이끌어 옴으로써 세상 속에서 그들의 왕을 섬기고 드러내는 존재이다."[5] 사도 베드로는 이를 다음과 같이 말했다. "그러나 너희는 택하신 족속이요 왕 같은 제사장들이요 거룩한 나라요 그의 소유가 된 백성이니 이는 너희를 어두운 데서 불러내어 그의 기이한 빛에 들어가게 하신 이의 아름다운 덕을 선포하게 하려 하심이라"[베드로전서 2:9] 구약 시대에 참 이스라엘이 그러했듯이, 오늘날 교회는 전체 세계와 삶의 모든 영역에서 복음의 진리에 대한 증거를 가진 제사장의 나라, 거룩한 나라가 되어야 한다.

하나님 나라와 교회, 유사점과 차이점

지금까지 우리는 교회와 하나님 나라 간의 관계에 대해서 표면만 살짝 훑어보았다. 이것을 제대로 이해하는 것은 하나님께서 교회의 역할과 책임에 대해서 기대하시는 바가 무엇인지 명확하게 알 수 있게 해 줄 것이다. 또한 하나님 나라의 보다 더 넓은 역할을 이해할 수 있게 해 줄 것이다. 이것을 이해하면 둘의 역할과 책임을 분리하거나 동일시하는 실수를 예방할 수 있을 것이다.

이것을 이해하는 것이 제자 삼는 사역의 과정에서 지극히 중요한 기본이 되는 이유는 그것이 그리스도의 몸인 교회의 일원으로서 어떻게 살아야 할지, 그리고 더 넓은 하나님 나라의 영역 안에서 어떻게 살아야 할지 그리스도인들이 알 수 있도록 돕기 때문이다. 당신이 이 영역에 대해서 연구할 때, 이 둘 사이에 혼동이 생길 수 있다. 이는 위에서 언급했듯이, 어떤 사람은 하나님 나라와 교회가 하나이고 동일하다고 믿고 그렇게 주장하는 반면에 다른 사람은 그 둘 사이에 어떤 관련도 없다고 말하기 때문이다. 어떤 사람은 우리의 관심은 오로지 교회에 집중되어야 한다고 말하는 반면에 다른 사람은 하나님 나라는 오직 미래의 종말론적 사건으로만 말하고 싶어 한다.

앞에 제시된 다이어그램의 원에 관해서 아리스토텔레스의 용어를 빌어 표현하면 하나님 나라는 "속"(genus)이고 교회는 "종"(species)라고 할 수 있다. 교회는 좀 더 좁은 영역에 초점을 맞추는 반면에 하나님 나라는 모든 것을 포함한다. 논의를 계속해가면 이것을 좀 더 명확하게 볼 수 있을 것이다.

중요한 교재인 『하나님 나라』(솔로몬, *The Coming of the Kingdom*)의 저자 헤르만 리델보스(Herman Ridderbos)는 다음과 같이 쓰고 있다.

바실레이아(*basileia*, 하나님 나라)는 그 성취에 있어서 위대한 하나님의 구원 사역이며 그리스도 안에서 완성이다. 에클레시아(*ekklesia*, 교회)는 하나님께서 선택하고 부르신 사람들이 바실레이아의 지극한 복을 나누는 모임이다. 논리적으로 선행하는 것은 바실레이아이지 에클레시아가 아니다. 그러므로 전자는 훨씬 더 포괄적인 내용을 가지고 있다. 바실레이아는 모든 것을 아우르는 관점을 나타내고, 모든 역사의 완성(종말)을 의미하며, 은혜와 심판 모두를 가져오고, 우주적 차원들을 가지며, 시간과 영원성을 완성시킨다.[6]

리델보스는 교회와 하나님 나라는 구별되지만 서로가 없으면 각자의 개념이 성립할 수 없다고 결론 내린다.

에드먼드 클라우니(Edmund P. Clowney)가 매우 분명하게 가르쳐 주었듯이, 교회는 사역 공동체이다. 교회는 하나님, 교회의 회원들, 세상을 위해 사역하며, 질서의 사역, 자비의 사역, 말씀의 사역에 참여한다.[7] 교회는 이 세상을 향해 예수 그리스도의 복음을 전파한다. 교회는 교회 가족 안에서 예배와 가르침, 교제, 사역을 위해 사람들을 함께 모으고, 그런 후에 하나님 나라의 백성으로서 삶의 모든 영역에서 삼위 하나님을 드러내도록 그들을 더 넓은 영역으로 내보낸다. 그러므로 교회는 하나님 나라의 심장이지만 하나님 나라의 전체는 아니다. 조지 엘든 래드(George Eldon Ladd)가 썼던 것처럼, "하나님 나라는 하나님의 통치이지만, 교회는 사람들이 모인 집단(society)이다."[8] 복음이 말과 행동으로 선포되는 것은 바로 이 모임, 교회를 통해서이다. 하나의 집단으로서 교회는 교회의 역할에서 벗어난 하나님 나라의 활동에 연루되지 않는다. 예를 들어 교회는 정치적 정당을 만들지 않고 행악자를 처벌하기 위해 칼을 들지도 않는다.

그리스도인들이 고등교육과 정치, 경제, 삶의 모든 합법적인 범주에 참여하는 것은 중요하지만, 교회의 이름으로 하지는 않는다. 그것들은 하나님 나라의 영역이다. 하나님께서는 그리스도인들이 교회를 통해서 영적으로 훈련받고 준비되기를 원하신다. 그런 후에 하나님의 언약 가족은 빛과 소금으로서 더 넓은 하나님 나라의 영역에 나갈 수 있게 된다. 하나님 나라 안에서 제자들은 복음의 진리를 증거할 기회를 가진다. 그들은 또한 창세기 1장에서 주어진 첫 번째 위임령인 문화명령을 수행할 준비를 갖춘다. 제자는 더 넓은 범위의 하나님 나라 안에서의 활동과 교회 안에서 자신의 역할과 위치를 구분하는 법을 알아야 한다.

사람들이 교회 공동체를 바라보면서 그들은 하나님 나라가 무엇과 같은 지 엿볼 수 있어야 한다. 교회는 그 참된 회원들을 오직 하나님만 아신다는 의미에서 비가시적(무형적)이다. 그러나 교회는 또한 그리스도 안에서 자신의 신앙을 공적으로 고백하는 사람들의 모임이기에 가시적(유형적)인 국면을 가지고 있다. 이것과 관련하여 언젠가 나는 하나님께서 교회를 최종적인 하나님 나라의 모형이 되도록 의도하셨기 때문에 사람들이 교회를 바라보면서 앞으로 도래할 하나님 나라의 모델을 보아야 한다는 글을 읽은 적이 있다.

자크 엘룰(Jacques Ellul)은 그의 통찰력 있는 책 『세상 속의 그리스도인』(대장간, *The Presence of the Kingdom*)에서 이중 의미(dual point)를 강조하였다. 첫째, 사람들이 중심가 4번 도로에 있는 교회를 볼 때 하나님 나라의 현존을 보아야 한다. 여기서 엘룰은 당연히 벽돌과 회반죽으로 만들어진 교회 건물이 아니라 거기 모인 사람들과 그들이 교회로서 드러내고 있는 것을 말하고 있다. 둘째, 신학은 오늘날 세상에 제공할 수 있는 것이 거의 없다. 왜냐하면 평신도들은 자신의 신앙을 사유화하였고 펌프 씨처럼 감히 그들의 종교적 신앙을 일상의 삶과 뒤섞으려 하지 않기 때문이다. 엘룰은 교회가 하나님께서 애초에 의도하셨던 바 삶의 모든 영역에서 소금과 빛이 되지 못했기 때문에 오늘날 복음이 선포되나 그것이 세상에 미치지 못한다고 결론 내린다. "평신도의 삶의 자리는 교회와 세상 모두를 위해서 필수적이다. 그러므로 이 자리에 대해 명확하게 이해하는 것이 매우 중요하다."[9]

그리스도인을 위한 하나님 나라의 함의와 적용

하나님 나라의 개념을 발전시키고 강조했던 아브라함 카이퍼, 헤르만 바빙크, 게르할더스 보스와 같은 사람들에게 감사한다. 그들은 우리가 교회와 하나님 나라의 역할 그리고 그 둘 간의 관계에 대해서 좀 더 분명하게 알 수 있도록 도와주었다. 이들 화란 신학자들 중 일부는 "영역 주권"(sphere sovereignty)이라 불리는 개념을 발전시켰다. 이것은 삶의 모든 영역들이 하나님의 주권과 관련을 맺지만 각각의 영역들은 서로 분리된 채로 있다는 점을 강조한다. 어떤 사람들은 교회가 특별하게 책임지는 영역을 가지고 있다고 말하려고 할 것이다. 교회의 독특한 역할은 복음을 전하고 구속적 삶을 장려하는 것이다. 가정은 가정만이 가지는 독특한 역할이 있고, 학교는 학교만의 고유한 소명이 있으며, 국가는 국가만의 영역이 있다. 영역 주권에 따르면, 정부는 학교를 운영해서는 안되며, 교회도 정부를 관리하려고 해서는 안된다. 어떤 사람들은 이것을 너무 문자적으로 생각하여 교회가 기독교 학교를 운영해야 할지를 두고 논쟁한다(오늘날보다는 1900년대에 더 그러했다). 영역 주권은 역할들을 이해하는데 도움을 주지만, 그것이 서로 다른 영역들 간에 연결 혹은 겹침이 없다는 것은 아니다. 만약 각 영역 주권들의 초점이 하나님이라면 그것들은 실제로 서로를 지지할 것이다.

서구 북미 문화 속에서 사는 그리스도인들은 우리의 기독교 신앙이 중요하지만 그것을 공적인 장으로 가져가서는 안된다는 인상을 말과 행동 모두를 통해서 만들어온 경향이 있다. 나는 1960년대에 존 F. 케네디의 대통령 후보 지명을 둘러싼 논란을 기억하고 있다. 여러 우려들 중에 하나는 그가 가톨릭 신자라는 것이었다. 사람들은 만약 그가 선출된다면 그것이 대통령으로서 역할을 하는데 지장을 줄 것이라고 믿었다. 그는 마치 그런 일이 가능하기라도 한 것처럼 자신의 종교가 정치에 영향을 주지 않을 것이라는 점을 확신시키려는 대답을 내놓았다.

내가 간절히 바라는 것은 그리스도인들, 즉 하나님 나라의 제자들이 이 땅의 삶에서 다양한 역할을 가지고 있음을 알고 이해하는 것이다. 우리는 종교적 확신을 숨기거나 중요하지 않은 것으로 치부하지 않으면서도 이 세상에서 뚜렷한 차이를 만들어 낼 수 있어야 한다.

오늘날 종교적 신념의 사유화(私有化)에 대한 노골적인 강조와 함께, 정치적 올바름에 관한 혼란스러움, 그리고 교회와 국가의 분리를 종교와 국가의 분리와 동일시하여 종교적 신념의 공개적 표현이 시장에서 점점 더 퇴조하는 것을 목격해 왔다. 이것은 앞에서도 언급했듯이, 삶에는 성스러운 영역과 세속적인 영역이 있으며, 이 둘은 언제나 분리되고 구별된 상태로 있어야 한다는 생각을 키워왔다. 이런 오해는 "교회와 국가의 분리"와 같은 주제에 대해서 토론하는 것을 어렵게 만들었다. 왜냐하면 우리는 필연적으로 국가와 분리할 수 없는 종교를 교회와 혼동하기 때문이다.

하나님 나라는 우리가 종교적 확신을 한쪽으로 밀쳐둘 수 없음을 알게 해 준다. 우리가 참여하는 활동이 무엇이든지 간에, 그것은 우리의 믿음과 완전히 관련되어 있다. 교회와 국가 사이를 가르는 경계선을 침범하지 않는 모든 활동은 용인될 수 있다. 통상적인 의미의 교회는 정치적인 파당이 되어서는 안 된다. 그것은 교회의 역할이 아니다. 하지만 그것이 그리스도인들이 정치적 성향을 가져서는 안된다는 걸 의미하지는 않는다. 시민 정부, 정치는 나라의 역할이지 교회의 기능이 아니다. 교회의 역할은 영적인 것으로서, 제대로 수행되기만 하면 교인들을 더 넓은 왕국에서 왕의 대리인으로서 살도록 준비시켜 줄 것이다.

1980년대 일부 운동의 오류 중 하나는 우리가 도덕성을 법률로 제정할 소수의 그리스도인들을 선출하기만 한다면, 상황을 올바른 길로 되돌릴 수 있다고 생각한 것이다. 그러나 올바른 접근법은 평범한 일상의 그리스도인들을 정치의 장에 참여하여 기독교 신앙에 따라 행동하도록 만드는 것이었다. 그랬다면 현재와 다른 모습의 사회를 보았을 수도 있다. 1900년대에 교회가 정통적인 지지대를 잃어버리게 된 이유 중 하나는 사회 개혁을 둘러싼 교회의 역할을 재정의한 것이었다. 그것은 하나님 나라의 과업이지 교회의 역할이 아니었다.

나는 1960년대에 목사들이 성직자용 칼라를 입고 흑인 인권 운동을 주도하거나 참여하였을 때, 나의 부정적인 반응을 기억한다. 이것은 그들 마음속에서 하나님 나라 활동을 교회의 역할로 동일시한 것이었다. 나는 또한 워싱턴 D.C.에서 보좌관으로 일했던 한 젊은이가 기독교 학교 지도자들의 회합에서 했던 연설을 기억한다. 그는 국회의원이 참여하는 성경 공부 모임 수가 우리에게 힘이 될 것이라고 말했다. 나는 바로 그 국회의원들 중 일부가 성경공부 모임에서 배웠던 것들을 전혀 고려하지 않고 안건을 다루는 것을 보는 것이 얼마나 실망스러운지를 그에게 상기시켜 주었다.

어떤 사람들이 주장하듯이 우리가 반드시 기독교 정당을 출범시켜야 한다고 생각하지 않는다. 그러나 하나님 나라의 삶은 그리스도인에게 교회의 이름이 아니라 주이시며 왕이신 예수님의 이름으로 시민 생활의 공론장에 참여하도록 요구한다. 개혁주의적 복음주의 장로교인으로서 나는, 장로교의 원리나 교단을 과시하려는 것이 아니라 기독교 신앙에 좀 더 진실되기 위하여 우리 중 더 많은 사람들이 정치의 장에 참여하는 것을 볼 수 있기를 바란다.

미국 장로교 신앙고백과 원래의 영국 장로교 신앙고백을 구별하는 하나의 표식은 교회와 국가의 관계에 대한 입장이다. 웨스트민스터 신앙고백의 미국판 31장에서 정통 장로교파의 고백적 입장은 다음과 같다. "대회(Synods)와 총회(councils)는 교회와 관련된 문제 외에는 아무 것도 다루거나 결정해서는 안된다. 그리고 국가에 관한 정치 문제에는 관여하지 말 것이며, 다만 비상한 경우에는 위정자에게 겸손히 청원하는 식으로, 혹은 위정자의 요청을 받아 양심의 만족을 위해 충고할 수 있다."

나는 이 장을 마무리 지을 때쯤, "충성의 맹세"와 관련한 순회 법원의 결정에 대해서 듣게 되었다. 법원은 그 맹세가 "하나님 통치 아래, 하나의 국가"라는 표현을 담고 있다는 이유로 위헌 판결을 내렸다. 다음 날 아침, 나는 그 문제를 제기한 사람이 정부가 설립한 공립학교에서 그 맹세를 사용하는 것에 반대하는 인터뷰를 들었다. 그는 애국을 표방하였다. 그는 자신의 나라에 대해서 반대하는 것이 아니라 "하나님 통치 아래"라는 문구에 반대한다고 했다. 그의 설명은 우리가 "정부와 종교"를 뒤섞지 말아야 한다는 것이다. 이것은 특별히 북미의 다원적 문화 속에서 진짜 문제가 되는 사안이다. 그러나 우리가 지금까지 주장했고 앞으로 정교하게 다듬어 나갈 것처럼, 사람은 하나님의 형상이고 따라서 종교적 존재이기 때문에 그가 하는 모든 일에서 필연적으로 종교적일 수밖에 없다.

교육은 교회와 하나님 나라의 관계를 이해하는 것이 중요하다는 것을 보여주는 또 다른 영역이다. 사회의 기본 단위가 가족인 것은 맞지만, 교회는 하나님의 언약 백성을 기독교적으로 (구속적으로) 생각하고 살아가도록 가르치고 훈련하며 준비시킬 교육적인 과업을 가지고 있다. 우리 중 개혁교회에 출석하는 많은 사람들은 유아세례가 시행될 때, 아이들이 언약의 자녀로 자라가도록 부모들을 돕겠다고 엄숙히 약속한다. 이것은 교회가 자녀를 교육하는 일에 있어 부모들의 역할을 대신하겠다는 의미가 아니다. 많은 성경 구절들이 분명하게 밝히듯이 하나님의 언약 자손들을 교육하는 일은 우선은 부모의 책임이긴 하지만 좀 더 넓은 언약 공동체가 관련을 맺는다.

그리 오래되지 않은 과거에 사람들이 국가가 아이들을 교육하기 위해 학교를 만드는 것처럼 교회가 부모의 역할을 빼앗는 것은 잘못이라고 믿었던 때가 있었다. 오늘날 많은 사람들이 언약 가족의 개념을 재정립하면서, 교회가 부모의 자리를 차지하지 않으면서도 교육의 과정을 조직하는 것을 돕고 장려하며 격려하는 것을 통해 부모들을 지원할 수 있음을 깨닫게 되었다. 만약 교회의 역할이 신앙적이고 영적이며, 하나님의 백성들에게 성경말씀을 선포하고 가르치는 것이라면, 한 기관으로서 교회는 오늘날 언급될 필요가 있는 사회적 문제의 과잉에 빠지지 않도록 극도로 경계하여야 한다. 교회의 역할은 사회 개혁 혹은 사회적 변혁을 조장하는 것이 아니라, 하나님 나라의 영역으로 나가서 그리스도의 이름으로 모든 영역에서 주를 섬기라고 선포하도록 교인들을 구비시키는 것이다. 교회는 믿지 않는 사람에게 어떤 권위도 가지고 있지 않다. 하나님 나라와 교회에 대한 올바른 이해는 "교회는 너무 천상적이어서 지상적인 유익은 아무 것도 없다"는 주장과 교회는 아무 할 것이 없는 곳으로

가고 있다는 주장 모두를 보완할 수 있을 것이다.

더 나아가, 하나님 나라를 이해하는 것은 그리스도인의 삶을 추상적인 학문적 개념으로 알지 않도록 해 주며, 그리스도인이 되는 것은 완전히 새로운 방식으로 보고 생각하며 살면서, 왕이신 예수 그리스도를 섬기는 것이라는 사실을 알게 해 준다. 마태복음 5장의 팔복이나 예수님의 하나님 나라 비유와 같은 성경 말씀은 하나님 나라 백성들의 삶과 실재에 대한 방향성이 하나님 나라 안으로 거듭나지 않은 사람들과는 전적으로 다르다는 것을 알게 해 준다. 이것이 하나님 나라에 관한 많은 비유(예를 들어 탕자의 비유)의 결론이 청중의 허를 찌르는 이유이다. 왜냐하면 그들은 다른 결말을 기대하기 때문이다. 하지만 하나님 나라의 백성은 장 칼뱅이 말했듯이 하나님의 안경으로 실재를 보기 때문에, 우리는 사물에 대해서 다른 관점을 가지고 있다.

하나님 나라를 이해하는 것은 그리스도께서 오셨기 때문에 그 나라가 이 땅에 임하였지만, 이 세대의 끝에 그리스도께서 다시 오실 때까지 완전하게 도래하지 않을 것임을 알게 해 준다. 사도 바울은 고린도전서 15장 28절에서 "만물을 그에게 복종하게 하실 때에는 아들 자신도 그 때에 만물을 자기에게 복종하게 하신 이에게 복종하게 되리니 이는 하나님이 만유의 주로서 만유 안에 계시려 하심이라"고 말한다. 바로 그때 교회는 하나님 나라로 들어 올려질 것이고 완전하고 충만한 하나님의 통치가 도래할 것이다.

그리스도인 제자들이여, 힘을 내라. 앞으로 더 큰 것이 남아있다. 그날이 올 때까지 그리스도의 몸된 교회의 일원이자 그분이 다스리는 나라의 시민으로서 이중적 역할을 수행하면서 하나님 나라를 마음에 품은 백성으로서 살아가야 할 당신 앞에 놓인 도전을 보라.

더 깊은 생각과 토론을 위한 주제

1. 이 장은 하나님 나라와 제자 삼는 과정을 어떻게 연관시키고 있는가?

2. 펌프 씨의 이야기에 대해서 토론하라. 그것을 "성"과 "속"의 이분법과 연관시켜 보라.

3. 하나님 나라와 관련한 오개념들 중 일부를 찾아보고 그것들이 가지는 의미에 대해서 토론하라.

4. 하나님 나라와 교회는 어떤 관계인가? 왜 이런 구분이 만들어져야 했는가? 교회의 역할과 하나님 나라의 역할을 제자도와 관련지어서 토론하여 보라.

5. 실천적인 의미에서 하나님 나라의 시민이 된다는 것은 무엇을 의미하는가?

6. 제자도의 모델 중 어떤 것은 일반적으로 전도와 성경공부, 기도에 초점을 맞춘다. 그런 것들이 중요하고 본질적이지만, 하나님께서는 그런 활동이 하나님 나라의 전체성을 위해서 그분이 의도하신 것 중에 일부일 뿐이라고 가르치신다. 이 하나님 나라의 관점을 제자도에 비추어 토론하라.

7. 하나님 나라에 대한 예수님의 가르침은 그분 메시지에서 핵심을 차지한다. 그분은 우리에게 그분의 나라가 임하기를 기도하라고 가르치신다. 이것에 비추어, 복음의 메시지를 전할 때 하나님 나라의 개념이 들어맞는 곳은 어디인가?

8. 하나님 나라의 개념은 그리스도인이 세상에서 소금과 빛이 되도록 어떻게 격려하는가?

추천도서

Clowney, Edmund P. *The Church*. Downers Grove, Ill.: Inter Varsity, 1995. 『교회』(IVP) 교회에 관한 주제에 있어서 최고 권위자중 한 명이 쓴 하나님 나라와 관련된 교회의 역할에 대해서 "반드시" 읽어야 할 책.

Ellul, Jacques. *The Presence of the Kingdom*. Colorado Springs: Helmers and Howard, 1989. 『세상 속의 그리스도인』(대장간) 다양한 주제에 대해서 쓴 그의 많은 저작들의 입문서로서 유익하고 도전적이며 생각을 자극하는 통찰을 담고 있다. 엘룰은 사회학적 주제에 대해서 신학적으로 신정통주의 입장에서 글을 쓰지만, 그의 저작을 읽는데 시간과 노력을 들일 가치가 있다.

Ridderbos, Herman. *The Coming of the Kingdom*. Philadelphia: Presbyterian and Reformed, 1962. 『하나님 나라』(솔로몬) 하나님 나라의 현재와 미래 상태에 대한 가장 광범위한 연구 중 하나이다. 성경이 펼쳐 보여주는 것에 따라서, 특별히 비유를 통해서 현재와 미래의 국면을 이해하는 것이 이 책의 독특성이다.

Vos, Geerhardus. *The Teaching of Jesus Concerning the Kingdom of God and the Church*. Grand Rapids: Eerdmans, 1951. 『하나님 나라와 교회 은혜와 영광』(크리스천다이제스트) 하나님 나라의 주제에 대한 간략하지만 읽기에 매우 어려운 요약이다. 보스는 특별히 교회와의 관계에서 하나님 나라의 개념을 발전시키는 일에 선구자였기에 이 책은 읽을 가치가 있다.

Zorn, Raymond O. *Church and Kingdom*. Philadelphia: Presbyterian and Reformed, 1962. 읽기 쉽고 축약된 책으로서 이 장의 내용은 이 책을 따르고 있다.

4장

기독교 세계관

    20세기에 들어오면서 학문을 포함한 삶의 많은 영역에서 중요한 역할을 감당하던 그리스도인들의 수가 줄어들거나 아예 모습을 찾아볼 수 없는 현상이 감지되기 시작했다. 평범한 그리스도인들은 생각이 단순한 신자로 머무는 것에 만족했다. 중요한 것은 "주 예수 그리스도를 믿으라 그리하면 구원을 얻으리라"는 말이었다. 많은 그리스도인들이 기독교적 삶에 관한 총체적 이야기를 놓치고 있었다. 실제로 삶을 변화시키는 참된 회심은 삶의 근본 문제들을 전혀 다른 방식으로 생각하게 될 때에만 일어난다. 하지만 나는 성도들에게 세계관이라는 개념을 제대로 이해하도록 만드는 일이 얼마나 어려운 일인지를 토로하는 목회

자들과 많은 대화를 나누었다. 여론조사와 분석가들이 제시하는 자료는 믿음을 고백하고 그분을 구원자요 주님으로 영접한 많은 그리스도인들과 심지어 복음주의자들조차 그분을 따라 하나님의 생각으로 사고하는 기독교적 지성을 개발하지 못했다는 사실을 보여주고 있다. 수년 전 거의 자기 혼자 독자적으로 생각하는 어떤 사람에 대한 이야기를 들은 적이 있다. 그저 재미로 한 이야기지만, 나는 그것이 지금까지 그리스도인들이 보여준 전형적인 모습을 잘 나타낸다는 것을 깨닫게 되었다. 이 사실에 대해서 지나치게 비판적인 입장을 취하고 싶지는 않다. 다만 우리가 생각하는 법을 배우지 않고, 우리의 마음과 지성을 지혜에 적용하는 법을 배우지 않고서는 절대로 하나님의 목적하신 바를 효과적으로 섬길 수 없을 것이라는 말을 하려는 것이다.

너무나 많은 사람들이 그리스도인이 되는 것이 무엇을 의미하는지 이해하지 못한 채 그리스도인이 되겠다고 고백한다. 그리스도인은 현재의 구원과 영원한 삶을 약속하신 예수 그리스도를 믿는 자이다. 그러나 그리스도인은 또한 "새로운 피조물"이자 "이전 것은 지나갔으니 보라 새 것이 되었도다"고린도후서 5:17 라는 말씀이 이루어진 사람이다. 이제 그리스도인은 더 이상 죄의 완전한 통치 아래에 있지 않다. 그리스도께서 십자가 위에 죽으시고, 거듭남과 회심을 통해 성령께서 그리스도의 사역을 우리 삶에 적용함으로써 우리를 죄의 속박으로부터 자유케 하셨다.

그리스도인이 된다는 것은 하나님께서 우리의 판단과 사고의 기준점이 되신다는 것을 의미한다. "우리가 그를 힘입어 살며 기동하며 존재하느니라"^{사도행전 17:28} 그리스도인으로서 우리는 이 진리를 좀 더 의식적으로 자각할 필요가 있다. 그렇게 하는 한 가지 방법은 사도 바울의 가르침을 따라서 "모든 생각을 사로잡아 그리스도께 복종하게"^{고린도후서 10:5} 하거나, "그분을 따라 하나님의 생각을 생각하는" 것이다. 단지 명목상으로만이 아니라 (제자의 핵심인) 자신의 신앙을 삶으로 실천하는 자로서 그리스도인이 된다는 것은 삶과 실재를 기독교적 관점으로부터 생각하는 것이다. 그리스도인이 되는 과정에서 우리의 삶은 "마음을 새롭게 함으로 변화를 받아"^{로마서 12:2} 라고 말씀하시는 하나님께로 향하게 된다.

그리스도인들은 하나님의 관점에서 생각하는 것에 초점을 두어야 한다. 생각의 변화는 "우리 주 곧 구주 예수 그리스도의 은혜와 그를 아는 지식에서 자라 가라"^{베드로후서 3:18} 는 말씀에서 보는 것처럼 성화를 이루어가는 과정의 한 부분이다.

우리는 성장하면서 모든 만물이 통치하시는 하나님에 대한 증거를 품고 있다는 것을 깨닫는다. 우리는 또한 그 증거가 우리에 관한 것이 아니라 하나님에 관한 것임을 더욱 더 깊이 깨닫기 시작한다. 사도 바울은 "그가 만물보다 먼저 계시고 만물이 그 안에 함께 섰느니라 … 이는 친히 만물의 으뜸이 되려 하심" 골로새서 1:17-18 이라고 말한다. 그러므로 우리는 무엇보다도 하나님과 우리에 대한 그분의 계시로부터 시작해야 한다.

현재의 경향과 분석, 개인적인 증언을 관찰하면서 알게 된 슬픈 현실은 사람들이 진심으로 그리스도께 회심할 수는 있지만(즉, 예수가 구주이심을 믿을 수는 있지만), 삶을 바라보는 그들의 방식은 성장하지 않는다는 것이다. 달리 말하면, 한 사람이 그리스도인이 될 수는 있으나 세계와 인생에 대한 성경적 관점(이 장에서 세계관이라고도 표현된다)으로 살지 않거나, 혹은 그런 것이 있는지조차 알지 못한다.

그리스도의 제자로서 세계관의 개념을 이해해야 하는 한 가지 이유는 우리가 그것을 가지고 있다는 사실을 알아야 그것을 평가하거나 수정할 수 있기 때문이다. 그리스도인들이 세상에서 구별되지 않는 한 가지 이유는 우리의 세계관이 기독교 신앙에 반하여 뿌리깊게 박혀 있는 다른 관점들과 뒤섞여 있기 때문이다. 이러한 사실을 보여주는 하나의 사례가 있다. 우리는 교육에 큰 가치를 부여하는 사회 속에 살고 있다. 그것이 다 잘못되었다고 말할 수는 없지만, 교육을 바라보는 우리 관점은 무엇보다도 교육받은 사람이란 대학 졸업장을 가진 사람이라는 생각에 의해 발전되어 왔다. 어떤 의미에서는 졸업장만 가지고 있으면 학위를 어디서 취득했는가는 별로 중요하지 않다. 내가 속한 교단에서는 통상적인 절차에 따라(예외는 있지만) 목사 안수를 받기 위해서 지원자가 갖추어야 할 조건 중에 "인가받은 대학 혹은 대학교"에서 받은 학위나 졸업장이 있다. 나는 성경적인 세계관을 기반으로 가르치지 않는 완전히 세속적인 대학교에서 학위를 받았다. 비록 일반은총으로 인해 두 교육 기관에서 받은 교육을 통해 유익을 얻었지만, 추정컨대 내가 세속적인 대학에서 경험했던 교육철학과 신학교에서 접한 교육철학은 서로 정반대였을 것이다. 나는 복음 사역을 위해 교단으로부터 공인을 받고 안수를 받을 수 있는 자격을 갖추었다. 이것은 교육이 무엇인지 또는 교육받은 사람이 어떤 사람인지에 관한 관점을 형성하는데 우리가 얼마나 쉽게 세상으로부터 영향을 받는지를 보여준다.

이 모든 것은 우리가 세계관을 둘러싼 싸움의 한가운데에 있으며, 이 싸움은 과거 어느 때보다도 현재 더 치열하다는 사실을 말하기 위함이다. 예수 그리스도의 제자는 이 전쟁을 의식하지 않거나 관심을 두지 않을 수 없다. 우리는 이 전투를 위해 훈련되고 준비되어야 한다.

아브라함 카이퍼는 다른 무엇보다 기독교적 세계관을 강

조한 인물로 알려져 있으며, 이는 1898년 프린스턴 신학대학에서 그가 했던 스톤 강연의 주제이기도 했다. 카이퍼의 미국 동료들 중 어떤 사람들은 그에게 "세계관"(world-and-life-view)이라는 용어 대신에 "삶의 체계"(life-system)라는 용어를 사용할 것을 제안했다. 그는 전자를 더 선호했지만 그 강연에서는 후자를 사용했다. 그러나 "삶의 체계"는 우리가 세상을 보는 방법을 간결하게 보여준다는 점에서 좋은 표현이다. 그것은 단순하게 우리가 세계를 보는 방식을 말한다. 카이퍼와 관련하여 놀라운 사실은 그가 다른 사람들로 하여금 성경적인 세계관을 이해하도록 도왔을 뿐 아니라, 자신의 삶에서 그 세계관의 모범을 보여준 것이다. 그는 정부 관료, 정치가, 신학자, 과학자, 언론인으로서 그 어떤 일을 하던지 모든 영역을 그리스도의 통치 아래에 두려고 노력하였다. 이러한 영역들은 그의 세계관 혹은 삶의 체계의 일부였다.

세계관이란 무엇인가?

"세계관"이라는 용어는 20세기에 접어들면서 등장하였지만(독일어 Weltanschauung의 영어 번역) 본래 성경적인 개념이다. 어떤 이들은 세계관이란 용어 대신에 "삶의 관점"이나 "삶의 철학", "삶의 체계"라 말하기도 한다.

브라이언 왈쉬(Brian Walsh)와 리처드 미들턴(Richard Middleton)에 따르면 세계관은 우리가 근본적인 질문들에 대해 답을 할 수 있도록 돕는다. 즉, 실재는 무엇인가, 나는 누구인가, 무엇이 잘못되어 있는가, 그 해결책은 무엇인가라는 질문들이다. 이 질문에 대한 대답은 우리의 세계관에 기반을 두고 있다.

제임스 사이어(James Sire)의 정의에 따르면, "세계관이란 이 세계의 근본적 구성에 대해 우리가 (의식적으로든 무의식적으로든) 견지하고 있는 일련의 전제(혹은 가정)들"이다.[1] 세계관은 우리가 다음과 같은 근본적인 문제들을 다룰 수 있도록 돕는다. 최고의 실재는 무엇인가? 인간은 누구인가? 인간이 죽을 때 어떤 일이 일어나는가? 도덕의 기초는 무엇인가? 인간의 역사적 의미는 무엇인가? 이어서 사이어는 말한다. "다양한 기본적 세계관들에서 또 다른 문제들도 제기된다. 예를 들어 보자. 외부 세계의 본질은 무엇인가? 이 세상의 책임자는 누구인가? 하나님인가, 사람인가, 아니면 어떤 책임자도 없는 것인가? 인간은 결정된 존재인가 아니면 자유로운 존재인가? 우리는 어떻게 알 수 있으며, 우리가 알고 있다는 사실을 어떻게 알 수 있는가? 사람만이 가치의 창출자인가?"[2]

오직 그리스도인들만이 세계관을 가지고 있는 것은 아니다. 의식적이든 아니든 간에 모든 인간은 세계관을 가지고 있다. 어떤 사람들이 이야기했던 것처럼, 세계관을 갖는 것은 인간이 되는 것의 한 부분이다. 그것은 하나님께서 우리에게 생각하고 살아가도록 미리 정해두신 방식의 한 부분이다. 우리의 세계관은 우리의 마음과 심령 속에서 사물들이 다 함께 조화를 이루어 맞아 들어가게 하는 준거이다. 나는 "틀"(framework) 혹은 "준거의 틀"(frame of reference)이라는 용어를 선호한다. 알버트 월터스(Albert Wolters)는 세계관을 간단히 "한 사람이 사물들에 대해서 가지는 근본적 신념의 포괄적인 틀"이라 정의한다.[3]

대부분의 사람들이 세계와 실재를 바라보고 이해하는 인식의 격자, 세계관을 가지고 있다는 사실을 저절로 알고 있지는 않지만, 어쨌든 모든 사람은 세계관을 가지고 있다. 물 어떤 사람은 다른 사람들에 비해 이 사실을 더 잘 자각하고 있다. 그러나 모든 사람들이 세계관을 가지고 있다는 사실을 우리가 이해하게 되면, 우리는 한 사람의 세계관을 더 잘 알 수 있고, 위기가 닥쳤을 때 그 사람에게 어떤 틀을 제공해 줄 수 있다.

우리의 목적을 위해, 우리가 사물을 보고 이해하는 방식을 결정하며, 우리 삶에 영향을 주는 것을 세계관이라고 지칭하자. 세계관은 우리가 가진 개념적 틀로서, 우리는 그것을 통해 생각하고, 일하고, 살아간다. 그것은 겉으로 드러나지 않지만, 우리가 쓴 안경처럼 우리가 보는 사물과 그것을 보는 방식을 결정한다. 우리의 세계관은 실재에 대한 우리의 관점을 통제하는 지휘 본부와 같은 역할을 한다. 어떤 면에서 세계관은 지문과 같다. 각 사람은 서로 비슷하지만 자신만의 독특한 지문을 가지고 있다. 세계관도 이와 같다. 세계관은 서로 유사한 점이 있지만, 자신만의 고유한 틀을 가지고 있고 그것에 따라 행동한다.

세상을 보는 방식은 색을 더하는 특정 필터를 가지고 있기 때문에 우리는 완전히 객관적으로 세상을 볼 수 없다. A라는 사람은 B라는 사람과는 다르게 사물을 보게 된다. 한 사람은 옳고 다른 한 사람은 틀릴 수 있다. 아니면 둘 다 부분적으로 옳을 수 있지만 절대 서로 똑같지는 않다(이는 우리가 왜 서로를 필요로 하는지에 대한 또 다른 예가 된다). 우리가 사물을 바라보고 해석하는 방식은 세계관에 의해 결정된다.

성경적 세계관의 기본 요소들

한 사람의 세계관은 다양한 요소들로 이루어져 있다. 그 중에서 몇 가지 기본적인 것들에 대해서만 언급하려고 한다. 신념,

특별히 하나님과 사람, 자아, 우리를 둘러 싼 세계, 일반적인 의미의 실재에 대한 기본적인 **신념들**로부터 시작하고자 한다. 왜냐하면 이런 것들이 우리의 세계관을 구성하는 핵심적인 요소들이기 때문이다. 하나님이 만물 안에 계시다거나 혹은 만물이 곧 하나님이라고 생각하는 범신론자(pantheist)는 하나님이 우리의 일상적인 삶에 관여하지 않는다고 믿는 이신론자(deist)와는 다르게 생각하고 행동할 것이다. 또한 하나님은 없다고 하는 무신론자(atheist)의 주장이 그의 세계관을 형성하듯이, 하나님은 인격적 존재이시며 우리는 그분과 관계를 맺을 수 있다고 믿는 그리스도인의 신앙이 우리의 세계관을 형성할 것이다.

하나님에 대한 우리의 견해는 태어난 곳, 자라난 가정, 우리를 둘러싼 문화, 깊은 고민을 통해 이루어진 선택을 포함한 수많은 요인들에 의해 영향을 받는다. 하나님에 대해서 무엇을 믿든지, 그것이 옳든지 그르든지 간에 그것은 실재에 대한 관점에 영향을 줄 것이다. 이와 유사하게, 작고 오래된 것보다 크고 새로운 것이 더 좋다고 믿고, 인간은 무한한 능력을 가지고 있다고 믿으며, 우주는 시간과 우연의 산물이라고 믿는다면, 이러한 요소들은 우리의 세계관에 뒤섞일 것이고, 우리는 그것에 의거해서 인생을 이해하고 행동할 것이다.

세계관을 구성하는 또 다른 요소는 **가치 체계**(value system),

삶, 교육, 건강과 같이 우리가 중요하게 생각하는 것들이다. 우리가 바라는 것들과 사랑하는 것들도 세계관을 형성하는 역할을 한다.

가족은 세계관을 발달시키는 주된 구성요소이다. 우리는 가르침뿐만 아니라 본보기를 통해서도 배운다. 부모들은 주변 세계를 바라보는 방식에 있어서 중요한 역할을 한다. 세대 간의 차이 때문에 몇몇 사람들에게는 놀라운 일이겠지만, 자녀의 인생에 가장 큰 영향을 미치는 사람은 부모라는 사실을 보여주는 일련의 연구들이 계속 진행되고 있다. 내 친구 중 한 명은 나에게 자신의 이야기를 들려주었다. 그녀는 은혜의 교리가 신앙의 기초가 될 것으로 믿으며 자녀들에게 수년에 걸쳐 그 교리를 가르쳤다. 그러나 막상 고난이 닥치자 그녀는 자신이 어릴 적 부모로부터 배웠던 것, 즉 하나님께서 우리에게 선한 일을 행하시기를 원하면 우리도 반드시 선을 행해야 하고, 우리가 나쁜 일을 겪는 것은 하나님께서 우리에게 화를 내실 만한 무엇인가 잘못된 일을 했기 때문이라는 생각으로 되돌아가 있음을 발견했다. 위기의 상황 속에서 그런 생각과 감정이 그녀의 삶을 지배하였다. 하지만 은혜의 교리를 배웠던 자녀들이 그녀를 권면하면서, 그 생각에 의문을 제기하고, 그녀의 생각이 그리스도께 순종하는 방향으로 돌아오도록 도와주었다.

친구와 주변 환경도 우리의 세계관에 영향을 미친다. 그리스도인들에게 기독교적 환경은 세계관 형성에 일정한 역할을 한다. 교회는 우리에게 하나님과 진리에 대해서 가르치고, 교회의 성도들은 의식적으로든 무의식적으로든 삶과 실재에 대해서 그들이 이해하는 바를 눈 앞에 보여주며, 이것은 우리가 사물을 보는 방식에 영향을 미친다.

하나님을 믿는 신앙의 구성요소들을 검토해 보면 세계관이 얼마나 영향력이 있는지 이해할 수 있게 된다. 미국은 공식적으로 한 번도 종교적으로 기독교를 표방한 적이 없지만, 미국 역사의 초기부터 1800년대말에 이르기까지 널리 퍼져있던 하나님에 대한 관점은 유대-기독교적 입장과 유사했다. 그것은 단순히 사적인 확신이 아니라 공적 영역에 큰 영향력을 가지고 있었다. 성경은 미국 역사에서 중요한 책이었다. 하나님에 대한 성경적 관점과 성경의 일반적인 가르침은 미국의 초기 문화에 상당히 많이 반영되어 있다. 하나님에 대한 예전의 관점은 이제 하나님은 없다거나 혹은 있다 하더라도 달라질 것이 없다는 원칙을 가르치거나 그런 원칙 위에 작동하는 세속적 관점으로 바뀌었다. 그런 관점이 현재 미국인의 생활 양식에 어떤 일을 하는지 볼 수 있다. 이것은 세계관이 어떻게 작동하는지를 보여주는 한 가지 예가 된다.

교육철학도 세계관에 영향을 미친다. 미국 대통령은 교육의 과정에 지대한 관심을 가지고 있으며 이를 통해 사람들의 지지를 얻고 있다. 그는 자신이 복음주의 그리스도인임을 고백한다. 최근 그는 아이들이 직업을 갖기 위해서 읽는 방법을 배워야 한다고 강조했고, 이를 통해 다시 한번 사람들의 지지를 받고 있다. 하지만 미국 초기 역사 문서인 메이플라워 서약(the Mayflower Compact)을 떠올려보면, 그 문서는 교육에서 특별히 읽기 능력에 대한 근본적인 사상을 담고 있다. 대통령이 강조한 바와는 대조적으로, 이 서약은 아이들이 하나님의 말씀을 읽고 이해하기 위하여 읽는 방법을 배워야 한다고 명시하고 있다. 이 두 가지 강조점은 서로 배타적이지 않으며, 전체적인 성장과 학습의 과정 중에 서로 연결되어야 한다.

그리스도의 제자가 되고 그분을 따라 하나님의 생각대로 사고하기 위해 우리는 우리를 둘러싼 세계를 보고 해석하는 방법을 개발해야 한다. 이 방법은 창조세계에 대한 하나님의 지식과 일치해야 한다. 만약 그분을 따라 하나님의 생각을 사고하는 능력이 성장해가지 않는다면, 우리는 그리스도 안에서 성장하고 있지 않은 것이다. 이는 너무도 많은 그리스도인들에게서 나타나는 사실이다. 그리스도인이 된 이후에도 우리의 세계관은 그리스도인이 되기 전의 세계관과 기본적으로 다르지 않다. 그리스도인으로서 우리는 삶과 증언을 통해 다른 이들에게 도전하는 방법을 알아야 한다. 이 과정에서 우리는 성경에 기록된 하나님의 말씀으로 세계관을 지속적으로 점검해야 한다. 만일 우리의 세계관 중 어느 한 부분이나 실재를 바라보고 해석하는 방식이 성경에서 하나님께서 말씀하신 것과 다르면, 우리는 반드시 "모든 생각을 사로잡아 그리스도에게 복종" 고린도후서 10:5 시켜야 한다. 이것은 우리의 마음이 하나님의 계시와 상호 관련을 맺기 위하여 새롭게 하고 변화시켜 나가는 영적 성장 과정의 일부이다.

제자를 삼고 또 스스로가 제자로서의 삶을 살아갈 때, 우리의 세계관은 점점 더 성경적 방식을 따라야 한다. 왜냐하면 성경이 진실로 하나님에 관한 것이라면, 하나님으로부터 시작해야 하고, 또 사물을 볼 때 그분께서 우리에게 원하시는 방식으로 보고 이해할 수 있어야 하기 때문이다. 잠언 기자는 "마음에 생각한 것이 바로 그 사람이다" 잠언 23:7. NKJV 라고 기록한다. 이 말씀은 성경 전체를 관통하는 하나의 원리를 강조하고 있다. 사고 과정은 삶을 다스리는 지휘본부이며, 그 중심에 바로 세계관이 자리잡고 있다. 제자 삼는 것을 목적으로 하는 기독교교육에 몸담은 한 사람으로서 나의 관심은 모임에서 얼마나 많은 사람들이 진공 상태에서 성경 공부를 하고 있는가에 있었다. 그들은 말씀을 공부하고 말씀을 통해 받은 은혜에 대해 자주 간증하지만, 그들이 생각하고 느끼며 행동하는 방식에 있어서는 두드러진 변화가 없음을 인정한다. 보통 그런 변화의 고백은 시간이 한참 지난 후, 보다 포괄적인 이해에 이르게 된 다음에 가서야 듣게 되는 경우가 많다. 내 인생에서 배웠던 것, 심지어 가르쳤던 것들이 어떤 특정한 시기에 언제나 모두 조화롭게 맞아 들어가지는 않았다. 그러나 그 후에 어느 순간 불현듯 새롭고 신선한 관점으로 그 것들이 이해되었던 적이 있었다. 이것이 바로 세계관이 결코 완성되거나 종결되지 않는 이유이다. 성화와 마찬가지로 우리의 세계관을 포함한 변혁적 배움은 계속 진행 중인 과정인 것이다.

세계관은 왜 중요한가

아더 홈즈(Arthur Holmes)는 세계관을 가지고 있다는 사실을 자각하는 것이 왜 중요한지 다음의 네 가지 이유를 들어 설명하고 있다.[4] 첫째, 우리는 사물들이 어떻게 전체적으로 조화롭게 맞아 들어가는지 보고, 사유와 삶을 통일시키려는 타고난 본래적인 욕구가 있다. 우리는 설명되지 않는 부분들로 인해 좌절하고 불편해한다. 세계관은 우리가 가진 가치와 감정, 이념을 통합하고 조직하며 연합할 수 있도록 돕는다. 월터스는 특정한 패턴과 일관성을 "무엇보다도 중요한 세계관의 특징"으로 본다. 그는 심지어 우리의 비일관성에도 패턴이 있다고 주장한다.

우리에게 필요한 것은 계속 변하는 세계관이 아니라 일관되고 지속적인 세계관이다. 모순과 불일치로 점철된 삶은 인간성을 해친다. 실존주의자들의 절망과 포스트모던주의자들에게 있어 막다른 길은 이로부터 비롯된다. 포스트모던주의자들은 모든 것이 이치에 맞을 필요도 없고 우리가 모든 것을 이해할 필요도 없다고 그들 스스로와 우리를 설득하려고 하지만, 하나님께서는 우리를 알고 이해하며, "무엇이", "왜", "어떻게" 라는 질문을 묻는 욕구를 갖도록 만드셨다. 이것이 바로 자의식적인 세계관이 우리에게 그토록 중요한 이유이다. 그러나 우리가 물어야 할 보다 더 기본적인 질문은, 왜 세계관이 중요한가? 만일 우리 모두가 세계관을 가지고 있고 각자의 관점이 서로 다르다면, 내 세계관이 일관되고 지속적이라는 사실을 어떻게 확신할 수 있는가? 내가 보고 있는 사물이 내가 보고 있다고 생각하는 그것이라는 것을 어떻게 확신할 수 있는가? 이것이 바로 모든 생각을 사로잡아 그리스도에게 복종하게 하는 도전이 그토록 중요한 지점이다.

둘째, 홈즈에 따르면 우리는 또한 선한 삶을 정의하고 인생의 희망과 의미를 발견하기 위해 세계관을 필요로 한다. 여러 자료들을 통해 보고된 최근의 경향은 인간이 가지는 최고의 욕구는 삶이 의미와 목적을 가지고 있다는 것을 믿고 아는 것이라는 점을 지적한다. 의미와 목적이 없으면 우리는 아마도 20세기초 실존주의자들이 도달했던 자리–자살을 심각하게 고민하거나 자살에 저항하라고 학생들에게 경고하는–에 동일하게 서게 될지 모른다.

하나님은 이러한 욕구들을 가지도록 우리를 만드셨다. 우리는 어려운 시기를 살고 있으며, 우리가 살아남는 데 있어 핵심이 되는 것 중 하나는 하나님께서 그의 자녀들에게 약속하신 앞으로 더 좋은 것이 오리라는 소망이다. 세계관은 우리에게 일어나는 모든 일의 의미를 발견할 수 있도록 도와준다. 선교학자이자 인류학자인 폴 히버트(Paul Hiebert)는 "우리의 세계관은 감정적 강화와 함께 우리의 근본적인 신념을 든든히 받쳐주기 때문에, 그 신념은 쉽게 무너지지 않는다." 라고 썼다.[5]

셋째, 홈즈는 우리의 생각을 인도하기 위해 세계관을 필요로 한다고 말한다. 생각은 단순히 아무렇게나 닥치는 대로 무작위적인 것일 수 없다. 세계관은 생각이 제대로 된 경로를 벗어나지 않게 함으로써, 우리가 사물을 왜 그렇게 보는지 이해할 수 있도록 돕는다. 구약에 나오는 욥을 생각해 보자. 그를 둘러싼 세상이 엉망진창이 되고 가족은 죽음을 당하였으며 재산이 모두 사라져버렸을 때에도, 욥은 하나님께서는 만물을 주권적으로 통치하시는 분이시고 자신은 그분을 신뢰할 것이라는 관점을 가지고 있었다. 비록 자신에게 왜 그런 일들이 일어나는지 이해할 수 없었지만, 하나님의 생각을 사고하도록 되어 있었기 때문에 하나님께서 이미 그런 일이 일어날 것을 아셨다는 것을 알았다. 그가 처한 상황에 대해서 욥이 취한 접근 방식과 그의 아내나 그의 친구들이 접근한 방식을 대조해 보라. 그들의 세계관은 달랐다. 욥은 하나님과 실재에 대해 올바른 관점을 가지고 있었지만, 그들은 그렇지 않았다.

또한 전도서를 생각해 보자. 전도서는 "해 아래" 사는 사람과 "해 위"에 사는 사람이 가진, 삶과 실재에 관하여 확연히 다른 두 관점을 보여준다. 한 사람은 삶에 관하여 세상적인 관점을 가지고 있었고 다른 사람은 하늘의 관점을 가지고 있었다. 이러한 관점들은 그들이 사물들을 인식하고 해석하는 방식에 영향을 주었다. 첫 번째 사람은 주기와 양식이 결코 변하지 않는 닫힌 우주에 산다고 믿었던 반면, 두 번째 사람은 하나님께서 어떤 양식을 만들어두셨지만 그분의 뜻에 따라 그 양식에 개입하거나 바꿀 수 있다고 믿었다.

넷째, 더 나아가 홈즈는 세계관이 우리의 행동을 인도하는 데 도움을 준다고 말한다. 어떤 이는 "생각을 심으면 행동을 거

둔다"라고 말한 바 있다. "마음에 생각한 것이 바로 그 사람이다."잠언 23:7, NKJV; "그는 마음 속으로 계산하는 사람과 같다", ESV 예수님께서도 마태복음 12장 34절에서 "마음에 가득한 것을 입으로 말함이라"고 말씀하신다. 우리는 행동이 세계관에 의해 영향을 받는다는 사실을 알고 있다. 왜냐하면 우리가 하는 행동은 우리의 생각을 드러내고, 우리의 생각은 우리가 가진 세계관에 의해 결정되기 때문이다.

이 장을 시작할 때 세웠던 전제를 기억하는가? 그리스도께로 회심하였지만 세계관이 회심하지 않은 채로 남아 있는 것은 가능하다. 거듭남과 회심이 우리 마음에서 성경적인 세계관을 위한 성향에 시동을 걸 수는 있지만, 세계관은 반드시 자기 스스로 그것을 의식하는 상태에서 발전되어야 한다.

월터스가 개혁주의적 세계관을 "그리스도인이 오늘날의 사회적, 개인적, 문화적 문제들을 다룰 때 견지해야 할 기본적인 방향과 태도"[6]라고 설명했을 때, 그는 방향을 제대로 잡았다. 또한 여기서 "개혁주의적"(reformational)이라는 말은 성화를 의미하고, 우리가 배움과 삶의 과정에서 변혁될 때 말씀에 따라 개혁된다고 강조한 것은 과녁을 정확하게 겨냥한 것이다.

제임스 엥겔스는 구원의 과정에서 회심이라고 부르는 지점에서 멈춘 후에 회심한 사람이 그 다음 단계로 결코 나아가지 않는 일이 가능하다는 것을 보여주는 매우 유용한 도식을 만들었다(도표 4.1을 보라). 그런 일이 일어나면 성경적 세계관을 발전시키는 일은 결국 실패한다. 아래의 도표는 개혁주의 신학에서 말하는 "구원의 서정"(*ordo salutis*)과 유사한 면이 있다. 하나님에 대한 이해를 발전시키는 과정은 -8로 표시된 단계에서 시작하여 중생과 회심이 일어나는 -1단계로 나아간다.

영적 결정 과정		
하나님의 역할	의사전달자의 역할	인간의 반응
일반 계시	-8	지존자에 대한 인식
	-7	
	-6	
	-5	
	-1	
중생		회심 (믿음/회개)
그리스도 안에서 새 피조물		
성화	수양(Cultivation) +1	성장 과정
	추구(Follow-up) +2	
	+3	
영원		

* 제임스 엥겔스, **현대 기독교 커뮤니케이션: 이론과 실제**, Nashville: Nelson, 1979, p. 83에서 발췌

도표 4.1. 구원의 과정에서 일어날 수 있는 중단

기본적으로 우리는 가장 먼저 새로운 그리스도인에게, 혹은 오래된 그리스도인에게도, 우리가 그것을 통해 삶을 바라보고 해석하는 틀 혹은 격자가 성경에서 하나님께서 말씀하신 것과 일치해야 한다고 말할 것이다. 그것은 오늘날 일반적으로 강조되는 방법은 아닐지라도 사실상 거의 대부분 제자 삼는 과정에 관련된 것이다. 그리스도인에게 성경은 온전한 세계관을 형성하는 일에 근본적이고 핵심적인 역할을 한다. +1에서 +3의 수준은 우리가 성경적 세계관이라 부르는 것을 형성하는 과정을 묘사한다.

사람들의 삶에서 이 과정이 시작되는 이유는 하나님의 말씀에 맞추어 조정된 세계관과 인생에 대한 이원적이고 이분법적인 관점을 함께 가질 수는 없기 때문이다. 하나님 나라에 대한 앞 장의 논의에서 살펴보았듯이 세속적 영역과 거룩한 영역으로 갈라지는 분기점은 없다. 기독교적 세계관은 삶을 통합적인 관점으로 바라본다. 하나님께서 모든 만물을 다스리신다. 우리 삶의 모든 것이 "거룩한" 내포와 외연을 가지고 있다. 그것은 모두 하나이다. 예수 그리스도의 제자로서 우리가 기억해야 할 것은 우리가 하는 모든 일을 하나님의 영광을 위해서 해야 한다는 것이다.

어떤 사람들은 성경적인 세계관이 그리스도인들에게 일상의 모든 소소한 일들에 대해 답을 줄 것이라고 믿는다. 실제로는 그렇지 않다. 성경적 세계관은 우리가 삶의 모든 문제들을 하나님의 관점에서 다룸으로써 우리 안에 있는 하나님의 형상을 드러낼 수 있도록 하나의 틀을 제공해 준다. 성경적 세계관은 만사를 어떻게 생각해야 하는지 말해 주지 않지만, 우리가 마땅히 던져야 할 질문을 하도록 돕는다. 그리스도인들은 어떤 사안에 대해 서로 다른 결론을 내릴 수 있겠지만, 여전히 같은 틀 안에 있을 수 있다. 예를 들어, 네 부모를 공경하라는 성경적 규범을 실천하는 모든 사람들은 그들이 처한 문화와 시대, 장소에 따라 각각 다른 방식으로 그 일을 행한다. 성경적인 세계관은 통일된 틀을 제공해 주지만, 다양한 결론을 허용한다. 옷을 어떻게 입을지, 어떤 책을 읽을지, 어떤 음식을 먹을지, 인간관계를 어떻게 발전시킬지에 대한 견해는 사람마다 다르겠지만, 각 사람은 동일한 성경적 틀 안에서 행동할 수 있다. 나와 정치적인 이념이 다르지만 내가 사랑하는 친구들이 있다. 정치적 이념이 다르지만 나는 우리 모두가 동일한 성경적인 세계관 안에서 행하고 있다는 것을 확신한다. 나는 이것이 하나님께서 다른 사람들을 사용하여 우리를 날카롭고, 분명하며, 정교하게 만드는 한 가지 방법이라고 믿는다.

  월터스는 개혁주의 세계관에 관한 그의 논문을 다음과 같이 마무리한다.

생각이 깊은 그리스도인들은 그들이 어느 영역에서 자신의 책임을 수행하도록 부르심을 받았든지 간에, 성경적 세계관의 문제를 진지하게 받아들여야 하며, 자기의 생각과 행동을 거기에 맞추어야 한다. 이 문제를 간과하는 것은 성경이 우리 일상사의 더욱 넓은 부분에 실제로 적실하다는 사실을 부정하는 셈이다.[7]

세계관을 다룰 때 주의해야 할 점

세계관이라는 개념은 우리가 인생과 실재에 대해 무엇인가를 이해하려는 욕구가 있음을 시사한다. 여기에는 철학적이고 신학적인 함의가 있다. 어떤 사람들에게 그 개념은 믿음이 아니라 전망을 통해 길을 걸어가려는 욕구가 있음을 시사한다. 또 다른 이들에게 세계관은 언제나 오직 하나의 올바른 결론이 있다는 것을 암시할 수도 있다. 그것은 "전체는 부분의 합보다 더 크다"라고 말하는 것과 비슷하다.

데이비드 노글(David Naugle)은 "철학은 세계관 형성과정에 도움을 줄 수 있고 또 실제로도 도움을 주지만, 결코 세계관의 자리를 차지해서는 안된다"[8]라고 경고한다. 그는 어떤 한 철학을 우리의 세계관으로 받아들이는 것에 대하여 경고한다. 또한 성경과 성경적 세계관 사이에는 항상 어느 정도의 간격이 있을 것이고, 그렇기 때문에 세계관에 대한 우리의 필요는 항상 말씀에 따라 개혁되어야 한다(semper reformandi)는 것을 상기시켜 준다. 우리는 기독교적인 관점을 견지하기 위해 지속적으로 노력해야 한다. 하지만 그 일은 자동적으로 일어나지 않는다.

노글이 우리에게 주는 또 다른 경고는 영적 자만심이다. 나는 네가 보지 못하는 것을 보고 있고 모든 것을 다 가졌으며 너에게서 아무 것도 배울 것이 없다는 태도를 경계할 필요가 있다. 그런 태도는 하나님께서 우리가 가지길 원하시는 개혁적이고 변혁적인 세계관을 반영하지 않는다. 또한 우리는 단지 회심을 했다는 이유로 우리가 가진 세계관이 옳다고 생각할 수 없다. 우리의 세계관이 우리가 영적으로 성장하지 못하게 방해하는 것을 허용해서도 안된다. 그리스도와 우리의 관계는 성장하는 과정 중에 있다. 만약 그 과정이 우리를 지적인 우월의식으로 이끌어 간다면 우리는 회개할 필요가 있다.

우리가 기억해야 할 또 다른 경고는 세계관이 하나님과 우리의 관계, 우리 서로의 관계, 그리고 세계와 우리의 관계에 영향을 준다는 것이다. 만일 우리가 모든 이들을 동등하게 대하려고 노력하면서 하나님과 창조세계 사이에 어떤 구분도 하지 않고 하나님이 모든 만물 안에 존재한다는 이교적 관점을 받아들이면, 우리는 창조주를 포함하여 모든 사람과 모든 사물을 상대화할 것이며, 하나님과 사람을 단순히 사물로 환원하게 될 것이다. 우리는 세상을 돌보는 지혜로운 청지기 정신을 발휘하기 보다는 세상에 굴복하고, 하나님 대신에 피조물을 예배하며, 세상의 방식을 개혁하기보다는 그것에 순응하려는 경향을 가질 것이다.

이와 달리, 만약 하나님께서 창조세계를 다스리시고, 그리스도를 통해 우리와 인격적인 관계를 맺는 분이라는 관점을 갖게 되면, 구원의 필요와 그분께 전적으로 의지하는 면에서 우리는 서로를 하나님 앞에서 동등한 존재로 여길 것이다. 우리는 세상을 창조하시고 구원하신 분을 위하여 이 세상을 소중히 여길 것이다. 우리는 세상에 현혹되거나 그것을 남용하기보다는, 우리의 역할이 세상에 대한 지배력을 확보하고 삶의 모든 영역에서 죄의 영향력을 제거하기 위하여 우리가 할 수 있는 모든 일을 하는 것임을 이해하게 될 것이다.

결론

우리는 한편으로 자의식적인 성경적 세계관을 개발하는 것이 제자 삼는 과정의 한 요소라고 말할 수 있지만, 다른 한편으로 세계관이 우리가 제자 삼는 일을 수행하는 틀이라고 말할 수도 있다. 세계관은 제자 삼는 과정에서 개인과 교회의 범위를 벗어나 더 넓은 하나님 나라와 세상을 강조한다.

10% 미만의 그리스도인들만이 성경적인 세계관을 가지고 있다는 조지 바나의 말은 펌프 씨처럼 대부분의 그리스도인들이 종교와 삶을 잘 조화시키지 못하고 있음을 보여준다. 종교는 시장과 같은 여타의 "세속적인" 삶의 영역과 잘 맞아 들어가지 않는다. 하나님을 믿는 믿음은 스스로를 복음주의적이라고 말하고, 정기적으로 교회에 출석하는 그리스도인들, 성경을 읽고 기도하는 사람들에게 개인적인 경건 외에 의미 있는 차이를 만들어내지 못하고 있다. 하나님은 성경을 통해서만 말씀하신다고 믿는 사람들 중에서 10% 미만의 사람들만이 성경을 통해 그들의 세계관을 형성하는 방법을 알고 있다. 그렇다면 제자를 삼는 일은 명백하게 성경공부나 기도, 그리스도의 구원 사역을 이야기하는 것 이상의 일이다.

2년 전 한 지역교회의 설교를 마친 후, 고등학생 한 명이 나에게 찾아왔다. 그가 세계관의 성장을 위해 시간을 내줄 수 있는지 물었을 때 나는 기뻤다. 그는 하나님께서 자신에게 뜻하시는 대로 생각하고 살아가기를 원했지만, 세상의 풍조에 휩쓸리는 경향에 대해서 절실하게 자각하고 있었다. 우리는 그 이후로 6개월에서 9개월에 걸쳐 세계관을 형성해 가는 일을 하면서 아주 좋은 시간을 보냈다.

우리가 가진 세계관을 제대로 이해하지 못한다면 세상에 개입하거나 세상에서 어떤 실제적인 차이도 만들어내지 못한다. 왜냐하면 그리스도인으로서 우리 과업의 일부는 자신의 개인적 성장과 발전을 넘어서 인생과 실재에 대해서 올바른 질문과 대답을 함으로써 우리가 증거하는 사람들에게 생각하도록 도전하는 것이기 때문이다. 올바른 질문을 제기하고, 올바른 답으로 일하며, 그 과정을 계속해나가는 것이 곧 세계관을 발전시켜 나가는 일이다. 우리는 기독교적 관점으로 성경적 세계관을 더 잘 가르치고 그 세계관을 살아내어야 한다. 따라서 세계관을 제자 삼는 과정의 일부로 생각하든지 혹은 제자 삼는 일을 위한 틀로 여기든지 간에 세계관은 반드시 드러나야 한다. 그렇지 않으면 우리는 삶의 모든 영역에서 하나님의 일들을 사랑하고 그분의 목적을 위해 삶을 드리는 제자를 만들어 낼 수 없다.

더 깊은 생각과 토론을 위한 주제

1. 어떤 이들에게 세계관이라는 개념을 이해하는 것이 그토록 힘든 이유는 무엇인가?

2. "세계관"을 자신의 말로 정의해 보고, 이를 다른 사람에게 설명해 보라.

3. 동양과 다르게 서구 세계는 종교를 삶의 다른 영역들로부터 분리하고, 이로 인해 기독교를 전체적인 체계로 보는 일에 실패하고 있다. 왜 그러한가? 이것은 옳은 일인가?

4. 세계관이 중요한 이유에 대한 논의를 다시 한 번 살펴보고 확장시켜 보라.

5. 영화나 TV 프로그램을 보거나, 책을 읽고 그것이 담고 있는 세계관을 기술해 보라. 그것은 옳은가? 그렇지 않다면, 어떤 점이 잘못 되었는가?

6. 기독교적 세계관은 그리스도인답게 생각하는 것과 어떻게 연결되는가?

7. 당신의 세계관에 있어서 성경의 지위에 대해 묻거나 의문을 제기하는 사람들에게 당신은 어떻게 대답할 것인가?

8. 문화와 세계관의 관계에 대하여 토론해 보라.

추천도서

Kuyper, Abraham. *Lectures on Calvinism: The Stone Foundation Lectures.* Grand Rapids: Eerdmans, 1972 (1899). 『칼빈주의 강연』(크리스천다이제스트) 삶의 모든 영역에서 칼빈주의 삶의 체계를 보여주는 고전적 강의이다.

Plantinga, Cornelius. *Engaging God's World: A Christian Vision of Faith, Learning and Living.* Grand Rapids: Eerdmans, 2002. 『기독 지성의 책임』(규장) 기독교 세계관이 우리의 삶과 생각, 학습에 미치는 영향에 대한 연구이다.

Sire, James. *The University Next Door: A Basic Worldview Catalog.* Downers Grove, Ill.: InterVasity, 1988. 『기독교 세계관과 현대사상』(IVP) 기독교 세계관에 대한 훌륭한 설명. 최신판에 포스트모더니즘에 대한 자세한 정보와 비평이 첨가되었다.

_____. *Naming the Elephant: Worldview as a Concept.* Downers Grove, Ill.: InterVasity, 2004. 『코끼리 이름 짓기』(IVP) 필독서. 사이어는 이전 책의 후속편인 이 책에서 세계관에 대한 자신의 생각을 확장한다. 나는 자신의 이전 개념을 뛰어 넘은 그의 개방성을 높이 평가한다. 그는 매우 유익한 방향으로 발전하고 있으며, 이것을 그냥 지나쳐서는 안된다.

Walsh, Brian J., and J. Richard Middleton. *The Transforming Vision: Shaping a Christian Worldview.* Downers Grove, Ill.: InterVasity, 1984. 『그리스도인의 비전』(IVP) 만일 기독교가 어떤 의미 있는 차이를 만들어 내려면 그리스도인들이 성경적 세계관을 받아들이고, 실천하며 가르쳐야 한다는 주제에 대한 해설서이다.

Wolters, Albert M. *Creation Regained: Biblical Basics for a Reformational Worldview.* Grand Rapids: Eerdmans, 1985. 『창조 타락 구속』(IVP) 세계관의 본질과 범위에 대한 정의. 월터스는 그리스도인들이 삶의 모든 영역에서 자신의 신앙을 살아낼 때 개혁주의 세계관이 얼마나 적합한지를 기술하고 있다.

5장

———

개혁주의 신앙

"개혁주의 신앙"이라는 제목은 독자들에게 신학과 교리를 떠올리게 할 것이다. 5장에서는 신학과 교리를 다음과 같이 정의하고 구분한다. 신학은 하나님의 진리에 대한 연구와 그 진리에 대해 우리가 이해한 것을 명확하게 표현한 것이고, 교리는 우리의 신학에 포함되어 있는 핵심 요소들이다. 나는 여기에서 신학의 세부적인 주제들을 다루기보다는 신학과 교리 모두 제자 삼는 일과 관련이 있다는 관점을 옹호하고자 한다.

신학은 전문가를 위한 학문적 활동이라거나 교리는 평범한 그리스도인들이 생각하기에 지나치게 무겁고 지적이라는 말을 종종 듣는다. 그 결과로 인해 많은 제자훈련 프로그램들은 신학이나 교리 중 어느 하나라도 드러내놓고 다루지 않는다. 그러나 스탠리 그렌츠는 "교리적 확신은 우리가 직면하는 다양한 상황 속에서 온전한 그리스도인으로 살아가기 위한 최선의 길을 결정하려고 할 때 토대를 마련해준다. 그리고 그것은 예수님께 대한 우리의 헌신에 부합한 삶을 지속하도록 동기를 부여한다. 언제라도 우리의 신학적인 활동이 여기에 미치지 못하면, 생각하는 그리스도인으로서 우리의 부르심에 순종하는 일은 실패하게 된다. 진실로 우리의 목적은 기독교적 신앙을 항상 기독교적인 삶과 연결하는 것이어야 한다"고 말한다.[1]

인식론에 관한 장에서 우리의 지식은 의식적으로든 무의식적으로든 전적으로 하나님께 의존해 있다고 주장했다. 그분은 우리에게 당신의 진리를 가르치기 위해, 우리가 그분께서 애초에 설계하신 계획을 따르도록 하는 방법을 택하셨다. 프란시스 쉐퍼는 『기독교 선언』(생명의 말씀사, *The Christian Manifesto*)에서 "지난 80여 년간 사회 및 정부와 관련하여 그리스도인들의 근본적인 문제는 무언가를 전체적으로 조망하기보다 파편적으로 인식해 왔다는 점이다"라고 기록한 바 있다.[2]

이 장은 우리가 효과적으로 제자를 삼는 일에 있어 방해가 되는 잘못된 생각이 무엇인지 살펴보는 데 도움을 줄 것이다. 우리는 자신이 복음주의 그리스도인이라고 고백하는 열 명

중 네 명은 절대적인 진리를 믿지 않고, 그보다 더 많은 비율의 젊은 복음주의자들이 뉴에이지의 가르침을 받아들이고 있다는 사실을 직시해야 한다.³ 이런 상황에 비추어 보면 제자 삼는 과정에서 아무리 올바른 교재를 사용하더라도, 제자 삼는 사역에 대한 우리의 접근방법은 모래 위에 집을 짓는 일이 될 수 있다. 이미 언급했던 것처럼, 이것이 바로 우리가 의도하고 목적하는 바가 구별된 제자를 만들 수 있도록 해 줄 틀을 먼저 구축하려고 하는 이유이다.

하버드 대학의 초기 사명선언문을 읽었던 것을 기억한다. 최근 코넬리우스 플랜팅가가 쓴 『기독 지성의 책임』(규장, *Engaging God's World*)을 읽다가 그 사명선언문을 다시 떠올리게 되었다. "모든 학생이 교육을 잘 받고, 성실하게 공부하도록 해야 한다. 모든 학생이 자신의 생애와 연구의 주요 목적인, '영생은 하나님과 예수 그리스도를 아는 것' 요한복음 17:3 이라는 사실을 깊이 생각하게 해야 한다. 모든 건전한 지식과 학문의 유일한 기초를 그리스도께 두어야 한다."⁴ 당시 사명선언문에 언급된 목적은 우리가 하나님 나라의 제자를 삼으려 할 때 우리 앞에 두어야 할 목적과 동일하다.

현재 통용되고 있는 제자 삼는 사역의 접근방법에는 메시지와 방법들이 지극히 잡다하게 뒤섞여 있다. 우리는 그동안 한

발의 총알을 쏘는 소총(rifle)의 방법이 아니라 총알 속의 작은 구슬들이 흩어지는 산탄총(shotgun)의 접근방법을 사용해 왔고, 전체가 아니라 여기저기에서 부분적인 것들을 서로 맞추거나 연결시키지도 않고 그대로 가져다 썼다. 불편할 것이 당연한데도 그런 것을 불편하게 여기지 않았다. 우리 중 대부분은 교육과정 속의 다양한 개별적 주제들이 서로 어떻게 연계되어 있는지 알지도 못한 채 공부하는 교육 체제 안에서 자라왔다. 전체 교육과정(educational process)은 잡다한 학습을 반영하였고, 그런 학습으로 귀결되었다. 심지어 기독교 학교들도 유사한 잘못을 범해왔다.

사람들이 배움에 대해서 생각하는 것을 좋아하지 않거나 배우는 것을 귀찮은 일로 여기는 이유 중 하나는 그들에게 있어 파편적 지식들을 통합하는 일이 자동적으로 이루어지지 않기 때문이다. 정합성이나 일관성이 없으면 조각들이 이해되지 않기 때문에 그런 학습은 우리를 좌절시킨다. 지식의 조각들이 서로 맞아 들어가지 않을 때 학습의 실제적인 결과를 기대하기는 어려우며, 이 때 사람들은 "그래서 어쩌라고?" 혹은 "귀찮게 왜 배워야 하지?"라는 반응을 보인다.

바울이 한 가지 전략과 방법을 제시하고 있는 디도서 2장에서 제자 삼는 사역의 성경적 모델을 볼 수 있다. 바울은 젊은 목회자 디도에게 장차 사역에 함께할 남자와 여자들을 구비시킬 때 "바른 교훈(교리)에 합당한 것"을 가르쳐야 한다는 지침을 준다. 이는 아주 기초적인 것이다. 1장에서 바울은 자신이 하는 말의 중요성이 더욱 강조되는 크레테의 상황에 대해서 언급한다. "불순종하고 헛된 말을 하며 속이는 자가 많은 중 할례파 가운데 특히 그러하니 그들의 입을 막을 것이라 이런 자들이 더러운 이득을 취하려고 마땅하지 아니한 것을 가르쳐 가정들을 온통 무너뜨리는도다"^{디도서 1:10-11} 다시 말하면, 나쁜 가르침, 바르지 않은 교리, 잘못된 신학은 가정을 무너뜨리고, 암암리에 공동체를 갈라놓는다.

현재의 추세에 대한 관찰이 정확하다면, 우리는 결정적인 시점에 서 있다. 이것은 제자 삼는 일과 관련된 곳에서 특별히 더 그렇다. 예를 들어, 조지 갤럽과 마이클 린지는 『종교 현황 조사』(*Surveying the Religious Landscape*)와 같은 책에서 종교에 대한 호감도와 인지도는 확산되었지만, 동시에 성경과 기본적인 교리, 교회의 전통에 대한 지식이 현저히 결핍되어 있음을 지적하고 있다. 이는 피상적인 신앙과 하나님을 신뢰하지 않는 믿음을 초래한다. 그 결과, 조직화된 종교(우리의 경우, 기독교 교회)는 현재의 문화에서 영향력을 발휘하지 못한다. 그래서 그들은 제도화된 교회가 한 세대가 지나면 소멸될 수도 있다는 ^{사사기 2:1-3}

결론을 내린다.⁵

지금까지 아무 것도 이루어지지 않았음을 말하려고 하는 것이 아니다. 많은 그리스도인들이 세상을 변화시키고자 노력하고 있다. 교회에서 이루어지고 있는 사역들은 넘쳐나고 선교단체들은 사람들을 제자로 만들기 위해 노력하고 있다. 조지 바나와 마크 해치(Mark Hatch)는 대부분의 사람들이 이 상황에 크게 만족하고 있음을 지적한다.

> 1%도 채 안 되는 미국 교회의 담임목사들만이 더 나은 가르침, 세계관을 기반으로 한 가르침의 제공, 믿음과 행동이 통합된 삶의 개발을 교회의 최우선 순위로 열거했다는 사실을 알면 충격을 받을지도 모른다. 이것이 목사들에게는 문제가 되지 않을 것이다. 왜냐하면 94%의 목사들이 "우리 교회에 출석하는 교인들은 성경적 세계관을 개발하고 받아들이도록 그들을 의도적이고 체계적으로 인도하는 설교와 가르침을 지속적으로 접하고 있다"고 믿고 있기 때문이다.

그럼에도 불구하고 제자 훈련 과정에 참여하고 있는 사람들 열 명 중 네 명이 "절대적인 도덕적 진리와 같은 것은 없다"라고 주장한다는 사실을 밝힌 바나의 연구는 좋은 의도만으로는 충분하지 않다는 점을 분명히 보여준다.[6] 사람들은 성경적 세계관의 핵심이 되는 성경의 기본 교리를 모른다.

적어도 우리의 개혁주의와 복음주의 공동체에서 내릴 수 있는 한 가지 결론은 목회자들이 기본 교리들을 가르치고 있지만, 그 설교와 가르침이 언제나 사람들에게 연결되지는 않고 있다는 사실이다. 어쨌든 설교와 가르침이 그들이 성경적 세계관을 개발하는 일에 도움을 주지 못하고 있다. 목사가 교회 사역의 다른 모든 활동들과 함께 설교와 가르침을 통해 하는 말과 교회에서 실제로 일어나고 있는 일 사이에 단절이 있음이 드러난다. "나는 심었고, 아볼로는 물을 주었으되 오직 하나님께서 자라나게 하셨나니"^{고린도전서 3:6} 라는 바울의 말을 지적함으로써 이런 상황을 정당화할 수 있다고 생각하지 않는다.

전체 사역 기간을 통해 나는 우리가 상황을 분명하게 바라볼 수 없도록 만드는 특정한 생각들을 전제하고 있음을 보았다. 여러 교회들과 함께 일하면서 우리가 효과적으로 제자를 삼고 있는지(각종 통계자료는 아니라고 말한다) 혹은 그저 겉으로만 그런 척하는 것인지를 평가하려 하지 않고, 활동 자체를 평가하려는 경향이 있음을 발견하였다. 그러므로 우리는 무슨 일이 일어나고(혹은 일어나지 않고) 있는지 분명하게 알지 못한다.

이 장에서는 개혁주의 신앙이 하나님의 진리를 체계적으로 혹은 정합적으로 구조화하는 방법이라는 것을 전제한다. 그 신앙을 구성하는 교리는 모든 것이 포함된(all-inclusive), 혹은 바울이 사도행전에서 한 말을 빌리자면, "하나님의 모든 뜻"(the whole counsel of God)이다. 이 장은 신학과 교리에 대한 일반적인 세 가지 잘못된 생각을 언급한 후에 개혁주의 신앙 체계를 구성하는 교리에 대한 개관으로 끝을 맺는다.

신학에 대한 세 가지 잘못된 생각

잘못된 생각 #1: 신학은 전문적인 신학자들의 영역이다. 첫 번째 오해는 신학의 역할과 용도, 그리고 누가 신학을 해야 하는가와 관련되어 있다. 스탠리 그렌츠의 저서 『누구나 쉽게 배우는 신학』(CUP 출판사, *Created for Community: Connecting Christian Belief with Christian Living*)의 서문에서 레이튼 포드(Leighton Ford)는 이 문제에 대해서 분명하고 간결하게 말한다.

> 오늘날 교회 안에는 신학에 대한 입장들이 혼재되어 있다. (중략) 평신도 역시 신학에 대해 상반된 태도를 보이고 있다. "나에게 아이들이나 먹을 만한 음식을 주지 마세요. 신앙과

그것을 삶에 적용하는 것에 대하여 진지하게 고민할 수 있는 방법을 가르쳐 주세요"라는 태도에서부터 "나는 신학자가 아니에요. 그저 평신도일 뿐이죠. 하루하루 살아가는 데 도움이 될 만한 것들만 알려 주세요"에 이르기까지.[7]

이것이 왜 문제가 되는가? 지금까지 우리는 교회와 신학에 대한 잘못된 관점을 가지고 있었다. 첫째, 교회에 대한 잘못된 관점에 대해 생각해 보자. 교회는 그리스도께서 그들을 위해 죽기까지 사랑하신 하나님의 백성들이다. 교회는 서로 다른 둘, 셋, 혹은 네 개의 다른 백성들이 아니라, 오직 하나님의 한 백성들로 이루어진다. 존 스토트(John R. Stott)의 『한 백성』(아바서원, *One people*)과 폴 스티븐스의 『나머지 여섯 날』(*The Other Six Days*)은 이러한 진리를 매우 강력하고 명확하게 보여준다. 교회 안에 다른 범주의 사람들은 존재하지 않는다. 그러나 스티븐스가 지적한 것처럼, 1세기 말과 2세기 초부터 우리는 그리스도의 몸을 구분하는 비성경적인 이분법을 가지고 있었다. 우리는 신학자, 성직자, 전문 사역자와 평신도, 평범한 일상의 그리스도인이 따로 있다는 생각을 받아들였다. 연구하고 가르치는 것은 전문 사역자들의 역할이었다. 그 자연스러운 결과로, 성직자나 사제들만이 성경과 신학을 연구하고 가르치며, 평신도에게는 그런 전문가들로부터 배우는 역할만 주어졌고, 실제로 자주 성경과 신학은 그들에게 지나치게 단순화되어 전달되었다. 프로테스탄트 종교개혁은 원리상으로는 이것을 바르게 수정하였으나, 실천적인 면에서는 완전히 그렇게 하지 못하였다.

스티븐스는 하나님의 백성 안에서 각기 다른 역할과 은사, 임무가 있을 뿐, 범주가 다른 사람들은 없다고 주장한다. 교사들이 사제, 성직자, 가르치는 목사로 불리는 것과 관계없이 그들의 역할은 건전한 성경적 기초에 근거해서 가르치고 훈련하는 것이다. 에베소서 4장 12절에서 사도 바울이 말한 것과 같이, 그들은 "성도를 온전하게 하여 봉사의 일을 하게" 하기 위해 존재한다. 하지만 성경은 또한 모든 신자들이 신학자라고 가르친다. 왜냐하면 신학이란 하나님에 대한 진리를 연구하고 드러내는 것이기 때문이다. 많은 사람들이 이 생각에 대해 주저하는 이유는 그들이 그리스도인의 역할과 신학이 있어야 할 자리에 대해 오해하고 있기 때문이다.

스토트, 스티븐스와 더불어, 스탠리 그렌츠와 로저 올슨(Roger Olson)도 우리에게 큰 도움을 준다. 그들의 책 『신학으로의 초대』(IVP, *Who Needs Theology?*)는 "민간의 단계"(folk level)로부터 "학문의 단계"(academic level)에 이르는 신학의 여섯 단계를 다루고 있다. 대부분의 그리스도인들이 민간의 단계에 해

당하는 신학에 관련되어 있음에도 불구하고 그것을 신학이라고 생각하지 않는다. 하지만 그것도 신학이다. 새롭게 신앙을 갖게 된 사람들은 처음부터 이 학문에 대해서 알아야 한다. 이것은 그리스도인이 되는 것이 쉬운 신앙주의나 중립적인 지성을 견지하는 것 이상의 일이라는 점을 알려줄 것이라는 이유만으로도 중요하다. 신학과 교리를 공부하기 위해 학문 기관에서 훈련을 받아야 할 필요는 없다. 젊은 그리스도인들이 신학과 교리를 배워야 할 이유는 많다. 그 중에 가장 중요한 것은, 그리스도의 몸 안에서, 그들이 믿고 이해하는 것이 건전한 교리의 가르침과 일치해야 하고, 인지적 부조화와 같은 일들을 피하려면 그들의 신념들이 모두 조화를 이루어야 한다는 것을 알아야 하기 때문이다. 우리는 우리가 믿는 대로 사는 것을 배워야 한다. 그것은 변혁적인 학습이요 모든 제자 훈련 사역의 목적이다.

프로테스탄트 종교개혁에서 우리가 배운 것은 교리를 아는 것이 중요하다는 점이다. 예를 들어, 우리는 우리가 행한 선행으로 구원을 받았는가? 아니면 우리가 행한 선행은 구원의 결과인가? 달리 말하자면, 우리의 구원은 행위로 인한 것인가? 행위와 믿음을 통해서인가? 아니면 오직 믿음으로만 얻게 되는가? 우리는 거듭나기 위해서 하나님을 믿고 있는가? 아니면 우리의 믿음은 거듭남의 결과인가? 오늘날 중요한 쟁점 중 하나는 예수님이 누구를 위해 죽으셨고 십자가의 죽음으로 무엇을 이루셨는지에 대한 문제이다. 이런 질문들은 전문가나 학자들만을 위한 것이 아니다. 이 질문들은 모든 믿는 자들에게 영향을 미친다.

잘못된 생각 #2: 신학은 실제적이지 않은, 추상적인 것이다.
두 번째 오해는 신학과 교리가 무엇인지와 연관되어 있다.

연재 만화 "피너츠"(Peanuts)에서 라이너스와 루시는 비가 오는 창 밖을 보고 있다. 루시는 남동생 라이너스에게 홍수가 날 것 같은지 묻는다. 신학자가 아님에도 불구하고 라이너스는 창세기 9장에서 하나님이 다시는 이와 같은 일이 없을 것이라고 하신 말씀을 이야기하며 "아니"라고 답한다. 루시는 안도하며 "건전한 신학은 이런 길을 제시해 주지"라고 대답하는 라이너스에게 그가 마음의 짐을 덜어주었다고 말한다. 늘 그렇듯이 라이너스는 정확히 옳다. 건전한 신학은 하나님 나라에 대한 관점과 세계관을 포함하는 예수 그리스도의 제자가 되는 과정에서 필수적이다.

안타깝게도, 우리는 아주 오랫동안 신학과 그 교리의 내용은 추상적이어서 그것을 연구하고, 논의하고, 배워야 하며, 언젠가 우리 삶에서 적용할 수 있을 것이라는 생각을 조장하는 결핍 모델(deficient model)을 따라왔다. 전통적인 신학교 교육과정은 성경, 역사신학, 교회사, 조직신학, 언어, 실천신학 혹은 응용신학을 각각 분리된 부분으로 제공하였다. 이로 인해 신학은 체계적이고 역사적인 수준에서 다룰 실천적인 학문이 아니라, 학술적으로 연구해야 할 추상적인 분과학문 혹은 과학이라는 관념을 만들었다. 이런 생각은 우리가 그것에 대해 말할 수 있고 생각할 수도 있지만, 일상의 삶과는 반드시 접촉할 필요가 없는 무언가가 있다고 생각했던 고대 그리스인들의 관점과 비슷하다. 신학도 대부분의 철학과 마찬가지로 일반적으로 추상적이라고 생각하는 영역이다.

그러나 기독교의 관점에서 볼 때, 우리는 존 프레임이 그의 책 『신론』(개혁주의 신학사, *The Doctrine of God*)에서 분명히 지적한 것처럼, 교리가 곧 삶이고, 삶이 곧 교리라는 것을 믿는다. 우리는 교리 그 자체를 위해서 교리를 가르치거나 배우지 않는다. 마찬가지로, 신학을 추상적인 체계로 발전시켜서는 안된다. 신학은 삶에 구체적으로 적용할 점이 있어야 한다. 디도가 바울로부터 자신의 동역자들을 바른 교훈(교리)으로 구비시키라는 가르침을 받은 이유는 젊은 남녀들에 대한 훈련이 교리적으로 건전해야 하기 때문이다. 다른 말로 하면, 교리가 관건이다.

예수님의 제자는 건전한 교리를 배운 학생이어야 한다. 삶의 모든 문제가 마음으로부터 비롯되며, 그 마음에 생각하는 것이 곧 그 사람이라는 것을 기억할 때 교리를 배우는 것은 하나님을 사랑하고 그분에게 순종하는 일의 일부이다. 우리가 살아가는 방식은 우리가 삶에 대해 생각하는 것에 의해 결정된다.

프레임은 장 칼뱅의 사역 방법에 대해 언급하면서 "칼뱅의 관심은 학문적으로 인정받을만한 사상 체계를 만드는 데 있지 않고, 일상의 삶에 핵심 교리의 적용가능성을 보여주려는 데 있었다"고 지적한다.[8] 참으로 "신학은 하나님의 말씀을 체계적으로 진술하여 하나님에 대한 성경의 가르침을 우리와 우리 시대에 적용하도록 도움을 준다."[9] 신학과 교리는 우리 삶의 기본적인 요소 중 하나이다. 인식론에 관한 장에서 언급했듯이, 만일 하나님에 대한 우리의 지식이 인격적인 측면을 포함하고 있지 않다면, 그 지식은 결함이 있다. 그것은 모든 교리와 신학에 있어서도 마찬가지다.

우리는 교리와 신학이 우리의 삶에 얼마나 큰 영향을 주고 우리의 삶을 얼마나 크게 변화시키는지 이해하지 못하기 때문에 그것들을 회피하고 있다. 하나님께서는 우리가 바른 교리를 가지고 정통 신앙을 갖게 되는 것에 관심을 두고 계신다. 또한 그분은 우리가 교리에 대해서 올바로 생각할 뿐 아니라, 그것을 삶에 적용하고 실천할 수 있기를 원하신다. 우리의 신학은 삶을 건전하게 지향하는 신학이어야 한다. 하나님께서는 우리의 삶을 변혁시키는 방법을 통해서 우리에게 그분의 진리를 드러내신다. 만약 우리의 삶이 변하지 않고 있다면, 그것은 우리가 그분의 말씀을 놓치고 있는 것이다.

잘못된 생각 #3: 신학은 나중에 공부해도 된다. 세 번째 오해는 신학과 교리를 삶에 받아들이는 방식과 시기에 관한 것이다. 교리는 우리가 무엇을 믿어야 할지, 어떻게 살아야 할지에 대한 토대를 제공해 준다. 신학은 이러한 교리들이 서로 잘 맞아 들어가게 하는 틀을 제공해 준다. 만약 우리가 제자 삼는 과정에서 교리를 다루지 않으면 사람들에게 무엇을 믿어야 할지는 그들의 선택에 달렸다는 생각을 전달하는 것이 되므로 우리의 목적을 이룰 수 없게 된다.

물론 우리는 초신자나 삶의 보다 넓은 영역으로 부르심을 받은 사람들 모두가 전일제 신학생들처럼 신학과 교리를 공부하는 것을 기대하지 않는다. 그러나 신학과 교리를 전혀 배우지 않는다면 그리스도인이란 무엇인가에 대한 온전치 못한 이해를 가지게 될 것이다. 만약 신념이 세계관에 기초라고 한다면, 우리의 기독교적 신앙은 우리를 제자로 살아가도록 성장시킬 것이다.

우리는 제자 삼는 과정에서 그런 일이 일어나는 마법 같은 순간을 기다려서는 안된다. 신학과 교리를 공부하는 것은 가정 먼저 선행되어야 하며 전 과정에 걸쳐 스며들어야 하는 것이다. 이 장의 초반에 언급했던 스탠리 그렌츠의 말을 반복하자면, "건전한 신학적 성찰은 우리가 사는 방식에 영향을 미칠 것이다. 교리적 확신은 우리가 직면하는 다양한 상황 속에서 온전한 그리스도인으로 살아가기 위한 최선의 길을 결정하려고 할 때 토대를 마련해준다. (중략) 언제라도 우리의 신학적인 활동이 여기에 미치지 못하면, 우리는 생각하는 그리스도인으로 부르신 그 부르심에 순종하는 일에 실패하게 된다."[10]

개혁주의 교리에 대한 개관

"개혁주의"(Reformed)라는 용어는 말하는 사람과 듣는 사람 사이에 언제나 분명한 의미로 소통되지는 않는다. 이 용어가 얼마나 다양하게 사용되는지 넓게 이해하려면 조지 마스덴(George M. Marsden)의 『근본주의 개혁하기』(*Reforming Fundamentalism*)와 같은 책들을 읽어보라. 그럼에도 불구하고, 이 말은 제대로 정의되기만 하면, 제자 삼는 사역의 과정에서 근본적인 것을 전달하기 위해 사용하기에 좋은 용어다. 오늘날 마스덴이나 마크 놀(Mark A. Noll)과 같은 기독교 역사가들은 "개혁주의 신학"이라 불리는 일반적인 체계 안에 있는 세 가지 구별되는 접근방법들에 대해서 설명한다. 마스덴은 "개혁주의"를 교리주의자(doctrinalists), 문화주의자(culturalists), 경건주의자(pietists)로 구분한다. 나는 두 가지 이유로 이것에 대해 언급한다. 첫째, 독자들에게 우리 진영 안에서도 모든 사람들이 개혁주의라는 용어를 같은 의미로 사용하지 않는다는 점을 알려주기 위해서다. 둘째, 이 세 가지를 하나로 통합하는 것이 우리가 당면한 도전이라는 점을 이해하면 대부분의 제자 훈련 과정이 잘 진척될 수 있기 때문이다. 만일 이 세 가지를 하나로 잘 통합할 수 있다면, 그리스도인들은 오늘날의 다원적이고, 세속적이며, 인본주의적인 문화 속에서 그리스도인으로 살아가는 일에 더 잘 준비될 수 있으며, 따라서 변화를 만들어 내는 일에 더 잘 구비될 수 있다.

역사, 특히 교회사를 읽을 때, 하나님의 이야기가 펼쳐지는 방식은 놀라움을 금치 못하게 한다. 하지만 동시에 그리스도인들이 사소한 것들로 인해 서로 분열되고 기독교 신앙과 교회의 하나됨이 파괴되는 것을 허용함으로써 스스로가 가장 나쁜 적이 되는 것을 보면서 낙심하게 된다. 나는 우리가 기독교 신념

체계 안에서 정확히 동일한 관점에서 세부적인 것들을 보지 않을 때에도 어떻게 서로 상호작용을 해야 하는지를 아는 새로운 세대의 제자들을 양성해 낼 수 있기를 소망하며 기도한다.

개혁주의 신앙이 우리를 함께 연합하도록 만드는 가장 큰 잠재력을 제공한다고 믿지만, 그것은 종종 우리 사이에 담을 세워 서로를 분리시키기도 한다. 우리는 하나로 연합하기보다 분리되어 나뉘어지는 교회의 모습을 세상에 더 많이 보여주었다. 교회사, 특별히 프로테스탄트 종교개혁 이후의 교회사 연구를 통해서, 우리에게는 서로 분리되어 떨어져 있게 하는 것보다, 함께 연합하게 하는 것이 더 많다는 것을 믿는다. 다음 장에서 살펴보게 되겠지만, 언약이라는 개념은 개체가 아닌 가족으로서의 교회에 대해서 말하지만, 불일치를 허용하는 가족 안에서 사는 것이 언제나 쉽지만은 않다. 우리의 대적이 우리를 가족 안에서 계속 분쟁하도록 만들 수 있는 한, 그는 우리가 이 세상 속에서 주님을 위해 큰 진전을 이루어 낼 것을 걱정할 필요가 없다.

이미 언급한 바와 같이, 마스덴의 세 가지 개념이 통합된 의미로 개혁주의 신앙을 가르치는 것은 어떤 종류의 제자 삼는 사역의 과정도 견고하게 할 것이다. 우리의 교리는 건전할 것이고, 우리의 증거는 문화에 영향력을 미칠 것이며, 그리스도인으로 살아가는 우리의 삶에 영적 성장이 있을 것이다. 만약 "바른 교훈(교리)에 합당한 것"을 가르치고자 한다면, 명백히 건전한 교리를 알아야 한다.

그렇다면 개혁주의 신앙의 특별하고도 고유한 특징은 무엇인가? 이 질문에 답하기 위해서 몇 가지 핵심 교리에 대해 설명을 하고자 한다. 예를 들어, 개혁주의 진영(family) 안에서 신앙의 두드러진 특징은 주권적인 하나님의 은혜에 주목하고 신앙의 기초를 성경에서 발견되는 하나님의 말씀에 근거를 두는 것이다. 개혁주의 신학도 하나님이 통치하시는 주시요 온 우주의 왕이시라는 것과, 사람은 하나님의 형상에 따라 창조된 존재(그러나 피조물과 창조주 사이에는 분명한 구분이 있는)라는 것을 강조한다. 다른 중요한 교리들로는, 인간의 죄악 되고 타락한 본성(자신을 구원하기 위해 아무 것도 할 수 없는)과 구원의 유일한 소망으로서 그리스도께서 십자가에서 행하신 구속의 사역(성령으로 말미암아 우리의 삶에 적용되는)이 있다. 또한 개혁주의 신앙은 역사의 절정으로서 의로운 자들이 거하게 될 새 하늘과 새 땅이 있을 것이라는 사실을 분명하게 가르치고 있다.

성경

제자를 삼는 기본적인 과정은 성경에서 가르치는 진리의 체계를 이해하는 것을 포함해야 한다. 우리는 모든 신자들이 처음부터 우리가 믿는 것이 성경 말씀에 기초를 두고 있다는 것을 알기 원한다. 성경은 체계적인 교과서가 아니지만, 하나의 온전한 메시지로서 서로 모순되지 않고 일관된 체계를 형성하는 진리를 제공한다. 이것을 이해하는 것은 우리가 무엇을 믿고, 왜 믿는지를 아는 일에 핵심이 되며, 기회가 주어졌을 때 그러한 신념을 정교하게 표현할 수 있게 하는 열쇠가 된다. 그러므로 성경은 기독교 신앙을 세워나가는 근거가 되는 권위이기 때문에, 우리는 이 진리의 체계 안에서 성경으로 시작한다.

개혁주의 신앙은 하나님께서 성경을 통해 계시하신 모든 것을 그 가르침 안에 포함하려고 노력한다. 성경은 우리의 믿음에 통일성과 일관성을 제공해 준다. 또 성경에는 진리에 대해 섣불리 짐작하지 않도록 하는 중요한 교훈들이 있다. 제자를 삼는 모든 프로그램은 초기 단계에서부터 다양한 영역에서 훈련하고 구비하는 일을 포함해야 한다.

첫째, 신자는 한 사람의 삶 속에서 성경이 어떤 자리를 차지하며 어떤 역할을 하는지 이해해야 한다. 예수 그리스도의 참된 제자는 성경을 신앙과 실천의 규칙으로 진지하게 받아들여야 한다. 성경은 우리에게 무엇을 믿고, 어떻게 믿어야 하는지 가르쳐 준다. 성경은 우리가 그 위에서 삶을 구축할 수 있는 든든한 체계와 토대를 제공해 준다. 오늘날 포스트모던 세계는 권위는 개인이나 그가 속한 집단에 있다고 주장하면서 진리와 보편성, 절대성의 존재를 의심한다. 성경은 하나님의 창조, 구속, 완성, 그분의 이야기에 관한 거대한 메타내러티브를 담고 있다. 오늘날의 포스트모던 문화는 그런 이야기의 존재 자체를 부정하지만, 성경이 없으면 진리는 누구나 가지는 것이거나 아니면 우리가 진리였으면 하고 바라는 것이 된다.

둘째, 성경은 예수님께서 우리를 부르셔서 세계를 분담하여 그분의 대위임령을 수행하도록 하신다는 메시지를 들려 준다. 우리는 그분의 진리를 증거하고, 그분을 증언한다. 성경은 우리가 그분과 그의 진리를 알게 하기 위해, 사람을 통해 기록된 하나님의 말씀이다.

성경은 명제적 형식으로 기록된 하나님의 말씀이기 때문에, 그것은 주관적인 견해를 넘어서는 실체적 진리이다. 성경은 우리의 판별 기준이다. 우리가 그것을 좋아하든 좋아하지 않든 간에, 우리는 복음의 메시지가 포함된 진리를 우리에게 말해 주는 성경에 의지한다. 하나님께서는 서로 다른 시대에 서로 다른 배경을 가진 사람들을 통해 이 진리를 기록하셨다. 그분께서는 당신의 백성들이 알고 믿기를 원하는 것을 기록하도록 성경의 저자들에게 영감을 불어넣으셨다. 어떤 의미에서 우리가 성경을 읽고 공부할 때 우리는 하나님께 우리가 무엇을 믿기를 원하시는지, 우리가 어떻게 살기를 원하시는지 묻는다. 사도 바울은 "모든 성경은 하나님의 감동으로 된 것으로 교훈과 책망과 바르게 함과 의로 교육하기에 유익하니 이는 하나님의 사람으로 온전하게 하며 모든 선한 일을 행할 능력을 갖추게 하려 함이라" 디모데후서 3:16-17 고 선언한다.

대부분의 조직신학 책들은 제자 삼는 과정에 반드시 포함되어야 할 개혁주의 교리를 구성하는 여섯 가지 영역에 대해 다룬다. 그 여섯 가지 영역이란 하나님, 사람, 그리스도, 구원, 교회, 그리고 종말에 관한 교리들이다. 성경은 모든 신앙의 기초다.

하나님

하나님을 아는 것은 그리스도인의 삶에 있어 전부이다. 그분을 어떻게 알고 그분에 대한 무엇을 알아야 하는지는 그분을 더 잘 알아가고, 더 일관되게 그분을 예배하고 섬기는 일에 매우 중요하다. 우리가 **하나님을 안다**고 말할 때 그것은 단순히 **하**

나님에 대해서 아는 것을 의미하지 않는다.

하나님을 어떤 분으로 아는 지가 중요하다. 예를 들어 개혁주의 신앙은, 성경에 신실하게, 하나님께서 통치하시는 주시며, 온 우주의 왕이요, 창조주시며 구원자라는 사실을 가르친다. 이 하나님에 의해서 모든 만물이 존재하며 함께 서 있다. 개혁주의 신앙은 우리의 생각을 하나님께 집중할 것을 요구한다. 여기에서 핵심은 우리가 그분에 대해서 생각하는 것이 아니라, 하나님께서 그분 스스로에 대해서 생각하시는 것이다. 시편 기자는 "하나님이여 주의 생각이 내게 어찌 그리 보배로우신지요! 그 수가 어찌 그리 많은지요!"^{시편 139:17} 라고 말한다. 이사야는 "이는 내 생각이 너희의 생각과 다르며 내 길은 너희의 길과 다름이니라 여호와의 말씀이니라"^{이사야 55:8} 고 쓰고 있다. 사도 바울은 "이는 만물이 주에게서 나오고 주로 말미암고 주에게로 돌아감이라. 그에게 영광이 세세에 있을지어다! 아멘"^{로마서 11:36} 이라고 기록하고 있다. 사도 요한은 "영생은 곧 유일하신 참 하나님과 그가 보내신 자 예수 그리스도를 아는 것이니이다"^{요한복음 17:3} 라고 말한다. 이 진술들은 하나님에 대한 고전적 개념과 일치한다.

18, 19세기 자유주의 신학자들의 반응은 하나님에 대한 전통적 관점에서 매우 멀어져서 하나님을 수평면에 두고 설명했다. 20세기 초 신정통주의(neo-orthodoxy)는 또 다른 극단으

로 돌아가 하나님을 전적 타자 혹은 초월적인 하나님으로 대하였다. 오늘날의 포스트모던 패러다임은 하나님에 대해서, 통치하시는 혹은 초월적인 하나님이 아니라, 우리가 좀 더 쉽게 만날 수 있고 우리에게 반응하시며, 좀 더 친구 같고 우리 옆에 가까이 계시는 분이라고 말한다. 또한 하나님이 있다고 해도 그분을 알 수도, 정의할 수도, 설명할 수도 없다고 주장하는 사람들이 있다. 그렇다면 하나님은 그저 그들이 하나님이 이런 분이었으면 하고 바라는 그런 하나님이다.

존 프레임은 그의 책 『신론』(개혁주의신학사, *The Doctrine of God*)에서 종교개혁가들이 그 당시의 뜨거운 쟁점이었던 구원과 믿음에 주의를 기울였다고 지적한다. 따라서 그들은 하나님에 대한 교리를 그다지 많이 다루지 않았다. 비록 종교개혁가들이 실제 현장에서 하나님의 친밀함과 임재를 강조하지 않았지만, 그들에게 하나님께서 계시하신 대로 그분을 아는 것은 개혁주의 신앙이 특별히 강조하는 것들 중 하나였기 때문에 그들은 하나님의 내주하심을 믿었다. 이것은 매우 중요하다. 왜냐하면 성경이 그분의 형상으로서 우리가 하나님을 알고, 비록 죄로 인해 하나님에 대한 지식이 은폐 되었지만, 우리는 우리의 준거의 틀에서 그분을 배제할 수 없다는 사실을 성경이 증거하기 때문이다.

이전의 우리 선조들로부터 배울 수 있는 것처럼, 우리가 경계해야 할 진정한 유혹은 우리 방식대로 하나님에 대해서 생각하거나 이해하려는 것이다. 개혁주의 신앙은 성경에 따라 하나님을 그분이 원하는 대로 알아야 하고, 그렇게 하기 위해서 그분이 자신에 대해 계시하신 것에 전적으로 의지해야 한다는 점을 강조한다.

그리스도의 제자는 "우리가 지금은 거울로 보는 것 같이 희미하나", 하나님에 대해서 분명한 이해를 가져야 할 필요가 있다. 우리는 하나님의 자존성, 불변성, 편재성, 통일성에 대해 확실히 알아야 한다. 이런 것들은 다른 누구와도 공유하지 않는 하나님의 고유한 속성이다. 우리는 하나님의 이러한 속성들을 어느 정도 알아야 할 필요가 있다. 만일 하나님에 대한 우리의 지식과 믿음이 틀렸다면, 나머지 모든 것들도 그럴 것이다. 우리의 삶과 의미, 그 밖의 모든 것들은 하나님에 대한 우리의 해석에 의존하고 있다.

나는 하나님이 자신들에게 일부러 나쁜 행동을 하는 존재이고, 하나님이 안 계시면 그들이 더 잘 될 수도 있었다고 믿는 사람들과 이야기를 나눈 적이 있다. 또 하나님께서는 착한 사람들에게 선한 일을 행하시지만, 나쁜 사람들에게는 나쁜 일을 행하신다고 믿는 사람들과도 이야기를 나눈 적이 있다. 나는 하나님이 이 세계나 사람들의 인생에 일어난 일에 어떤 개입이나 영향력도 행사하지 않는다고 믿는 사람들과도 대화를 나누었다. 오늘날의 포스트모던 문화 속에서, "신"은 우리가 원하는 어떤 존재로도 될 수 있다. 심지어 나는 우리가 곧 하나님이라고 가르치는 대학원 수업도 수강한 적이 있다. 이러한 사례들은 우리가 하나님에 대해 완전한 관점을 결코 가질 수 없겠지만, 올바른 관점을 가져야 함을 강조해준다.

하나님의 자기 계시는 우리에게 그분이 인격적인 창조주요 구원자이심을 말해 준다. 더 나아가 하나님은 그분의 창조세계 위에 계시며 그것과 동일시 되지 않지만, 또한 창조세계 안에 거하시며 그것으로부터 분리되지 않는 분이시다. 예수 그리스도의 제자는 하나님께서 항상 존재하시는 인격이시요, 전능한 분이시며, 창조세계 안에서 그리고 위에 계시는 영원하신 영이심을 알아야 한다. 내가 이 책을 쓰고 있는 동안에 하나님이 누구신지에 대하여 복음주의 진영 내에서 논쟁이 있다. 어떤 이들은 하나님께서 모든 것을 아는 것은 아니고, 전능하거나 인간의 삶과 역사를 바꾸지는 못하며, 어떤 일에 대해서 마음을 바꾸실 수도 있고 자주 그러기도 하시는 분이라고 말한다. 그런 것들이 하나님에 대한 올바른 진리인가? 개혁주의 신앙과 이에 바탕을 둔 하나님에 대한 이해는 결코 아니라고 말한다. 왜냐하면 그것은 하나님께서 그분의 기록된 말씀으로 우리에게 이야기해 주시는 것과 다르기 때문이다.

사람

개혁주의 신앙은 하나님께서 그분의 모양과 형상으로 사람을 만드셨기 때문에, 사람의 중요성을 강조한다. 모든 사람은 할 수 있는 한 하나님과 닮아가야 한다. 또한 우리는 서로에게서 하나님과 같은 모습을 보아야 한다. 하지만 우리는 하나님도 아니고 하나님이 될 수도 없다. 우리가 하나님이 하시는 일과 비슷한 일을 할 수 있고 여러 가지 방법으로 그분을 흉내 낼 수 있겠지만, 우리가 하나님은 아니다. 우리는 능력의 한계를 가진 유한한 존재이다. 그렇다고 해서 우리가 기계(오늘날의 상황에서 때로 그렇게 취급을 받을 때도 있지만)나 짐승 같은 존재도 아니다. 하나님께서는 우리를 한 육체와 영혼으로 창조하셨다. 우리가 누구인지 이해하기 위해서는 우리가 무엇인지(어떤 존재인지) 이해해야 한다.

하나님께서는 피조물의 목적, 즉 그분을 사랑하고 그분의 명령을 행함으로써 그분을 영화롭게 하는 일을 수행하도록 그분의 형상대로 사람, 곧 남자와 여자를 창조하셨다. 그분의 명령은 "생육하고 번성하여 땅에 충만하라 땅을 정복하라" 창세기 1:28 는 말씀과 같이 우리가 해야 할 일과, "선악을 알게 하는 나무의 열매는 먹지 말라" 창세기 2:17 는 것처럼 하지 말아야 할 일들을 포함하고 있다. 하나님께서는 아담을 준비시키기 위해 그를 에덴 동산에 두셨다. 하나님은 우리에게 자유를 주셨지만 동시에 명확한 한계도 설정해 주셨다. 그분의 시험은 그분을 우리의 창조주 하나님으로 순종하는 것이다. 하나님께서 사람을 선하고 온전하게, 죄를 지을 수도 혹은 짓지 않을 수도 있게 창조하셨으나, 사람은 죄짓는 것을 선택하였다.

아담과 하와는 선악을 알게 하는 나무의 실과를 먹음으로 불순종하였다. 그들이 죄에 빠지게 되었을 뿐만 아니라, 인류 전체를 대표하는 아담이 죄를 범함으로써 그들의 원죄가 모든 후손들에게도 씌어졌다. 바로 그 시점부터 하나님께서 경고하셨던 대로 사람은 죽음을 경험하기 시작했다. 성경은 그의 죄로 인해 사람은 어느 정도의 수준이 아니라, 인격과 존재가 전적으로 타락하게 되었다고 가르친다. 인간의 삶 가운데 죄로 인해 더럽혀지지 않은 영역은 아무데도 없다. 왜냐하면 죄로 인하여 그가 한때 즐겼던 자유를 잃었기 때문에 죄인으로서, 사람은 자신의 죄된 상태를 변화시킬 수 있는 어떤 일도 할 수 없다. 예수 그리스도와의 관계 밖에서 사람은 죄의 종일 뿐이다. 로마서 8:12-13

우리의 죄된 본성으로 인해 우리는 하나님을 거부하고 멸시한다. 그리고 우리의 힘으로는 이런 상황을 바꾸기 위해 할 수 있는 일이 아무 것도 없다. 사도 바울은 "육신의 생각은 하나님과 원수가 되나니 이는 하나님의 법에 굴복하지 아니할 뿐 아니라 할 수도 없음이라" 로마서 8:7고 쓰고 있다. 오직 하나님 만이 사람의 죄된 상태를 고칠 수 있다. 성경은 사람은 자신의 파멸적인 죄된 상태에서 구원을 필요로 한다고 가르친다. 사람은 거듭나야 하며 그리스도께로 회심해야 하지만, 무기력하여 그런 일이 일어나게 할 만한 어떤 일도 할 수 없다.

사람은 구원이 필요할 뿐만 아니라, 그것을 자기 힘으로는 얻을 수 없다는 사실을 이해하는 것이 매우 중요하다. 사람은 율법을 지켜 구원에 이를 수 없다. 많은 사람들이 구원을 그들 자신에게 달린 일이라고 믿어왔다. 사람은 일을 바로 잡고, 그의 죄된 삶을 깨끗하게 해야 하지만, 성경은 일을 바로 잡고 죄로부터 구원받는 것이 온전히 하나님께 달려 있음을 가르치고 있다.

개혁주의 신앙은 하나님과 다른 사람들, 자신의 주변 세계에 대한 사람의 책임을 강조한다. 사람이 죄인이라는 사실이 그가 하나님의 형상을 가지고 있으며 (비록 타락으로 인해 더럽혀졌지만) 창조세계의 다른 피조물, 특히 다른 사람들과 관계를 맺고 있다는 것을 바꾸지 않는다. 우리는 우리 자신을 포함하여 최악의 상태에 있는 죄인이라 할지라도 하나님의 형상을 존중해야 한다. 실제로, 하나님의 형상은 우리가 다른 인간 존재들을 위해서 그들에게 복음을 나누고, 하나님이 하시는 일을 할 수 있는 접촉점이 된다. 이것은 모든 족속을 제자로 삼는 우리의 책임을 이해하는 열쇠가 된다. 하나님의 형상은 보편적이며, 모든 인류와 분리 불가능하게 연결되어 있다. 이것이 바로 우리에게 온 천하에 다니며 만민에게 복음을 전하고, 원수를 포함하여 모든 사람들을 사랑하라고 말씀하신 이유이다. 모든 사람은 하나님의 형상을 담지하고 있기 때문이다.

밀라드 에릭슨(Millard Erickson)에 따르면, "우리는 하나님과 제대로 관계를 맺을 때에만 온전한 인간성(full humanity)을 경험한다. 얼마나 세련되고 고상한 지와 상관없이, 하나님의 구원받은 제자가 아니라면 그 누구도 결코 온전한 사람이라고 할 수 없다."[11] 이것이 바로 우리가 인간에 관한 논의에서 하나님을 배제하려는 세속적 인본주의에 반대하고, 모든 사람은 하나님의 형상을 지니고 있다는 진리가 작동하고 있다는 것을 인식하고, 인정하며, 드러내는, 인간에 대한 성경적 교리를 존중하고 받아들인다는 것을 이해해야 하는 이유이다. 우리는 사람들에 대하여 이보다 낮은 존재로 행동하거나 반응할 수도 없다. 프란시스 쉐퍼가 말했던 것처럼, "사람은 아무 것도 아닌 존재가 아니다." 우리는 우리의 사귐에 있어서 비록 복음을 믿지 않는 사람이라 할지라도 인간으로서 가장 귀한 존재로 여겨야 한다.

그리스도

지금까지 살펴본 두 교리는 자신의 형상과 모양대로 사람을 만드신 창조주 하나님께서 계시다는 것과 사람에게 특정한 요구 사항들을 두셨다는 것을 생각나게 한다. 그러나 사람은 하나님을 반역하고 불순종하여 죄인이 되었고 타락하였으며 영적으로 죽었다. 우리는 사람이 그런 죄된 상태에서 자신의 상황을 바꾸기 위해서 할 수 있는 일이 아무 것도 없다는 것과 사형 선고 아래 있다는 사실을 확인하였다. 하지만 하나님은 사람이 원래의 창조 목적을 성취할 수 없게 하는 타락하고 죄된 상태에 있도록 내버려 두지 않으시고, 하나님과 사람이 다시 연합하도록 어떤 일을 행하셨다.

하나님께서는 우리가 지금은 하나님의 독생자로 알고 있는 그분의 아들, 삼위일체 중 제2위격이신 주 예수 그리스도를 보내셔서 하나님과 사람이 다시 화목해지기 위해 필요한 일을 행하셨다. 그리스도가 누구신지, 왜 이 땅에 오셨는지, 무슨 일을 행하셨는지, 그리고 그것이 우리의 삶에 어떤 영향을 미쳤는지 이해하는 것은 절대적으로 중요하다.

초기 신경(creeds)들이 말해 주듯, 그리스도는 참 하나님에게서 나신 참 하나님(very God of very God)이시고, 그가 성육신하심으로 참 인간 중의 참 인간이 되셨다. 그분께서는 인성과 신성을 모두 가진 인격이시다. 그리스도께서 동정녀 마리아에게 나심으로 이 땅에 오셨을 때, 그분은 하나님 되심을 중단하지 않으셨다. 그분은 어느 한 순간도 하나님이 아닌 적이 없으셨다. 그러나 그분께서 베들레헴의 구유에서 하신 일은 스스로 종의 모습을 취한 것이다. 그분께서는 우리의 죄 값을 치르기 위해 온전한 사람이 되셨는데, 이것은 속죄와 화목을 위한 유일한 방법이었다.

성경에서 기독론과 관련하여 가장 중요한 본문은 빌립보서 2장 1-11절이다. 바울은 그리스도께서 성육신하신 하나님의 아들로서 이 땅에 오셨음을 설명하고 있다. 그는 "자기를 비워 종의 형체를" 가지셨다. 그의 나심을 통해 그리스도께서는 성경에서 말하는 첫째 아담이 지었던 죄를 무효로 돌릴 둘째 아담이 되셨다. 그분께서는 사람의 모양으로 자기를 비우셨고 구원하시려던 사람들과 같이 되려고 스스로 낮아져 이 땅에 오셨지만, 죄는 없는 분이셨다. 그분은 하나님의 거룩한 사람이요 죄에 물들지 않았지만 죄로 인해 사람들이 겪어야 할 고통과 죽음을 감당하신 분이기 때문에 우리는 그분이 우리의 중보자로서 하신 일에 대하여 확신을 가질 수 있다.

성령

대부분의 전통적인 신학 서적들은 성부 하나님과 그리스도에 대한 장을 가지고 있지만, 삼위일체 하나님의 제3위격이신 성령에 대해서는 별도의 장을 할애하고 있지 않다. 그러나 우리는 역사적인 사도신경에서 "성령을 믿사오며"라고 고백한다. 오늘날, 특별히 기독교의 특정 교단 내에서 성령에 대해 강조하고, 성령에 대해 매우 많은 오해가 있기 때문에, 제자 삼는 하나님 나라의 접근법에서 성령에 대한 강조가 반드시 포함되어야 한다.

성령은 삼위일체의 제3위격이시다. 웨스트민스터 소요리문답(제6문)에 나와 있듯이 "하나님의 신격에 몇 위가 계신가? 하나님의 신격에 삼 위가 계시니 성부와 성자와 성령이신데, 이 삼위는 한 하나님이시고, 같은 본질과 동등한 권능과 영광을 가지신다." 성령은 성자와 마찬가지로 주(Lord)시다. 실제로, 신자들의 삶에 내주하시는 분은 성령이시다. 우리를 위하여 그리스도께서 이루신 일들을 취하셔서 우리 삶에 적용하시는 분은 성령이시다. 아버지께서 구원을 계획하시고, 아들께서 이루시며, 성령이 우리 삶에 적용하신다는 고전적 격언은 여전히 유효하다.

요한복음 3장에 따르면, 성령은 임의로 부는 바람과도 같아서 그가 어디로부터 와서 어디로 가는지 알 수 없지만, 우리와 함께 그리고 우리 안에 거하시는 하나님이시다. 성령께서 하신 일 가운데 하나는 성경의 저자들을 감동시켜 하나님의 말씀을 기록하게 했다는 사실이다. 성경을 쓸 때, 그들은 성령의 감동에 따랐다. 이것을 이해하는 것은 제자들에게 중요하다. 왜냐하면 성령께서 하시는 일은 성경에 기록된 것보다 훨씬 광대하지만 그분은 언제나 말씀과 일치되게 일하시기 때문이다. 우리는 또한 모든 영이 올바른 성령이 아니라는 사실에 주의해야 한다. 사도 요한은 우리에게 "사랑하는 자들아 영을 다 믿지 말고 오직 영들이 하나님께 속하였나 분별하라 많은 거짓 선지자가 세상에 나왔음이라 요한1서 4:1고 말한다. 웨스트민스터의 신학자들은 하나님의 말씀과 성령은 따로 떨어질 수 없다는 사실을 교회가 기억하도록 세심한 주의를 기울였다. 하나님께서는 항상 그의 말씀과 성령을 통해 일하시고 우리를 가르치신다. 웨스트민스터 신앙고백 1.6

그리스도인들이 하나님에 대하여 반드시 알아야 할 지극히 중요한 것 중 하나는, 그분은 삼위 안에서 한 하나님이시지, 이

전에는 성부이셨다 나중에 성자가 되셨고 지금은 성령으로 계시는 한 분 하나님이 아니라는 것이다. 소위 "양태론"(modalism)이라 불리는 그런 입장은 성경과 반대된다.

구원

하나님은 언약의 방식으로 우리와 관계를 맺으신다. 웨스트민스터 신앙고백은 하나님께서 사람과 관계를 맺기 위해 자원하여 자신을 낮추셨으며, 하나님과 사람 사이에 맺은 계약인 언약이라는 방법을 통해 그렇게 하셨다고 진술한다. 그 언약은 하나님을 만나기 위해 인간에게 주어진 조건과 함께 하나님께서 사람에게 하신 약속을 담고 있다. 성경은 하나님께서 사람과 맺은 언약은 삼위일체 안에서 맺으신 언약으로부터 나왔다고 가르친다.

하나님께서 "나는 너희 하나님이 될 것이고 너희는 내 백성이 될 것이다 만일 너희가 선악을 알게 하는 나무의 실과를 먹지 말라는 나의 명령을 지킨다면 너희는 살리라"고 하신 말씀에서 보는 바와 같이, 하나님의 언약은 맨 처음 생명의 언약으로 제시되었다. 이것은 하나님께서 요구하시는 것에 순종하는 것을 조건으로 생명이 약속된 하나의 행위 언약이었다. 이에 그것을 행위의 언약이라 부른다.

사람은 언약에서 그에게 주어진 의무를 지키지 않았다. 사람의 불순종으로 인해 하나님이 하신 약속의 마지막 부분, 즉 "네가 먹는 날에는 반드시 죽으리라"창세기 2:17는 말씀이 성취되었다. 언약의 요구조건을 파기함으로써 사람은 영적인 죽음과 어둠의 상태에 빠졌고 이런 상황을 변화시킬 수 있는 어떤 일도 할 수 없었다. 그러나 삼위일체의 제2위격이신 그리스도께서는 세상에 오셔서 사람을 대신하여 언약을 지키시는 것에 동의하셨다. 그분은 행위 언약에 필요한 모든 조건들을 충족하셨고, 그로 인해 인간은 용서와 구원을 얻게 되었으며, 하나님과 다른 사람, 우리를 둘러싼 세계와의 관계를 회복하게 되었다.

하나님께서 사람과 관계를 맺는 수단으로 언약을 선택하셨기 때문에, 그분께서는 우리가 은혜의 언약으로 알고 있는 두 번째 언약을 보이셨다. 사람은 더 이상 언약의 요구 사항들을 이행할 수 없지만, 그리스도께서 우리를 위하여 오셔서 하나님의 요구 조건을 이행하셨고, 그분께서 하신 일은 사람 편에 돌려졌다. 사람은 이제 오직 은혜의 언약을 통해서만 하나님과 관계를 가질 수 있다.

은혜의 언약 아래서 하나님께서는, 우리의 의로운 행위가 아니라 그리스도께서 십자가에서 행하신 일에 근거하여, 한번 더 "나는 너희의 하나님이 되고 너희는 나의 자녀가 되리라"고 말씀하신다. 그러므로 사람은 이전에 죽음에 이르는 행위의 언약 아래에 있었지만 이제는 하나님의 은혜로 말미암아 생명에 이르는 은혜의 언약 아래에 있다. 루이스 벌코프(Louis Berkhof)는 은혜의 언약 아래에서도 "언약의 제정자이신 하나님의 요구 사항이 있는데, 첫째, 믿음으로 언약과 언약의 약속을 받아들임으로 언약의 생명에 들어가며, 둘째, 그들 안에 있는 새로운 중생의 원리로부터, 새로운 순종을 통해 그들 자신을 하나님께 드려야 한다"는 점을 상기시켜 준다.[12]

그리스도인은 언약의 교리에 대한 올바른 이해를 통해 구원이 우리의 행위에 의해 결정되는 것이 아니라, 우리를 위해 언약을 지키신 그리스도에 근거한다는 것을 배운다. 성경은 우리가 그리스도를 믿는 믿음을 통해 은혜로 구원을 받는다는 것을 가르치고 있다.

이 모든 과정을 위해 우리가 해결해야 할 오직 한 가지 것은 죄의 문제인데, 그리스도께서 이 모든 일을 감당하셨다. "우리 구주 하나님의 자비와 사람 사랑하심이 나타날 때에 우리를 구원하시되 우리가 행한 바 의로운 행위로 말미암지 아니하고 오직 그의 긍휼하심을 따라 중생의 씻음과 새롭게 하심으로 하셨나니"[디도서 3:4-5] 이 말씀은 구원의 과정을 간결하게 요약하고 있다.

어떤 이들은 여전히 믿음의 형태로 나타나는 행위이거나, 사람의 행위, 성례를 통한 행위, 선한 일을 통한 행위에 관계없이 행위를 통해서 구원을 받는다고 가르친다. 그러나 성경은 "너희는 그 은혜에 인하여 믿음으로 말미암아 구원을 받았으니 이것은 너희에게서 난 것이 아니요 하나님의 선물이라 행위에서 난 것이 아니니 이는 누구든지 자랑하지 못하게 함이라"에베소서 2:8-9고 말한다. 우리에게 믿음과 순종을 요구하지만 그것은 구원의 조건으로서가 아니라 은혜의 언약 안에 거하는 자연스러운 결과이다. 그리스도인의 삶에서 선한 행위가 있을 자리가 있지만, 그것이 그리스도인이 되는 조건은 아니다. 우리는 믿음과 순종은 언약의 조건이 아니라 언약에 대한 우리의 당연한 의무라고 말할 수도 있다. 이를 달리 표현하면 우리의 믿음과 순종은 우리를 구원하기 위하여 하나님께서 행하신 모든 일에 대한 감사의 반응일 뿐이라는 것이다.

또한 성경은 구원이 하나님의 택하신 은혜로 시작하여 우리가 새 하늘과 새 땅에 거하게 될 때 약속의 완전한 성취와 함께 끝나는 과정이라고 가르친다. 그리스도인으로서 우리가 받은 구원에 대해서 하나님께 감사할 것밖에 없다. 그러면서 "너희 안에서 착한 일을 시작하신 이가 그리스도 예수의 날까지 이루실 줄을 우리는 확신하노라"빌립보서 1:6는 말씀을 생각한다.

교회

개혁주의 신학의 다섯 번째 중요한 교리는 교회에 관한 교리이다. 웨스트민스터 신앙고백은 이에 대해 다음과 같이 잘 설명하고 있다. "보편적인 무형교회는 택하심을 입은 자들의 총수로 구성되는데, 이들은 교회의 머리이신 그리스도 아래 모여왔고, 모여 있으며, 장차 하나로 모일 것이다. 이 교회는 만물 안에서 만물을 충만케 하시는 그분의 신부요, 몸이요, 충만이다."^{웨스트민스터 신앙고백 25.1} 교회는 공동체다. 그것은 가족이며, 그리스도의 몸이다.

하나님 나라와 교회를 다룬 3장에서 우리는 하나님의 나라에서 교회가 감당해야 할 핵심적인 역할과 그 지위에 관하여 살펴보았다. 장 칼뱅은 아우구스티누스와 그 밖의 사람들이 했던 말을 반복하여, 누구든지 하나님을 자신의 아버지로 모신 자들은 또한 교회를 어머니로 가진 자들이라고 말했다.[13] 그렇게 함으로써 칼뱅은 그리스도인은 하나님의 교회의 한 부분임을 우리에게 일깨워준다. "주께서 구원받는 사람을 **교회에** 날마다 더하게 하시니라"^{사도행전 2:47}

교회에는 유형의 교회와 무형의 교회가 있다. 웨스트민스터 신앙고백은 모든 택하심을 입은 자들로 이루어진 무형의 교회에 대해 언급하고 있다. 또 그리스도를 주로 고백하는 자들과 그 자녀들로 이루어진 유형의 교회도 있다. 이상적으로는 이 둘이 하나가 되어야 하나, 우리는 유형의 교회의 일부가 진정한 신자가 아니라는 것을 알고 있다. 무형의 교회에서는 그렇지 않다. 또한, 유형의 형태를 가진 교회는 (말씀과 성례를 담당하는 목사, 지역적인 혹은 보다 넓은 범위의 회중, 신앙의 고백과 교리문답, 그리고 치리 기능을 가진) 하나의 조직인 동시에 살아 있는 몸인 유기체이다.

그리스도인들은 유형의 교회와 밀접한 관련을 맺는데, 이는 바로 이 교회에 하나님께서 말씀의 선포와 가르침, 성례의 집행, 교회의 권징을 위임하셨고, 교회와 세상에서 실천되어야 할 사역과 섬김의 본부가 되게 하셨기 때문이다. 오늘날 교회는 교단, 예배의 양식, 사역의 종류에 따라 다양한 형태로 존재하지만, 그리스도인들은 오직 하나의 교회, 하나의 보편적인 그리스도의 몸 안에 있다는 것을 명심할 필요가 있다. 지역 교회들은 단지 보편 교회가 지역적으로 분화된 것으로서 각 교회의 존재와 하는 일에서 참된 교회를 반영해야 한다.

그리스도인들은 한 교회, 좀 더 구체적으로 참된 교회의 표징을 가진 교회에 소속되어야 한다. 참된 교회의 표징은 성경을 믿고 가르침, 그리스도에 대한 신실한 고백의 요구, 세례와 성만

찬에의 참여, 영적 감독자들 혹은 지도자들에게 부과된 분명한 책임이다. 교회의 일원이 되는 것의 중요성은 신자들과 함께하는 모든 제자훈련에서 강조되어야 한다. 하나님께서 어떤 교회를 선택할 지 개인에게 결정권을 주셨을지라도, 유형의 교회에 소속 교인이 되는 것은 선택의 문제가 아니다. 교회에 소속되는 것은 성경이 우리에게 요구하는 것이다. 히브리서 기자는 "서로 돌아보아 사랑과 선행을 격려하며 모이기를 폐하는 어떤 사람들의 습관과 같이 하지 말고 오직 권하여 그 날이 가까움을 볼수록 더욱 그리하자"^{히브리서 10:24-25} 라고 말한다.

하나님께서는 프로테스탄트 종교개혁을 사용하셔서 교회의 구성원들이 자신들의 고유한 언어로 성경을 접할 수 있어야 한다는 점을 일깨우셨다. 그리스도인들은 오로지 누군가의 해석에 의존하는 것이 아니라 그들 스스로 성경을 공부할 필요가 있다. 그러나 종교개혁자들은, 사도 베드로의 말을 통해, 어떠한 성경 말씀도 사적으로 해석되어서는 안된다는 것을 일깨워 주었다. 성경을 선포하고 가르치는 교회의 일원이 되는 것은 그리스도인들이 성경을 더 잘 알고 책임감을 경험할 수 있게 해주는 열쇠이다. 교회사에서 사람들이 성경을 접하지 못하게 함으로써 초래된 폐해가 컸지만, 성경을 어떤 책임감이나 점검, 균형감도 없이 읽고 해석함으로써 초래된 폐해는 그보다 훨씬 더 컸다. 수많은 사이비 종교 의식들과 아마도 소수의 주술 의식들이 사적인 성경 해석에서 비롯되었다. 교회는 성경의 메시지에 주목하고 그것을 적절하게 해석하도록 도와야 한다.

마지막 일들

개혁주의 신학에서 다루어야 할 마지막 주요 교리는 종말론 혹은 마지막 일들에 관한 것이다. 하나님 나라에 관한 3장에서 살펴본 것처럼, 하나님 나라에는 현재적 측면과 아직 임하지 않은 미래적 측면이 있다. 그리스도인들은 미래를 바라보며 현재를 살아야 한다. 어제와 오늘을 넘어서는 실재가 있다. 성경은 하나님께서 우리를 위해 한 미래를 예비해 두셨고, 그것은 하나님께서 계획해 두신 방식대로 그리고 그분의 계획이 완성되는 방식으로 일어날 것이라고 가르친다. 만약 우리에게 이루어져야 할 미래가 없다면 현재 우리가 가진 믿음과 우리가 하는 일은 무의미하다는 느낌이 있다.

그리스도인들은 그들의 신앙 체계에 마지막 일들에 대한 교리를 포함할 필요가 있다. "끝 날의 일"이라는 주제는 창세기에서 계시록까지 성경 전체를 관통하며 성경의 모든 이야기를 하나로 묶어준다. 우리는 이 교리를 이해함으로써 오늘날 사람들이 인생과 운명, 전체로서의 실재에 대해 묻는 질문에 대답하는 일을 더 잘 준비할 수 있다.

누군가에게 마지막 일들의 중요성과 위치에 대해 이해하도록 도울 때, 우리는 극단에 치우치지 않도록 항상 주의해야 한다. 이 교리와 관련하여 온갖 형상적 이미지와 상징에 마음을 빼앗기게 하는 무언가가 있다. 실존주의자들과 같이 모든 것을 과거나 미래가 아닌 지금 이 순간에 두려는 사람들과 하나님의 나라를 오직 이 세상에 관련된 것만으로 보려는 자유주의적 경향을 가진 사람들이 있었다. 다른 한편으로, 특히 오늘날에, "끝 날의 일"에 마음을 다 빼앗겨서 만사를 앞으로 일어날 일에 초점을 맞추는 사람들도 있다. 거의 대부분의 근본주의가 그런 신념을 가지고 있으며, 창조로 시작하여 타락과 구속을 거쳐 최종적으로 완성에 이르는 전체적인 메타내러티브를 보지 못한다. 성경이 그리스도를 처음과 마지막이요, 알파와 오메가이며, 시작과 끝이라고 표현할 때, 이런 표현들은 우리에게 창조와 완성을 생각하게 하려는 의도를 가지고 있다.

종교개혁가들은 그리스도인의 신앙에서 종말론이 중요한 역할을 한다고 믿었지만, 당시에 그들이 구원론에 주목하는 만큼 그것에 대해서 주목하지는 않았다. 하지만 그들은 끝 날의 일에 대한 믿음 없이는 아무 것도 진정으로 조화롭게 맞아 들어가지 않는다는 것을 알고 있었다. 종말론은 제한하거나 한정하는 방식이 아니라, 아직 최상의 것이 도래하지 않았음을 우리에게 알려주는 방식으로 진리의 체계 전체를 완성시킨다. 우리는 하나님께서 새 하늘과 새 땅을 만드실 마지막 날을 기다리고 있다. 그리스도인들은 하나님께서 만물을 원래 의도하셨던 대로 최종적으로 그리고 완전하게 회복하실 것과 이런 일이 이 세대의 끝에 예수님의 재림과 함께 일어날 것을 믿는다. 우리는 역사 속에서 어떤 순환적인 패턴을 관찰할 수 있지만, 역사는 직선적이다. 역사는 최종 목적지를 향해 나아간다. 성경은 창조로 시작되어, 구속을 거쳐, 마지막 때에 만물의 완성까지 이어지는 하나의 거대한 메타내러티브다. 하나님의 이야기에는 시작과 중간이 있으며, 또한 끝이 있다. 그리스도인들에게 있어 그 끝은 행복한 결말이다.

다른 교리와 마찬가지로 이 교리와 함께 우리는 우리에게 진리를 알게 하는 하나님의 말씀에 의지한다. 만약 우리가 올바로 듣고 이해하면, 우리는 종말론 교리를 추측하거나 거부하거나 하나님의 진리 체계로부터 제거하지 않을 것이다. 최종적인 완성에 대한 소망은 가난과 핍박, 불의, 차별, 모든 부당한 일로 인해 고통받는 사람들에게, 그리고 죄와 죽음의 결과로 고통 받고 있는 우리 모두에게 하나님께서 우리로 하여금 선한 싸움을 계속 싸우도록 하기 위해 사용하시는 원동력이다. 사도 요한은 "사랑하는 자들아 우리가 지금은 하나님의 자녀라 장래에 어떻게 될지는 아직 나타나지 아니하였으나 그가 나타나시면 우리가 그와 같을 줄을 아는 것은 그의 참모습 그대로 볼 것이기 때문이니 주를 향하여 이 소망을 가진 자마다 그의 깨끗하심과 같이 자기를 깨끗하게 하느니라" 요한일서 3:2-3고 기록했다. 그리스도께서 다시 오실 그 때, 그분은 그 나라를 성부께 드릴 것이다.

결론

이 장은 기독교의 전통적 교리를 종교개혁 시대의 신학자들이 채택한 순서에 따라 살펴보았지만, 하나님께서는 우리가 종교개혁가들이 살았던 시대와 전혀 다른, 오늘날 세계의 맥락 안에서 이런 교리적 진리들을 믿고, 이해하고, 정교하게 다듬어가기를 원하신다는 것을 깨달아야 한다. 교리는 변하지 않지만 신학, 즉 하나님에 대한 우리의 믿음을 표현하는 방식은 변한다. 우리는 오늘날의 세상에 하나님의 진리를 전하는 일을 계속해야 한다. 제자 삼을 때 우리는 그리스도께서 분부하신 모든 것을 성경적으로 건전하고, 문화적으로 민감하게, 청중을 의식하면서 가르치기를 열망한다. 간단히 말하면, 우리는 말씀(the Word)도 알아야 하고 세상(the world)도 알아야 한다. 존 파인버그(John Feinberg)는 다음과 같이 말한다.

> 조직신학은 성경에 기록된 항구적인 주제들뿐만 아니라 한 시대와 문화 속의 시대적 쟁점들도 다루려고 하기 때문에, 신학은 각 세대에 어느 정도까지는 다시 실행될 필요가 있을 것이다. 성경의 진리는 세대가 달라져도 변하지 않지만, 교회가 직면하는 문제들은 변한다. 다른 시대, 다른 문화에 적합했던 신학은 우리가 처한 문화와 시대의 핵심적인 쟁점들에 대해 아무 할 말이 없을 수도 있다.[14]

제자 삼는 사역에서 우리의 역할은 그리스도인들이 진리와 그 진리가 일상의 삶과 사건들에 주는 시사점을 알도록 돕는 일이다.

제자 삼는 사역에 개혁주의 신학이 왜 필요한가? 제자 삼는 사역에서 우리의 관심은 하나님의 목적에 맞추어져 있어야 한다. 하나님의 목적은 우리가 그리스도를 닮아가고, 그분께서 돌보시는 것을 우리가 돌보도록 만드시는 것이다. 그 일은 건전한 교리에 부합하는 성경적 세계관을 필요로 하며, 건전한 교리는 교리가 곧 삶이고 삶이 곧 교리라는 것이 전달되는 방식으로 가르쳐진다. 이런 일이 일어날 때 우리는 잘못된 방법의 실패와 단점들로 인해 생겨난 추세의 일부가 뒤바뀌는 것을 볼 수도 있을 것이다.

더 깊은 생각과 토론을 위한 주제

1. 기독교는 다양한 사람들로 이루어져 있다. 이 장은 제자 삼는 과정에 개혁주의 신앙이 포함되는 것이 중요하다고 주장한다. 개혁주의 신앙은 제자 삼기 과정에 왜 중요하며, 그것은 하나의 접근법으로서 다른 접근법과 무엇이 다른가?

2. 여기에서 언급된 세 가지 오해가 있다. 그 오해들에 대해서 토론해 보고, 당신이 그런 잘못된 인식 중의 일부 혹은 전부를 경험한 적이 있었는지 판단해 보라. 어떤 상황이나 환경에서 그랬는가? 당신의 반응은 어떠했는가?

3. 이 장은 교리를 어떤 체계 안에서 공부하는 것에 대해 이야기한다. 그렇게 하면 어떤 점이 유익한가? 어떤 한계가 있는가? 우리가 어떤 특정 신학 체계를 대할 때 조심해야 할 점은 무엇인가?

4. 이 장의 초반부에는 말씀을 전하고 가르치는 일의 유효성에 대한 연구들을 인용한다. 그 통계에 대해서 여러분은 어떻게 생각하는가? 여기에서 제안된 내용은 통계에서 언급하는 목표를 제대로 겨냥하는가? 이런 통계에 근거하여 제자 삼는 과정에서 달리 또 고려해야 할 것들은 무엇인가?

5. 이 장은 프로테스탄트 종교개혁, 개인과 성경, 누가 성경을 공부해야 하는지, 성경의 교리, 그리고 성경에 따른 신학에 대해서 언급한다. 교회 각 구성원들은 모두 동등하며 모두가 신학자이고, 또 교리가 삶이라는 생각에 대해서 여러분의 의견은 어떠한가? 이런 주장은 교회 안에서 재능 있는 교사들과 그들의 역할의 중요성을 약화시키는가?

6. 제자 삼는 과정에서 성경의 역할이 얼마나 중요한지에 대해서 여러분의 그룹과 토론하라. 성경을 활용하는 가장 효과적인 방법은 무엇인가? 가장 비효과적인 방법은 무엇인가? 이 과정에서 누가 성경을 사용해야 하는가?

7. 최근에 당신은 어떤 책이나 정기간행물에서 제자 삼는 과정에서 교리와 신학의 중요성을 강조하는 내용을 읽었는가? 그 내용은 무엇인가?

8. 기독교 교리를 가르치는 것과 신학 하는 방법을 가르는 것이 중요한 이유를 몇 가지 들어보라. 고려해야 할 주의 사항에는 어떤 것들이 있는가?

추천도서

Berkhof, Louise, *Manual of Christian Doctrine*. Grand Rapids: Eerdmans, 1965. 『기독교 신학개론』(성광문화사) 방대한 조직신학의 훌륭한 요약서이다.

Erickson, Millard. Does *It Matter What I Believe?* Grand Rapids: Baker, 1992. 이 장에서 다루는 주제들을 읽기 쉽게 강조한다. 훌륭한 저술가인 에릭슨은 자신의 질문에 확실하게 답한다.

_____. *Introducing Christian Doctrine*. Edited by L. Arnold Hustad. Grand Rapids: Baker, 2001. 방대한 기독교 신학의 훌륭한, 피상적이지 않은 요약. 침례교파의 관점으로 쓰여졌지만, 이 책은 기독교적 토대를 구축하는 일에 가치가 있으며 성례에 대한 보조 교재가 될 수 있다.

Grenz, Stanley J. and Roger E. Olson. *Who Needs Theology: An Invitation to Study God*. Downers Grove, Ill.: InterVasity, 1996. 『신학으로의 초대』(IVP) 신학과 교리가 전문가들과 교실 만을 위한 것이 아니라 모든 신자들을 위한 것임을 강조하는 책이다.

Marsden, George M. and Mark A. Noll, *The Search for Christian America*. Westchester, Ill.: Crossway, 1983. 초기 미국과 기독교의 관계에 대한 훌륭한 연구. 그리스도인들이 초기 미국, 미국 독립 혁명, 대각성 운동, 미국의 정치 아젠다와 관련을 맺는 방식에 대해 어떻게 생각해야 하는

Sproul, R. C. *When World Collide*. Wheaton, Ill.: Crossway, 2002. 건전한 교리를 채택하는 것뿐만 아니라 위기의 때 그것을 이용하는 방법을 아는 것이 중요함을 보여주는 소책자이다.

Stevens, R. Raul. *The Other Six Days*. Grand Rapids: Eerdmans, 1999. (전문 사역자와 평신도로 나뉘어지지 않는) 그리스도의 한 몸이라는 주제에 대한 탁월한 책이다.

6장

언약 신학

처음 이 책을 집필하겠다는 계획을 밝혔을 때, 내가 깊이 존경하는 몇몇 사람들은 개혁주의 신학과 언약 신학에 관한 장들을 따로 구분하지 않는 것이 좋겠다고 말했다. 이는 그들이 보기에 이 개혁주의 신학과 언약 신학이 기본적으로 동일한 의미를 가지고 있기 때문이었다. 또 다른 사람들은 만일 두 장으로 나누어 써야 한다면 언약 신학이 개혁주의 신학에 앞서 다루어져야 한다고 했다. 그러나 나는 이 사람들의 제안을 따르지 않고 완전히 반대로 하는 것을 선택했다. 개혁주의 신학은 보다 넓은 범주이고, 언약 신학은 그것의 일부에 해당되지만 동의어는 아니다. 언약은 모든 부분들을 연결하는 접착제이다. 그리고 2장에서 강조한 바와 같이 언약은 우리에게 지식과 진리의 인격적 측면을 되새김하게 한다.

1부의 큰 틀 안에서 이 두 장은 흐름이 자연스럽게 이어지도록 신중하게 계획되었다. 개혁주의적이면서도 반드시 언약적일 필요는 없다거나, 개혁주의적이지 않으면 언약적일 수 없다는 주장이 나올 수 있기 때문에 두 장을 따로 분리하기로 결정한 것은 아니다. 오히려 나는 제자 삼는 사역자들이 개혁주의 신학에 대한 장을 통해 바울이 디도에게 권고한 것처럼 "바른 교훈(교리)에 합당한 것을 말하여" 디도서 2:1 가르치는 일에 구비될 수 있기를 원한다. 앞 장에서 살펴본 바와 같이, 바울의 말은 디도가 훈련시키는 사람들이 미래에 갖추어야 할 제자도의 기술(the art of discipleship)이다. 제자도의 기술은 건전한 교리적 접근방법뿐만 아니라 관계적인 진리가 훈련을 받고 있는 사람들에게 관계적으로 소통되는 것도 필요로 한다. 그래서 이 장은 언약 신학에 관한 것이다.

그리스도인들은 말씀 안에서 가르쳐진 교리의 기본적인 체계를 알고, 이해하며, 그 위에 삶을 세워나가야 한다. 이러한 교리 체계는 그 자체로 목적이 아니라 하나님과 다른 사람, 그리고 우리를 둘러싼 세계와의 관계를 보다 깊게 만드는 수단이다. 언약 신학은 하나님께서 우리와 세계를 언약에 근거하여 다루고 계심을 일깨워 준다. 앞으로 이에 대한 자세한 내용들을 살펴보겠지만, 지금 여기서 중요한 핵심은 창조세계 위에 계신 하나님께서 또한 창조세계에 매우 깊이 관여하시는 분이라는 것이다. 현재의 많은 동양적 사고가 그러한 것처럼 하나님을 피조물의 모든 측면과 동일시하려는 범신론자들(pantheists)이나, 하나님이 계시긴 하지만 그가 창조하신 세계에 일상적으로 관여하지는 않는다고 믿는 이신론자들(deists)과 달리, 우리는 하나님께서 인격적인 하나님이라는 것을 믿는다. 하나님은 그분의 형상대로 만들어진 사람은 물론 그 외의 다른 모든 창조세계와도 관계를 맺고 계신다. 그분께서는 우리에게 언약이라는 방법을 통해 관계를 맺기로 결정하셨다는 사실을 말씀하신다. 그러므로 우리는 교리를 포함한 모든 진리를 언약의 관점에서 이해해야 한다. 진리는 우리의 삶에 인격적으로 닿아있어야 하며 우리와 하나님, 우리 서로 간, 그리고 우리가 살고 있는 이 세계와 관계를 맺는 방식에 영향을 주어야 한다. 그렇지 않다면 우리는 진리를 바르게 이해하지 못한 것이다.

인식론에 관한 2장에서 하나님과 실재에 대한 지식이 하나님께서 객관적으로 드러내신 진리에 기초하고 있지만, 그분은 우리가 그분과 그분의 진리를 인격적으로 알도록 작정해 두셨기 때문에 우리는 그분의 진리를 순전히 객관적으로 알 수 없다고 했다. 실제로 우리가 그런 인격적 지식을 가지고 있지 않다면 우리는 참으로 아는 것이 아니다.

하나님 나라에 대해 다룬 3장에서 우리는 창조세계 안에 있는 모든 것이 그분께 속하였다는 것을 살펴보았다. 그는 통치하시는 왕이다. 하나님께서 통치권을 주장하지 않으시는 삶의 영역은 없다. 하나님께서는 당신이 주도하시고 제정하신 언약의 조건에 기초하여 관계적으로 통치권을 행사하신다. 하나님은 지극히 인격적이고 친밀한 방식으로 그분의 백성들과 관계를 맺으신다.

4장에서는 성경적 세계관에 주목하였다. 하나님을 믿는 믿음은 우리 삶의 모든 영역에서 힘을 발휘해야 한다. 이제 살펴보게 될 내용과 같이, 하나님은 언약을 통해 우리와 관계를 맺기로 결정하셨을 뿐만 아니라, 언약을 처음 제정하신 분이시다. 그분께서 언약의 틀을 세우셨다. 하나님은 언약과 관련된 조건들을 결정하고 약속의 내용을 제정하셨다. 하나님께서 스스로를 지칭하실 때 가장 많이 사용하는 표현이 주(Lord)인데, 이는 언약과 관련된 칭호이다. 만약 그리스도인들이 언약 개념을 이해한다면 교회사 전반에 걸쳐 일어났던 "주재권 논쟁"을 다소간 피할 수 있을 것이다. 삶의 어떤 영역도 하나님의 주재권에서 벗어나지 않기 때문에, 우리는 그분이 "친히 만물의 으뜸이 되려"^{골로새서 1:18} 하신 모든 영역에서 그리스도인답게 생각하고 살아가는 것을 배워야 한다. 언약 개념과 친숙해지면 우리는 삶 전체에서 이 진리가 영향을 미치는 것을 볼 수 있다. 왜냐하면 언약은 우리의 주 하나님뿐만 아니라 다른 사람들, 그리고 우리를 둘러싼 세계와의 관계에 영향을 미치기 때문이다.

개혁주의 신앙을 다룬 5장에서는 하나님께서 말씀과 성령을 통해 우리가 알고 행하게 하시려는 것들을 계시하신다는 것에 대해 살펴보았다. 언약이라는 관점에서 신학을 이해하는 것은 우리에게 주재권 논란을 피할 수 있게 해줄 뿐 아니라, 율법과 복음, 혹은 율법과 은혜가 대립하지 않고 어떻게 서로 잘 들어맞는지를 이해하는 데 도움을 줄 것이다. 칼뱅주의적 개혁주의 관점에 따르면 은혜와 율법 모두 그리스도의 복음에 포함된다.

언약 관점은 프로테스탄트 종교개혁 제1기와 제2기, 다시 말해 루터파(독일)와 칼뱅파(프랑스와 스위스) 사이의 중요한 차이점이다. 하나님께서는 택하신 백성, 이스라엘에게 율법을 주셨지만, 율법이 언약에 참여하기 위한 수단으로 주어진 것은 아니었다. 하나님께서는 타락 이후 언약에 들어가는 것은 오직 그리스도께서 행하신 일에 근거해야 가능하다는 점을 분명히 하셨다. 그때나 지금이나 율법은 단지 집단적으로나 개별적으로, 그분의 백성들을 향한 하나님의 뜻을 기록된 형태로 표현한 것이다. 언약이라는 맥락 안에서 율법을 이해하는 일은 결정적으로 중요하다! 그렇지 않으면 많은 사람들이 그랬듯이 우리는 율법이 언약 관계에 들어가는 수단이며, 율법을 범하는 것은 우리를 언약 밖으로 밀어낸다고 믿는 실수를 범하게 된다.

언약 개념은 율법이 단지 법 체계가 아니라 그 전부터 있었던 관계를 함축하고 있다는 것을 상기시켜준다. 주님과 창조세계, 특별히 그분의 택하신 백성들과 맺은 관계는 율법을 주신 것을 포함한 다른 모든 일들에 선행한다. 그러므로 율법은 하나님과 관계를 맺기 위해 의도된 것이 아니라, 어떻게 그 관계를 유지하고, 발전시키며, 경험할 수 있을지 안내하기 위한 것이다. 하나님께서는 그분의 창조세계, 특별히 그의 형상을 가진 자들과 관계를 맺는 통치하시는 주로서 우리가 그분과 지속시켜야 할 관계의 종류에 대해 말씀하신다. 그러한 요구 조건들은 은혜의 맥락 안에 들어 있는 것이다. 우리는 관계에 있어서 하나님의 율법을 은혜보다 앞서는 것으로 이해해서는 절대 안된다. 타락 이전에 은혜는 사람들을 순종할 수 있게 하였으나, 타락 이후에 은혜는 우리를 위해 언약을 계속 붙들고 계시는 그리스도 안에 나타난다.

나는 언약에 대한 칼뱅주의적 개혁주의의 관점이 다른 관점보다 더 일관되게 성경적이라고 믿는다. 왜냐하면 장 칼뱅과 제2의 종교개혁은 삶에 대해서 보다 총체적 관점을 취하고 있으며 구원론 영역의 주제뿐만 아니라 하나님의 주권, 언약, 율법과 같은 주제들도 포함하고 있다. 이 책의 초반에 밝힌 바와 같이, 오늘날 제자를 삼으려는 우리의 노력을 저해하는 약점 중에 하나는 그리스도인의 삶을 총체적인 관점으로 보는 일에 실패한 것이다. 예를 들어 로버트 워쓰나우는 그의 책 『교회의 위기』(*The Crisis in the Churches*) 서문에서 교회가 청지기 의식에 대한 성경적인 개념을 가르치는 데 실패한 이유는 삶의 모든 영역에서 그리스도의 주되심을 가르치는 일에 실패한 것과 직접적인 관련이 있다고 말한다.[1]

우리는 언약의 개념을 요약된 형태로 살펴보고 하나님께서 사람들과 관계를 맺을 때 언약을 어떻게 사용하시는지 살펴볼 것이다. 거기서부터 우리는 어떻게 언약적 관점이 성경 시대의 사람들을 인도했는지 살펴볼 것이고, 최종적으로 우리가 하나님과 맺는 관계, 하나님께서 우리와 맺는 관계, 우리가 서로 간에 맺는 관계를 이해하기 위해 우리가 언약 신학으로부터 배울 점에 대해서 살펴볼 것이다. 이 언약의 개념은 하나님께서는 인격적인 분이시기 때문에 우리와 관계를 맺을 수 있지만, 주권적인 주님이시기에 오로지 그분의 뜻에 의거해서만 그럴 수 있다는 것을 알게 해 준다. 우리는 또한 하나님의 뜻에 의거하여 다른 사람들과 관계를 맺는다. 따라서 언약이라는 개념은 하나님과 사람 사이에 세워진 상세한 법률적 계약이 아니라 양쪽 모두의 사랑의 헌신을 요구하는 생동하는 관계이다.

언약 개념

『은혜의 언약』(*Covenant of Grace*)에서 윌리엄 헨드릭슨(William Hendriksen)은 "은혜의 언약 교리에 대한 관심을 다시 불러 일으키는 것이 필요하다. 우리의 소중한 젊은이들은 '언약의 자녀'가 되는 것이 어떤 의미인지를 반드시 알아야 한다"고 말한다.[2] 우리의 어린이들과 청소년들이 언약에 대해 알아야 할 필요가 있다. 그러나 그것은 성인들도 마찬가지다.

제자를 구비시키고 가르치고 훈련시킬 때, 하나님께서는 이 언약이라는 주제를 중요한 자리에 두기를 원하시지만 우리가 늘 그렇게 하지는 못한다. 언약의 개념을 그리스도인의 삶에 대한 교육의 과정에 담아내는 일에 실패하는 것은, 신자들이 다른 방법으로는 이해할 수 없는, 하나님, 그분과의 관계, 다른 사람들과의 관계를 이해하도록 돕는 근본적인 진리를 박탈하는 것이다. 나는 내 아버지가 노년에 그리스도께 헌신한 후에 성경을 공부하고 가르치며 언약 신학에 대해 이해하기 시작했을 때 그가 보였던 흥분과 고백을 기억한다. 나는 그가 주일학교에서 가르치는 것을 그만 둔 후에, 주님께로 돌아가시기 전에 우리가 함께 나누었던 마지막 대화를 기억한다. 아버지는 죽기 전 하고 싶은 일이 딱 하나 있는데, 그것은 그의 주일학교 학생들에게 언약 신학을 가르치는 것이라고 말씀하셨다. 언약 신학은 그의 삶과 증거들을 대단히 풍성하게 했다.

언약에 대해서 이야기할 때, 일반적으로 언약은 개인적인 방식으로, 즉 하나님께서 나와, 그리고 내가 하나님과 어떤 관계를 맺는지에 초점이 맞춰진다. 개인에게 초점을 맞추는 것은 서구적 사고방식에 어울리지만, 언약은 이보다 훨씬 광대한 개념이다. 하나님께서 나와, 그리고 내가 하나님과 어떻게 관계를 맺는지가 매우 중요한 문제이긴 하지만, 하나님께서 우리와, 그리고 이 세계와 관계를 맺으시는 언약적 방식을 이해하는 것은 단순히 하나님과 나 사이에서 일어난 일을 넘어서 그 이상의 이야기라는 것을 우리에게 알려준다.

웨스트민스터 신앙고백에는 "인간과 맺는 하나님의 언약"에 대하여 진술한 탁월한 장이 있지만, 그 초점은 하나님과의 개인적인 관계에 맞추어져 있다. 물론 이 문서의 다른 곳에서 공동체의 집단적 측면을 다루고 있지만, 언약이 하나님과 우리의 개인적 관계를 가리킬 뿐만 아니라 가족적 측면도 가지고 있다는 생각을 전면에 내세워 강조했더라면 더 좋았을 것이다. 물론 이 신앙고백은 과거 수백 년 동안 우리 문화 속에서 드러나는 개인에 대한 강조보다 먼저 생겨난 것이다. 그런 이유로, 이것이 만들어질 당시에 언약의 공동체적인 본질은 오늘날 우리에게 그러한 만큼 중요한 문제가 아니었다.

내가 소속한 미국 장로교단(the Presbyterian Church in America)을 포함해서, 대부분의 장로교회에서 언약의 징표로서 유아세례가 시행될 때, 목사는 아이의 부모에게 몇 가지 질문을 한다. 그러나 마지막 질문은 전체 회중을 향하여 묻는다. "그대들은 한 회중으로서 부모가 이 자녀를 그리스도의 훈계로 양육하는 일에 조력하는 책임을 감당하시겠습니까?" 언약 사상은 가족 개념을 포함하는데, 이것이 직계 가족을 의미하지는 않는다. 세례는 개인에게 베풀어지는 것이지만 오직 믿음의 공동체라는 맥락 안에서만 시행된다.

언약 신학은 구원론 혹은 구원에 대한 연구에만 초점을 맞추지는 않는다. 칼뱅파 종교개혁자들에게 언약은 보다 넓은 체계의 일부이다. 조직신학의 여러 전통들은 이 넓은 체계를 간과하는 경향이 있다. 물론 헤르만 바빙크, 게르할더스 보스, 메레디스 클라인과 같이 보다 넓은 관점을 견지해 온 사람들도 있었다.

게르할더스 보스는 언약 개념이 왜 개혁주의 신학에서 확연히 두드러져 보이는지 그 이유를 다음과 같이 설명한다. "언약의 교리는 성경에서 취해진다. … 개혁주의 신학은 가장 깊은 근본적 사상에서 성경을 취하기 때문에, 이 중심점으로부터 더욱 성경을 통한 입장을 세워야 하고, 그리고 성경 내용의 각 부분을 잘 정리하여야 한다."[3] 언약은 제자 삼는 사역에서 핵심적인 부분이 되어야 한다. 제자 삼는 과정에서 언약이 무시되거나 간과되어서는 안된다.

언약을 드러내시는 하나님의 방법

이제 우리는 언약의 구체적인 내용들을 살펴보고자 한다. 하나님은 사람과, 사람은 하나님과 언약이라는 방법을 통해서 관계를 맺는다. 언약은 타락 이전과 이후 모두에서 관계가 표현되는 방식이다. 보스는 다음과 같이 말한다.

> 만약 인간이 타락 이전에 이미 하나님과의 언약 관계 안에 서 있었다면, 언약 사상은 구속의 사역에서도 가장 두드러지게 드러날 것이다. 하나님께서는 자신이 제정하신 율법을 단순하게 무시하실 수 없으며, 오히려 인간의 죄와 배반에도 불구하고 율법을 성취하심으로 그분의 영광을 나타내신다. … 구속의 언약은 하나님의 주권적인 뜻에서 기원하였음에도 불구하고, 구속 사역이 언약의 방법을 통해 이루어진 자유 행위의 실행을 발견한다는 사실의 증거이다.[4]

태초에 하나님께서 사람을 만드셨을 때, 창조주와 피조물의 관계를 정하시고, 사람과 언약을 세우심으로써 인격적인 관계를 만드실 것을 선택하셨다. 하나님께서는 아담에게 우리가 행위 언약이라고 알고 있는 것을 계시하셨다. 행위 언약을 이해하는 것은 은혜의 언약만큼이나 관계를 이해하는 데 있어 핵심적이다.

언약에 대한 칼뱅주의와 개혁주의의 이해가 독특한 점이 바로 이것이다. 어떤 사람들은 하나님께서 아담을 창조하시고 그를 동산에 두셨을 때, 모든 것을 온전한 상태로 그에게 주셨다고 가르쳤다. 이는 둘째 아담으로서 그리스도께서 $^{로마서\ 5:12-21}$ 하시는 일이 우리를 완벽하고 온전한 원래의 상태로 회복시켜 주시는 것임을 의미한다. 하지만 언약의 약속에 기초하여 만일 아담이 하나님께 순종하고 언약을 잘 지켰다면 아담과 그의 자손들을 위해 훨씬 더 풍성한 일들이 마련되어 있었을 것이다. 구체적으로, 하나님께서는 에덴동산에서 단 하나를 제외한 모든 나무의 실과를 먹을 수 있다는 언약의 조건을 말씀하셨다. 그 나무의 열매를 먹어서는 안된다. 그 금지 조항은 인간이 넘어서거나 무시해서는 안되는 언약의 경계가 되었다.

조건이 없는 언약은 의미가 없다. 행위 언약에서 조건은 하나님의 명령에 순종하는 것이었다. 헤르만 바빙크는 순종의 결과가 어떠했을지 다음과 같이 말한다. "아담은 하나님의 형상대로 지음을 받았지만, 지음받은 즉시 가장 완전한 의미에서 하나님의 형상이지는 않았으며, 자체적으로 그리고 자력으로 하나님의 형상이지도 않았다. 하나님의 형상 안에 담겨 있는 이생과 장래에 대한 인간의 운명을 숙고하지 않으면 우리는 온전히 풍성한 의미의 하나님 형상을 가지고 있는 것이 아니다."[5]

이 언약 개념을 이해하는 것은 하나님께서 자신을 우리와 결속시키시고, 스스로를 낮추시며, 그분의 명령에 순종하는 조건 위에 위대한 약속을 주시기로 하신 하나님의 자발적인 의지의 놀랍고도 경이로운 면을 보여준다. 달리 말하면, 하나님께서 아담에게 말씀하신 것은 "우리는 이 언약의 기초 위에서 서로 관계를 맺는다. 이 언약의 조건은 순종, 곧 실천하는 행위이다. 네가 만일 나에게 순종하고 언약을 지킨다면, 나는 영원한 생명과 완전한 행복이라는 복을 너에게 줄 것이다." 순종의 보상으로 하나님께서는 아담에게 영원한 생명과 가장 풍성한 삶을 약속하셨다. 반대로 하나님께서는 아담에게 만약 언약을 파기할 경우 그는 원래 약속된 완전함을 이루지 못하고 반드시 죽게 될 것이라고 말씀하셨다.

창세기 전반부와 이후 신구약 전체에 걸쳐 관련된 하나님의 말씀을 읽을 때, 우리는 아담이 하나님과의 언약을 지키지 않았다는 사실을 보게 된다. 그는 선악을 알게 하는 나무의 실과를 먹음으로 인해 하나님께서 정하신 조건을 어겼다. 이러한 불순종의 결과, 아담은 그 자신과 모든 후손들을 위한 약속과 언약의 풍성함을 박탈당하고 말았다. "아담 안에서 모든 사람이 죽은 것 같이 그리스도 안에서 모든 사람이 삶을 얻으리라" 고린도전서 15:22

불순종의 순간에 아담은 하나님께서 그와 세우신 언약을

지킬 수 있는 능력을 상실하였다. 그는 영적인 죽음을 경험하기 시작했다. 그러나 그의 불순종이 행위 언약을 무효화시킨 것은 아니라는 것을 이해해야 한다. 앞서 살펴본 바와 같이, 하나님의 언약은 영원히 지속되는 언약이다. 그러므로 이제 인간에게 행위 언약을 지킬 수 있는 능력이 없어도, 하나님께서는 여전히 사람들이 구원을 받고 영원한 생명을 누리기 위해 언약에 대한 완전한 순종을 요구하고 계신다. 이것이 바로 죄로 인해 타락한 인간이 여전히 행위를 통해 구원을 얻거나 이루려는 충동을 느끼는 한 가지 이유가 될 것이다. 순종은 여전히 그분의 백성들을 향한 하나님의 계획에서 가장 핵심적인 부분이다. 순종은 제자 삼는 과정에서 반드시 강조되어야 한다.

은혜의 언약으로 들어가기

웨스트민스터 신앙고백은 다음과 같이 진술하고 있다.

사람과 맺으신 첫 언약은 행위 언약이었는데, 거기에서 완전한 개인적 순종을 조건으로 아담과 그 안에서 그의 후손들에게 생명이 약속되었다. 사람이 타락으로 말미암아 그 언약으로는 생명을 얻을 수 없게 되었으므로, 주께서는 일반적으로 "은혜 언약"이라고 불리는 둘째 언약을 맺기를 기뻐하셨는데, 그 언약에 의해 주님은 죄인들에게 예수 그리스도로 말미암는 생명과 구원을 값없이 주시고, 그들에게 구원 얻도록 그리스도를 믿으라고 요구하시며, 영생하도록 작정된 모든 사람에게 기꺼이 믿게 하시고 또 믿을 수 있도록 그분의 성령을 주시기로 약속하셨다. 웨스트민스터 신앙고백 7.2-3

그리스도인들은 신앙 생활을 시작할 때부터 그분과 함께 영원한 생명과 복을 누리려면, 하나님께서 여전히 완전한 순종을 요구하고 계신다는 것을 이해해야 한다. 하지만 아담이 죄를 지었을 때, 그와 그의 자손들은 행위 언약이 요구하는 완전한 순종을 할 능력을 잃어버렸다. 사람은 영적으로 죽었다. 사람은 언약을 지킬 수 있는 능력을 잃었지만, 하나님께서는 여전히 그 언약에 대한 책임을 사람에게 지우신다. 바로 이 지점에서 하나님께서는 아담을 죄로부터 구원하시려는 그분의 계획을 드러내셨다. 창세기 3장 15절에서 그분의 아들 그리스도께서 이 땅에 오셔서 우리 편에서 우리의 죄 값을 치르고, 그렇게 함으로써 우리가 행위의 언약을 범해서 잃어버린 모든 약속들을 다시 얻게 된다는 하나님의 은혜의 언약이 처음 모습을 드러낸다. "내가 너[뱀]로 여자와 원수가 되게 하고 네 후손도 여자의 후손과 원수가 되게 하리니 여자의 후손은 네 머리를 상하게 할 것이요 너는 그의 발꿈치를 상하게 할 것이니라" 원수는 전체 구약 시대를 통해 각 시기마다 다른 모습으로 나타나지만, 성경이 새 언약이라 부르며 우리 마음에 기록될 은혜 언약의 각 단계들은 그리스도의 오심으로 완전한 성취에 이르게 된다.

은혜의 언약은 창세기의 시작에 나타난 인간의 타락 이후에 구원을 위한 단 하나의 길만 있음을 우리에게 상기시킨다. 구원은 더 이상 사람의 행위로는 얻을 수 없다. 그러나 언약 개념을 이해하면 하나님께서 언약 안에서 당신의 말씀을 반드시 지키신다는 것을 알게 된다. 그러므로 하나님께서는 그리스도가 개입하도록 계획하셨고, 마지막에 택함을 받은 사람들이 그리스도를 믿고 그리스도께서 이 세대의 끝에 다시 오실 때까지 심판을 유예하고 계신다.

사도 바울은 "아담 안에서 모든 사람이 죽은 것 같이 그리스도 안에서 모든 사람이 삶을 얻으리라" 고린도전서 15:22 고 말한다. 하나님께서는 우리를 대신하여 언약을 지키시고 그것에 기초하여 우리를 우리 죄에서 구원하시기 위해서, 그분의 아들, 삼위일체의 제2위격이신 주 예수 그리스도를 보내셨다.

6장 언약 신학   235

그분께서는 율법을 완전히 지키셨다. 그러므로 바울은 빌립보의 간수들과 우리에게 "주 예수를 믿으라 그리하면 너와 네 집이 구원을 받으리라"사도행전 16:31고 말할 수 있었다. 이제 우리는 이 과정을 신중하게 따라야 한다. 하나님께서는 전체 인류와 행위의 언약을 세우셨다. 그 언약은 하나님의 요구 조건을 여전히 가지고 있다. 하지만 죄인인 인간은 그 요구 조건을 충족할 능력이 없다. 그러므로 하나님께서는 그의 택하신 백성과 두 번째 언약을 맺으셨다. 그분께서는 우리를 위해 예수 그리스도께서 우리 스스로는 할 수 없는 일을 대신 하도록 그분을 보내셨다. 그리스도의 오심은 사람과 맺은 하나님의 언약의 신실성과 지속성을 보장한다. 그리스도께서는 특별히 십자가 위에서 자신을 희생하는 것과 함께 그분의 완전한 순종의 삶을 통해서 이것을 성취하신다. 그분은 자신의 희생을 통해 우리의 구속을 이루어 내셨다. 이제 우리는 우리 자신의 의로운 행위로 구원을 받는 것이 아니라, 그리스도의 나심과 삶, 죽음, 그리고 죽은 자로부터 부활을 통한 그분의 사역을 근거로 구원을 받는다.

이 은혜의 언약은 우리가 구원받을 수 있는 유일한 수단이다. 웨스트민스터 신앙고백은 은혜의 언약조차도 우리에게 요구 사항과 조건이 있다고 진술한다. 그것은 우리가 주를 믿고 순종하는 것이다. 그러나 이 말은 마치 행위 언약의 합의처럼 들리지 않는가? 그렇다. 우리는 우리 자신의 조건을 충족할 능력이 없지만, 예수 그리스도께서 오셔서 그분의 은혜로 말미암아 우리를 위하여 행위의 언약을 지키실 뿐만 아니라 우리가 자발적으로 그분을 믿고 복종할 수 있도록 만든 사실을 제외하면 말이다. 그리스도께서는 우리가 죄 때문에 얻을 수 없었던 것을 우리를 위해 얻으셨다. 그 결과, 그분의 은혜로 말미암아 우리는 영생을 얻게 되었다.

윌리엄 헤인즈(William Heyns)는 이렇게 말한다. "은혜의 언약에는 다음과 같은 특별한 특징이 있다. 그것은 일방적이고, 파기 불가능하며, 무조건적이다."[6] 은혜의 언약은 그리스도께서 조건을 세우시고 그 조건을 홀로 충족시키심으로 이루어졌다는 의미에서 일방적이다. 이 언약은 하나님께서 창세기 17장 7절에서 영원한 언약이 될 것이라고 말씀하신대로 파기 불가능하다. 그것은 결코 깨지지 않는 영원한 언약이며 또한 무조건적인 언약이기도 하다. 헤인즈는 "이처럼, 은혜의 언약은 일반적으로 언약의 '조건들'이라 불리는 것이 있음에도 불구하고, 무조건적인 언약으로 지정되었다"[7]고 말한다. 행위의 언약과 달리, 은혜의 언약으로서 이 언약은 구원을 얻기 위한 조건이 없다. 언약의 의무(obligations)라고 불렀으면 더 좋앉겠지만 헤인즈는 믿음과 순종을 은혜 언약의 조건이라고 정확히 지적하고 있다. 그러나 의무라고 해도 우리는 우리의 힘만으로 그것을 지킬 수 없다는 것을 알아야 한다. 하지만 은혜 언약에서 약속의 일부는 그리스도께서 뜻하셔서 그러한 의무들을 지킬 수 있도록 우리에게 능력을 주시는 것이다.

복음을 하나님의 은혜의 수단이라고 할 때, 이것은 단순히 "너희는 그 은혜에 의하여 믿음으로 말미암아 구원을 받았으니 이것은 너희에게서 난 것이 아니요 하나님의 선물이라 행위에서 난 것이 아니니 이는 누구든지 자랑하지 못하게 함이라" 에베소서 2:8-9는 의미다. 은혜의 언약 안에서 그리스도께서는 우리를 대신하여 죽으심으로 죽을 수밖에 없었던 우리들에게 구원을 베풀어 주시며, 그리하여 태초에 하나님께서 약속하신 복된 상태로 회복시켜 주신다.

추천 도서들에서도 볼 수 있는 바와 같이, 하나님께서는 이 언약을 전체 구약과 신약의 역사에 걸쳐서 다양한 방식으로 드러내셨다. 신약 성경은 하나님께서 예레미야 31:31-34를 통해 약속하신 새 언약, 즉 우리 마음에 기록된 언약을 우리를 위하여 그리스도 예수로 말미암아 세우셨다고 말한다. 이것은 히브리서 기자가 6장에서 우리를 언약의 상속자 혹은 약속의 상속자로 부를 때 염두에 두었던 것이기도 하다.

은혜의 언약 안에서 하나님께서 우리를 위해 행하신 일들 외에 우리가 보아야 할 것이 두 가지 더 있다. 첫째, 그분은 우리의 하나님이실 뿐만 아니라 우리 후손들의 하나님이시기도 하다. 그분의 약속은 우리와 우리의 자녀들을 위한 것이다. "이 약속은 너희와 너의 자녀와 모든 먼 데 사람 곧 주 우리 하나님이 얼마든지 부르시는 자들에게 하신 것이라 하고" 사도행전 2:39 둘째, 하나님께서는 조상 아브라함에게 이 약속이 누구에게까지 분명하게 계시될지 말씀하셨다. "내가 너로 큰 민족을 이루고" 창세기 12:2a, "보라 내 언약이 너와 함께 있으니 너는 여러 민족의 아버지가 될지라" 창세기 17:4

은혜의 언약은 우리뿐만 아니라 우리의 후손들에게도 동일하게 적용된다. 그것은 "모든 민족과 종족과 방언과 백성" 요한계시록 14:6을 포괄한다. 이 언약의 약속은 그리스도 안에서 택함 받은 사람을 위한 것으로, 그들은 온 세계 도처에서 발견된다. 따라서 예수님의 대위임령 마태복음 28:18-20은 온 세계를 향한 것이다.

다스리시는 주로서 하나님께서는 언약의 조건들을 설정하시고, 경고와 약속을 우리에게 주셨다. 먼저 우리는 사람이 영원한 생명을 얻고 하나님과 함께 복을 누리는 아담과 맺은 행위의 언약을 보았다. 또한 사람이 어떻게 그 언약을 지키지 않았고, 그리하여 하나님께서 경고하신 불순종에 따른 죽음을 실재로 경험하였음을 보았다. 그리고 그리스도께서 우리를 위하여 언약을 지키시기 위해 오셨고, 원래 행위의 언약에서 하나님께서 약속하셨던 것을 우리에게 보장해주는 은혜의 언약을 세우셨음을 보았다. 그리스도는 자신를 희생하는 구속의 사역을 통해 우리를 위해 구원을 이루셨고, 따라서 우리에게 그분의 명령을 믿고 순종할 수 있는 능력을 주셨다. 그리고 우리는 언약이 우리뿐만 아니라 우리의 자녀들과 세계 모든 열방에서 택함을 받은 자들을 위한 것임을 보았다. 우리가 알고 있는 하나님의 십계명은 여전히 우리가 그분의 명령에 복종할 때 그분의 뜻을 우리 삶에 적용하도록 돕는 도덕적 지침이다. 율법은 결코 우리의 구원을 위한 수단으로 계획된 것이 아니다.

언약과 관련하여 몇 가지 적용할 점들

최근 한 결혼식의 주례를 서면서 나는 하나님은 강압적이지 않고 자유롭게 그분의 백성과 관계를 맺으시는 언약의 하나님이심을 설명하였다. 우리는 언약을 통해서 하나님과 관계를 맺는다. 그런 후에 나는 우리가 언약에 의해 결혼한다는 하나님의 말씀을 설명하였다.^{말라기 2:14, 잠언 2:17} 결혼의 언약을 이해하려면, 하나님과 그분의 백성들 사이에 맺은 언약에 대해 이해해야 한다. 실제로, 예수님은 우리가 언약의 신비를 이해하는 것을 돕기 위해 결혼을 사용하신다. 나는 하나님과 우리가 맺은 언약이 우리와 배우자 간의 언약적 관계를 위한 하나님의 모범이라는 것을 설명하였다.

또한, 언약 개념이 하나님께서 우리와 맺는 관계, 그리고 우리가 그분과 어떻게 관계를 맺는지에 대한 배경을 형성하기 때문에, 이 수직적인 관계도 그분의 말씀에 따라 우리가 다른 사람들과 관계를 맺는 방식, 그리고 우리 주변 세상과 관계를 맺는 방식에 영향을 미친다. 예를 들어, 구약에서 "언약"(*berith*)은 사람들 간에 맺는 협정(arrangements)으로 기술되곤 한다. 성경에서 언약들은 종교적으로 깊은 의미를 함축하고 있는데, 이는 그런 언약들이 하나님께서 우리와 수직적으로 맺으시는 관계를 수평적으로 반영하고 있음을 의미하기 때문이다. 그리고 언약을 깨뜨리면 벌을 받을 것이라는 생각과 함께 그들이 세우는 언약의 증인으로서 하나님을 부르는 것은 언약 의식의 정상적인 과정이었다. 고든 스파이크만(Gordon Spykman)은 이것을 다음과 같이 설명한다.

언약은 모든 성경적인 종교의 기반이자 틀이다. 언약 종교는 모든 인간관계들과 사회적 소명을 지탱하고 있는 근본적인 구조들을 정의한다. 그것은 지상의 모든 기구들, 결혼, 학업, 노동, 사회봉사, 과학, 예술 그리고 정치까지 포함한다. 비록 우리가 아담 안에서 우리의 소명을 배신했지만 하나님은 언약을 폐기하지 않으셨다. 그 대신 그분은 그 언약을 지키기 위해 은혜 속에서 인간들에게 개입하셨고, 인간들과의 교제를 되살리기 위해 구원 역사의 긴 여정을 만들어 놓으셨다. 언약 역사는 끝이 없는 이야기이다. 그것은 하나님이 이스라엘을 다루시는 방법뿐만 아니라 그분이 오늘날과 미래의 기독교 공동체를 다루시는 방법을 포함한다.[8]

그러므로 구약 성경은 개인이나 가정들 사이에 세워지는 수많은 언약의 사례들을 보여준다. 예를 들어, 아비멜렉은 아브라함이 자신에 대해 어떤 마음을 가지고 있는지 확신할 수 없었기 때문에, 아브라함이 그와 그의 자녀들에게 거짓되게 행하지 않겠다고 맹세하는 언약을 요청했다.^{창세기 21:23} 아브라함과 아비멜렉은 함께 언약을 맺었으며^{창세기 21:27} 이것은 한 번 더 언급된다.^{창세기 21:32}

창세기 31장에서 라반과 야곱은 서로 간의 긴장과 의심을 해소하고자 언약을 맺었다. 그들은 돌을 언약의 상징으로 삼았고, 합의의 표시로 함께 음식을 먹었다. 성경 시대에 음식을 함께 먹는다는 것은 자주 언약을 맺는 것과 연결된다. 사무엘상 18장 3절에서 다윗과 요나단은 언약을 맺었다(사무엘상 23장 18절에도 언급된다). 동등한 국가 간에, 그리고 지배국과 피지배국들 간에 언약을 맺었다. 짐승을 희생하는 것은 언약을 인준하는 상징으로 사용되었다.

이런 몇 가지 사례들만으로도 서명과 날인을 동반한 언약이 성경에서 보편적으로 나타나고 있다는 사실을 보여주는데 충분하다. 그러므로 언약을 세례와 성찬이라는 서명과 날인과 연결 시키는 것은 별로 어렵지 않다. 세례와 성찬은 언약적 의식이다.

헨리 뷔스(Henry Buis)는 언약의 몇 가지 중요한 성격을 다음과 같이 진술한다.

> 언약적 관계는 의무로서 신실함을 요구하는 법적 측면을 강조하지만, 결혼 관계와 같이 관련 당사자들 간에 사랑하는 관계, 계속적인 사귐을 수반하는 합의이다. 사실, 구약에서 사용된 따뜻하고 다정한 감정이 담긴 "사랑"이라는 단어(*chesed*)는 독특하게 언약과 관련되어 있기 때문에 어떤 학자

들은 특별히 그것을 언약적-사랑(covenant-love)이라고 부른
다. 성경에서 하나님은 자주 신실하게 반응하는 사람들에게
언약(*berith*)과 언약적 사랑(*chesed*)을 지키시는 분으로 묘사
되고 있다.

성경에 나타난 언약 사상은 또한 교회에서 자주 발견되는 극
단적인 개인주의에 대항한다. 그리스도인의 삶은 개별적인
인간 내면과 관련될 뿐 아니라, 개인적인 그리스도인으로서
하나님과 맺는 관계, 그리고 하나님과 동일한 언약을 맺은
회원인 다른 그리스도인들과의 관계와 관련을 가진다. 성경
적 언약은 고립된 개인과 맺는 것이 아니라, 언제나 개인으
로 이루어진 하나님의 백성이라는 집단과 맺는 것이다.[9]

언약 사상이 성경 속에 너무나 깊고 충만히 배어 있어서
더흐라프(S. G. DeGraaf)는 성경을 언약적으로 가르치는 주일
학교 교사들을 돕기 위해 쓴 네 권으로 된 저서의 제목을 『약
속 그리고 구원』(크리스챤서적, *Promise and Deliverance*)이라고
붙였다. 그는 모든 성경의 이야기는 언약을 세우시는 하나님
에 관하여 말하고 있다는 확신을 가지고 어린이들에게 성경 이
야기를 가르칠 때 추구할 세 가지 목표를 제시한다.

1. 성경은 하나님의 자기계시라는 사실을 강조하는 것
2. 중보자이신 예수 그리스도를 통하여 하나님께서 자신을 계시하는 것을 보여주는 것
3. 하나님께서 그의 백성들에게 찾아오시는 유일한 길로써 언약을 강조하는 것 [10]

따라서 성경을 읽을 때 우리는 하나님께서 그 자신에 대해 계시하시는 바가 무엇인지, 중보자로서 자신에 대해 계시하시는 바가 무엇인지, 그리고 그의 백성과 맺은 언약 안에서 자신을 어떻게 계시하시는지 알아내기 위해 노력해야 한다.

주님의 일, 특별히 하나님의 구원하시는 은혜와 그 결과를 이해하기 위해서 언약적 틀을 갖는 것은 제자훈련 과정에 필수적이다. 언약은 하나님과 그분의 백성 사이에 맺는 인격적 관계 속에 설정되어 있으면서 우리의 믿음과 그리스도인으로서 살아가는 삶의 기초로서 건전한 교리에 집중하게 한다. 언약은 우리가 율법주의에 빠지지 않게 지켜주며 하나님의 은혜로 말미암아 믿음으로 우리가 구원을 얻는다는 것을 상기시켜 준다.

더 깊은 생각과 토론을 위한 주제

1. 언약이 우리가 하나님과, 그리고 다른 사람들과 맺고 있는 관계를 어떻게 담고 있는지 다시 찾아 보고 토론하라.

2. 언약 신학은 제자 훈련 과정에 무엇을 제공하는가? 그것은 언약 신학을 다루지 않는 사람들이 놓치고 있는 것이다.

3. 언약 신학과 하나님 나라, 세계관, 개혁주의 신학의 관계를 토론해 보라.

4. 신앙 생활 초기에 언약의 개념을 이해하는 것은 제자 삼는 과정을 권장하고 강화하기 위해 어떤 역할을 하는가?

5. 행위 언약과 은혜 언약 간의 관계와 차이점을 논의해 보라.

추천도서

Griffeth, Howard. and John R. Muether. ed. Creator, Redeemer, *Consummator: A Festschrift for Meredith G. Kline*. Jackson. Miss.: Reformed Theological Seminary, 2000. 탁월한 구약 학자를 기리는 책에서 22명의 저자들은 성경학에서 윤리학과 신학에 이르기까지 클라인의 위대한 주제들 중 일부를 강조한다. 개혁주의 신학, 특별히 언약에 대한 이해를 확장시켜 주는 탁월한 장들이 있다.

DeGraaf, S. G. *Promise and Deliverance*. 4 vols. St. Catharines, Ont.: Paideia, 1977. 『약속 그리고 구원』(크리스챤서적) 언약의 주제가 창세기부터 계시록까지 어떻게 흐르고 있는지에 대한 타의 추종을 불허하는 해설이다.

Frame, John. *The Doctrine of God*. Phillipsburg, N.J.: P&R Publishing, 2002. 『신론』(개혁주의신학사) 이전 책 *The Doctrine of the Konwledge of God*의 완성판이다.

Hendriksen, William. *The Covenant of Grace*. Grand Rapids: Baker, 1932. 은혜의 언약이라는 큰 주제의 논의를 전개하는 강력한 소책자. 읽기 쉬운 노다지 금광이다.

Kline, Meredith G. *By Oath Consigned*. Grand Rapids: Eerdmans, 1968. 읽어내기 어렵지만 이 책을 지나쳤다면 누구도 언약에 대해 제대로 읽었다고 할 수 없다.

Robertson, O. Palmer. *Covenants: God's Way with His People.* Philadelphia: Great Commission, 1987. 『언약이란 무엇인가』(그리심) 언약의 주제를 가르치기에 좋은 책이다.

Vos, Geerhardus. *Redemptive History and Biblical Interpretation.* Edited by Richard B. Gaffin Jr. Phillipsburg, N.J.: P&R Publishing, 1980. 『구속사와 성경해석』(크리스천다이제스트) 모든 부분들을 한데 모으는 성경의 거대 담론에 대한 본보기. 보스는 구속의 주제가 성경을 이해하는 열쇠라는 것을 보여준다.

2부

세상 알기: 제자도의 맥락

1부에서는 제자 삼는 사역을 위한 총체적인 신학적, 철학적 기초를 구축하려고 하였다. 우리가 다루었던 영역들은 보편적이며, 시간의 흐름과 관계없이 항상 과정의 일부로 존재하는 것이라고 말할 수 있다. 만약 그 영역들이 제대로 준비되어 있지 않으면, 제자 삼는 일에 대해 잘못된 견해를 가질 것이고, 하나님의 총체적인 계획에 미치지 못한 수준에 있으면서 만족해 할 것이다.

2부는 다양한 맥락과 환경 속에서 그런 보편적이고 시간을 초월한 개념들의 구체적인 시사점과 적용점을 찾고자 한다. 이 과정을 통해 우리가 강조하고자 하는 바는 세 가지다. (1) 우리는 하나님의 말씀(건전한 교리)을 이해해야 한다. (2) 우리는 우리가 처한 특정한 문화에 대한 철학적인 인식을 가지고 있어야 한다. (3) 우리는 진리를 우리의 환경에 구체적으로 적용하여야 한다.

사람들을 성경적으로 사고하도록 가르쳐야 한다. 그것은 단순히 성경 공부 이상의 것을 요구한다. 수많은 사람들이 성경의 내용을 알고 있음에도 불구하고 인생에 대하여 성경적으로 사고하지는 못한다. 1부는 일관된 성경적 사고를 돕기 위하여 쓰여졌다. 우리는 하나님의 말씀을 진공 상태에서 공부하지 않는다. 하나님의 말씀을 특정한 환경에 어떻게 적용할지 알고 인생과 실재에 대해 성경적으로 생각하기 위해, 하나님의 계시, 특별히 기록된 말씀을 이해해야 한다. 바로 여기서 우리는 신앙을 고백하는 그리스도인들 가운데 드러나는 너무나 많은 실패와 인지 부조화를 목격한다. 그리스도인은 어떤 천상적인 이념 세계에 살고 있지 않다. 하나님께서는 우리가 행동하거나 생활 속에 적용할 수 있는 생각을 개발하기 원하신다. 그런 일을 제대로 하려면 여러 가지 것들을 준비해야 한다.

우리는 과거의 어느 시대로 되돌아 가거나 미래의 어느 때로 넘어갈 수 없다. 하나님께서 원하시는 것은 우리가 "마음 속에 영원을 품고" 그분의 진리와 오늘 우리가 사는 세상 사이에 관련성을 보면서, 현재의 위치에서 살아가는 것이다. 그러므로 우리는 이 세계를 배우는 학생이 되어야 한다.

역대상 12장 32절의 말씀이 내 귀에 계속 울리고 있다. 기자는 잇사갈 지파 사람들을 "시대의 흐름을 알고 이스라엘이 무엇을 해야 할 것인가를 알고 있었던" _{현대인의 성경} 사람들로 표현하고 있다. 그는 세계와 시대를 아는 것과 하나님께서 우리에게 행하게 하신 것을 연결하고 있다. 이것은 우리에게 지금도 그와 같은 일을 하도록 도전한다.

이 도전을 생각할 때, 나는 장 칼뱅의 『기독교강요』 1장의 첫 부분을 떠올린다. 우리 자신을 알기 위하여 우리는 하나님을 알아야 한다. 하나님을 알기 위하여 우리는 우리 자신을 알아야 한다. 이 둘은 너무 밀접하게 연결되어 있어서 어느 것이 먼저인지 말하기 어렵다. 말씀을 아는 것과 세계를 아는 것에도 동일한 원리가 적용된다.

아브라함 카이퍼, 프란시스 쉐퍼, 코넬리우스 반틸, 오스 기니스(Os Guinness), 켄 마이어스(Ken Myers), 칼 헨리(Karl Henry), 밀라드 에릭슨과 같은 사람들에게 진심으로 감사한다. 그들의 저작은 직간접적으로 나의 사고를 자극하였다. 그들은 나에게 말씀과 세계 모두를 알고자 하는 의욕을 불러 일으켰다. 그런 사람들 덕분에 나는 세계의 이데올로기들에 겁먹지 않게 되었다.

찰스 링마(Charles Ringma)는 그의 경건서, 『행동하는 신앙인을 위한 자크 엘룰 묵상집』(죠이선교회출판부, *Resist the Power*)에서 자크 엘룰이 한 말을 깊이 묵상하고 있다. "다시 한 번 세계는 교회가 자신의 양심을 강제로 마주하도록 만드는 하나님의 도구가 되는 것 같다." 그는 하나님께서 역사의 특정한 순간에 교회가 자신의 사명을 깨닫도록 세계가 일정한 역할을 하게 하는 방법을 가지고 계신다고 말하고 있다. 링마는, "교회는 세계의 속된 것으로부터 배울 수 없다. 그러나 하나님의 일반은총이 명백하게 드러나고 있는 세계로부터는 배울 수 있다"고 결론 내린다.[1]

그리스도의 능력 있는 제자는 그가 처한 상황의 맥락에서 말씀을 이해하고 하나님의 말씀의 빛 안에서 세상에서 일어나는 일을 이해하는 사람이다. 이것은 강력한 효과를 발휘하는 결합이다. 그러나 나는 최근에 그런 일을 하도록 제자들에게 도전할 때, 그 연관성에 관련된 코넬리우스 플랜팅가의 경고를 떠올리게 되었다. "그런데 이 동전의 또 다른 면은 없는가? 우리가 세속 문화를 이해하고, 그것을 향해 증거하고, 어떤 방식으로든 그것을 개혁하려고 세속 문화에 밀착되어 있다고 가정해 보자. 우리는 어떻게 그 문화의 유혹을 피할 것인가?"[2] 이것은 우리가 고립된 상황에서 제자를 만들지 않아야 한다는 강력한 경고이다. 우리는 교회 안에서 책임 있는 사고와 행동을 할 수 있도록 준비된 사람들을 만들어야 한다. 초점을 정확히 맞추고 궤도를 벗어나지 않도록 다른 그리스도인들과 소통할 필요가 있다.

2부에서는 이 세계를 알아가는 것에 관한 모든 문제가 아니라 우리의 목적을 강조하기 위한 몇몇 영역들을 간단하게 언급하고자 한다. 제임스 스킬런(James Skillen)은 아브라함 카이퍼가 주장한 그리스도가 다스리는 영역의 전포괄적인 관점에 찬성하면서 다음과 같이 말한다.

> 카이퍼는 그의 저작, 『왕을 위하여』(*Pro Rege*)에서 이렇게 말하고 있다. "하나님의 아들은 어떤 것으로부터도 배제되지 않는다. 당신은 그리스도가 배제되는 자연의 어떤 영역, 혹은 별, 혹은 혜성, 혹은 땅의 깊숙한 곳도 지목할 수 없다. 그리스도는 그것들과 별로 중요하지 않고 접점이 거의 없는 방식이 아니라, 직접적으로 관계를 맺고 있다. 자연은 어떤 힘도 없으며, 영원한 말씀 속에 그 기원을 가지고 있지 않은 힘들을 제어하는 어떤 법칙도 없다. 그러므로 그리스도를 영적인 문제에만 제한하고 그분과 자연과학 사이에 어떤 접촉점도 없다고 주장하는 것은 전적으로 잘못되었다."[3]

세계를 이해하는 것은 중대한 과업이며, 두 가지 국면에 초점을 맞출 수 있다. 첫째, 오늘날의 세계를 있게 한 철학적인 발전이다. 둘째, 우리가 사역할 대상자들의 인구통계이다. 왜냐하면 사도행전 13장 36절은 "다윗은 당시에(그의 세대에)

하나님의 뜻을 따라 섬기다가 잠들어……"라는 말씀에서 바울이 다윗에 대해서 말한 것이 바로 하나님께서 우리에게 원하시는 것이기 때문이다. 우리 세대를 함께 살고 있는 사람들은 누구인가? 그들은 무엇과 같은가? 그들이 가진 철학적 토대와 특성의 관점에서 볼 때, 그들에게 하나님의 말씀이 가장 효과적으로 영향을 미치려면 우리는 무엇을 할 수 있을까?

7장

근대성 속에 틀 지워진 문화

 이 장은 주로 근대성(modernity)에 초점을 맞춘다. 1989년 마닐라에서 열린 로잔세계복음화 국제대회에 참석하였다. 발표자 중에는 오스 기니스(Os Guinness)도 있었다. 후에 나는 목사들의 회합에서 근대성에 대하여 강연해 달라고 그를 초청하였고 그는 강연 중에 "근대성은 오늘날 우리에게 가장 큰 위협인 동시에 가장 큰 기회입니다"라고 말하였다. 만약 우리가 의식적으로나 잠재의식적으로 혹은 무의식적으로 근대성이 우리의 생활방식을 설정하고 통제하는 것을 허용한다면 그것은 위협이다.

반대로 근대성과 그것의 영향력을 이해하고 적절하게 사용하는 방법을 안다면 그것은 기회이다.

그 국제대회에는 그와 동일한 노선에서 강연과 사역을 하던 켄 마이어스(Ken Myers)도 있었는데, 그는 당시 『하나님의 모든 자녀들과 파란 스웨이드 가죽신』(*All God's Children and Blue Suede Shoes*)이라는 책을 출간하였다. 그 책의 2장에서 마이어스는 다음과 같이 말한다.

> 근대성이란 말은 전통적 사회에서 보는 것과는 완전히 다른 사회적 합의(social arrangements)의 의도하지 않은 결과를 가진 산업화되고 세속화된 사회의 사회학적 현상과 관련하여 사용되는 경향이 있다. 그것은 또한 사고와 감정의 습관에서 일어나는 변화, 종종 사회적 변화를 수반하는 사회의 분위기(mood)에서 일어나는 변화에도 적용된다. … 근대주의란 근대성에 따른 결과로서 자신의 의식적인 활동들을 재고하고 재구성하는 문화의 형성자들에 의한 자의식적인 노력이다.[1]

근대성을 바라보는 또 다른 방법은 피터 버거(Peter Berger)의 말처럼 "현재 진행 중인, 특별히 기술과 신념의 영향 아래서 고전적인 혹은 전통적인 것으로부터의 변화"[2]로 생각하는 것이다. 그는 더 나아가 근대성이 그 이전의 것보다 더 우월하거나 더 진전된 것을 나타낸다는 가정이 있다고 말한다. 이것은 "클수록 더 좋다, 옛 것을 버리고 새 것을 취한다"와 같은 사고방식에서 나온다.

내가 "근대성"을 시대 상황적으로 말할 때, 비록 그것이 "바로 지금"이란 뜻의 공통된 어근 "*modo*"에서 나오긴 하였지만 "근대적"(modern) 혹은 "근대주의"(modernism), "근대화"(modernization)와 동일시하지 않으려고 주의한다. 내가 주장하는 바를 제대로 전달하고 많은 단어들이 매우 다양한 방식으로 사용되어 왔음을 인정하기에 나는 몇 가지 용어에 대해서 정의를 내리려고 한다.

먼저, **전근대**(premodern)란 기본적으로 1600년대 초기보다 앞선 시대를 의미한다. 이 시기는 세계가 계시와 믿음, 이성에 많은 강조를 두는 질서 속에서 기본적으로 그것과 동일한 패러다임에 근거하여 작동되는 시기였다.

둘째, **근대**(modern)는 세계관의 패러다임이 현저히 변화된 1600년대 초기의 시기를 의미한다. 이성과 논리, 과학적 모델이 전근대의 패러다임을 재편성하였고, 결과적으로 계시와 믿음의 역할이 덜 중요하게 되었다. 이 모델에서 하나님이 배제되지는 않는다. 그렇지만 사람은 하나님이 스스로를 사람에게 계시한 것에 의존하는 것이 아니라, 하나님을 발견할 수 있는 자신의 본성적 능력에 의존하였다. 이성은 이 패러다임의 중심이다. 그러므로 **근대주의**는 사람, 그리고 진리를 추론하고 결정하는 그의 능력과 함께 출발하는 철학이다.

셋째, **근대화**(modernization)는 근대적 패러다임으로부터 발전하여 성장한 것으로서, 근대 세계의 이데올로기적, 기술적인 영향력을 일컫는 일반적인 표현이다.

넷째, **근대성**(modernity)은 대부분의 사전들이 단순히 근대적인 상태의 특징으로 정의 내리고 있으나, 그 이상의 의미를 가지고 있다. 미국에서 근대성은 발전된 산업 사회 안에서 사는 생활을 의미한다. 그것은 철학적 의미뿐만 아니라 기술적, 사회학적 의미도 가지고 있다. 미국에서 근대성은 심지어 도덕적인 국면도 가지고 있다. 그러나 버거가 주장하듯이, 그것은 보편적으로 근대 이전의 것보다 더 우월하다는 태도를 전달한다.

다섯째, **포스트모더니즘**(postmodernism)은 기본적으로 모더니즘의 뒤를 잇는, 1900년대 초기로부터 시작된 어느 시점을 의미한다. 그것은 전근대주의의 계시와 모더니즘의 이성 모두를 포스트모더니즘의 경험과 느낌으로 대체하는 이데올로기를 뜻한다.

지나친 단순화의 위험이 있을 수 있지만, 세계의 근대화란 새로운 기술들을 개발하는 것이고, 근대성은 "새로운 것이 좋은 것"이라고 주장하는 것이다. 그것은 자크 엘룰이 고민했던 질문들, 새로운 것이면 무엇이든 그 이전 것보다 더 좋은 것인지, 모든 기술적인 발전이 진보이고 진전인지에 대해서 전혀 의문을 제기하지 않고 새로운 것은 무조건 더 좋은 것이라는 사상을 지지한다. 이제는 우리가 근대성이 근대 시대의 사상 중 일부라고 말할 수 있는 인식을 가지고 있으나, 근대성의 이념은 전근대의 세계에도 있었고 (비록 포스트모더니즘은 모더니즘에 대한 반발이지만) 포스트모던 세계에도 존재하고 있다.

근대성은 위협인 동시에 기회이기도 하다는 기니스의 주장은 옳다(그는 이런 생각을 그의 저서, 『교회 성장 운동의 새로운 기초』(생명의 말씀사, *Dining with the Devil*)에서 발전시킨다). 근대성의 이념은 우리 가운데서도 존재한다. 만약 우리가 근대성이 주는 위협과 기회 모두를 이해하지 못하면, 그것으로 인해 교회가 제 길에서 벗어나고 우리가 근대성이 초래할 결과에 대해 비판적으로 생각하지 못하게 될 수도 있다.

예를 들어서, 우리가 사는 근대 세계가 과학적, 산업적, 여타의 기술적 방법들을 통해서 매우 급격하고 빠르게 발전해왔기 때문에(근대화 과정), 멈춰 서서 지금 무슨 일이 일어나고 있는지 생각하고 평가하는 시간을 좀처럼 가지지 않는다. 근대성은 생활의 패러다임을 고려하지도 않고 과거는 현재와 미래보다 열등하다는 생각을 주입하거나 강화시키는 경향이 있다. 오래된 것은 무엇이든 폐기한다. "고장 난 것은 고치지 마라. 그냥 더 새롭고 더 좋은 것으로 바꿔라." "오래된 것"은 텔레비전이나 컴퓨터가 될 수도 있고, 이념이 될 수도 있다. 리처드 노이하우스(Ricahrd Neuhaus)는 『벌거벗은 공적 광장』(*The Naked Public Square*)에서 우리에게 경고한다. 그는 우리를 근대적인 사람으로서, "네오필리악스"(*neophiliacs*), 새 것을 사랑하는 사람들이라고 표현하였다. 우리는 새로운 것을 좋아하지만 낡은 것은 좋아하지 않는다. 그래서 새로운 것을 고안하여 낡은 것을 대체하기를 좋아한다.

이것이 현대 문화가 "변화"와 "새로운"이란 단어에는 가치를 부여하는 반면에, "전통"과 "오래된"과 같은 단어는 무시하는 이유이다. 근대적 패러다임을 특징으로 하는 계몽주의 철학은 근대성을 과도하게 작동시켰다. 나는 『하나님의 모든 자녀들과 파란 스웨이드 가죽신』을 읽으면서 맥도날드나 텔레비전, 컴퓨터, 할리우드가 없는 세상을 상상할 수 없었다. 근대성은 개인적인 평화와 풍요, 무제한적인 선택이란 명목 하에 생각하고 판단하고 평가하는 일에 열심을 내지 않게 만들었다.

오해하지 말 것은, 내가 근대성과 관련된 모든 것이 나쁘다고 주장하는 것은 아니라는 것이다. 전혀 그렇지 않다. 근대성을 반대하지 않는다. 실제로 나는 근대성에 매우 많은 영향을 받고 있다. 나는 새로운 것을 좋아한다. 물건을 고치는 것은 고칠 수 있다 해도 골치 아픈 일이다. 그리고 몇몇 새로운 물건은 예전 것보다 더 좋다. 매일 랩톱 컴퓨터를 들고 다니는데, 그것은 한 사무실에서 다른 사무실로 옮기려면 트럭이 필요했던 1970년대 대형중앙컴퓨터보다 훨씬 더 많은 일을 할 수 있다. 그러나 근대성에는 좋은 점과 함께 그리스도인들이 맞서야 할 적도 있다. 그 적은 우리를 계속 따라다니면서 주의를 분산시키거나 정도를 벗어나게 만든다. 그런 이유로 우리는 우리가 무엇을 믿는지, 그리고 왜 믿는지를 알아야 한다. 또한 우리가 믿는 것으로 우리의 생활과 현실에 대한 현명한 판단을 내리는 방법을 알아야 한다. 이것은 제자 삼는 과정의 일부이다.

근대성이 기독교에 끼친 영향

미국에서 복음주의는 지난 50년간, 혹은 그 이상의 기간 동안 안정적으로 유지되어온 반면에, 복음주의 그리스도인의 영향력은 계속 약해져 온 것에 주목할 필요가 있다. 그리스도인으로서의 영향력을 발휘하거나 어떤 일을 성사시키는 능력은 더 줄어들었다. 어쩌면 우리는 우리 자신을 근대성의 흐름에 따라 가도록 만들어서 그저 생존하는 것에 거의 모든 힘과 노력을 사용했는지도 모른다. 그러나 하나님께서는 단지 생존하는 것보다 훨씬 더 많은 일을 하도록 우리를 부르셨다. 그리스도인들은 점점 더 빨라지는 변화와 새롭게 생성되는 이념들로 인해 이 전투에 임하여 싸울 능력이 상실되고 있다고 느낀다. 그래서 우리는 싸우기보다 그저 시대의 흐름에 따라 흘러간다.

그리스도인은 사람들에게 복음의 기쁜 소식을 전하기만 할 수는 없다. 새로운 그리스도인을 성경적 세계관을 가진 제자로 삼아야 한다. 누군가는 "만약 당신이 마음을 얻었지만 정신은 얻지 못했다면, 당신은 그 마음도 잃을 것이다"라고 말하였다. 그 말이 확실히 맞다. 그리스도인은 기독교적 관점으로 세계에 영향을 주기 보다는 오히려 자신을 둘러싼 세계로부터 영향을 받는 것 같다.

어떤 수준에 있든지 제자 삼는 사역에 있는 사람들이 문화의 변혁자가 되라는 부름 받았는지는 확실하지 않다. 어떤 의미에서 복음을 전파하고 문화명령을 실천하는 일은 문화에 중대한 영향을 미치겠지만, 그렇더라도 하나님께서 우리를 문화를 변혁하라고 부르시지는 않으셨다. 이것은 목적과 초점의 문제이다. 우리는 그리스도를 닮아가고, 그분께서 돌보신 것을 돌보고, 그분께서 우리에게 보라고 하신 방식대로 현실을 바라보도록 노력해야 한다. 그렇게 할 때, 우리는 군중들 속에서 드러날 것이며 구별될 것이다. 엘룰이 그리스도인은 변화하는 혼란스러운 세계에서 고정된 참조점이 될 수 있고, 그래야 한다고 주장한 것이 맞다고 믿는다. 몇 년 전 직원 중에 어떤 사람이 말한 것처럼, 그리스도인들은 눈에 띄게 두드러져야 하는 것이다.

기술은 우리에게 점점 더 많은 일들을 해내고 성취할 수 있는 능력을 가져다 주었다. 그러나 이게 좋은 것인가 아니면 나쁜 것인가? 이것이 파멸의 서곡은 아닐까? 단순히 폭탄이나 여타의 핵무기를 말하는 것이 아니다. 내가 염두에 두는 것은 인공 생식과 생물공학과 같은 것들이다. 동물 복제와 식물 복제는 이미 성공하였다. 가까운 장래에 인간 복제와 특정한 인간 장기의 복제가 현실이 될 거라는 이야기를 듣고 있다. 체외수정은 어떤가? 다음에는 인체 냉동 보존술도 현실이 될 수 있다! 이 글을 쓰고 있는 시점에 어느 가정에서 아버지의 머리를 미래의 목적을 위해서 냉동시킬 수 있는지에 대해서 토론이 벌어지고 있다. 엘룰 같은 사람들이 왜 모든 기술이 진보가 아니라고 주장하는지 그 이유를 쉽게 알 수 있다.

켄 마이어스는 근대성을 비난하는 것 이상의 뭔가를 해야 한다고 말한다. 왜냐하면 근대성은 우리가 그리스도인으로서 생각하고 행동해야 할 바를 명료하게 만들어주기 때문이다. 근대성은 하나님께서 우리에게 알게 하신 것을 잘 알도록 돕고, 타협이나 위험한 환상의 덫에 빠지지 않고 그분을 섬기는 방법을 알도록 도와준다.

근대성을 주제로 주관한 세미나에서 나는 전체 주제에 결정적으로 중요하다고 믿는 영역, 즉 근대성의 영향력에 굴복하여 매몰되어 들어가는 것 같은 열 개의 영역을 선정하였다. 오스 기니스는 『교회 성장 운동의 새로운 기초』(생명의 말씀사, *Dining with the Devil*)에서 근대성에 의해 만들어진 세 가지 위험, 즉 세속화, 다원화, 사유화(privatization)를 지적한다. 이런 "극도로 위험한 경향들은 근대성의 원리와 과정 안에서 작동하고 있다."[3] 기니스는 이 추세들이 위험한 이유는 우리가 알아차리기 전에 그것들이 이미 우리의 삶에 침투에 들어와 있고 교묘하게 우리를 정도에서 벗어나게 만들고 있기 때문이라고 주장한다. 나는 근대성의 그 교묘함과 위험을 설명하기 위해서 다섯 개의 주제를 선정하였다. 여기에는 기니스가 지적한 두 가지 위험을 포함하고 있다. 그것은 다원주의, 사유주의(privatism), 개인주의, 상대주의, 기술주의이다. 여기에 세속주의, 물질주의, 심령주의(spiritualism), 실존주의, 합리주의뿐만 아니라 몇 가지 예로서 정치나 교육, 권력, 성을 포함시킬 수 있을 것이다. 위의 다섯 개의 주제에 대한 아래의 설명은 그것들에 대한 완전한 설명이라기 보다는 근대성에 관한 핵심을 파악하기 위한 요약된 설명이다.

다원주의(Pluralism). 다원화는 다원주의가 우리 삶으로 들어오는 통로이다. 다원주의는 기본적으로 하나 이상의 선택지가 있다고 주장한다. 우리 앞에는 매우 많은 영역의 다양한 선택지들이 있다. 당신은 그 중에 하나를 뽑기만 하면 된다. 만약 그것이 잘 작동하지 않으면 다른 것을 시도하면 된다. 권위가 도전을 받고 있는 오늘날 우리는 포스트모던 환경 속에서 스스로 결정을 내린다. 누가 감히 우리에게 잘못되었다고 말할 수 있는가?

다원주의는 선택과 변화를 부추긴다. 선택과 변화라는 말이 익숙하게 들리는가? 헌신, 지속성, 절대, 보편성과 같은 용어들이 인기가 없는 상황에서는 이런 단어가 핵심어가 된다. 다원주의는 미국이 많은 사람들로부터 세계 종교의 모자이크 혹은 잡탕이라는 말을 듣는 이유이다. 다원주의가 부정적인 의미를 전혀 함축하고 있지 않던 때가 있었다. 미국이 하나의 국가가 되었을 때, 종교와 관련하여 미국 헌법과 권리장전 속에 확립된 것 중 하나가 "공인된 다원주의"(chartered pluralism)이다. 입안

자들은 국가가 국민에게 하나의 종교를 지정하거나, 명령하거나, 강요할 수 없도록, 종교의 영역에서 자유를 보장하기 위하여 노력하였다. 1700년대 후반에 이것은 훌륭한 이념으로 여겨졌으며, 당시의 상황에서는 실제로 그러했다. 그러나, 오늘날 미국은 도덕적, 영적, 종교적인 판세가 그때 같지않다. 한때 기독교적인 의견 일치는 이제 무엇이든 허용되는 합의로 바뀌었다. 미국은 다른 어떤 문명국가보다도 더 조직된 종교를 가지고 있다는 말은 듣지만, 『미국이 진리를 말하던 시절』(*The Day America Told the Truth*)을 쓴 제임스 패터슨(James Patterson)과 피터 킴(Peter Kim)과 같은 작가들이 오늘날 미국에는 어떤 도덕적 합의도 없다고 결론을 내린 것은 전혀 이상한 일이 아니다. 우리에게는 의심 없이 받아들여지는 선택지들이 많이 있고, 우리 문화는 이 종교나 저 종교나 별반 다를 것이 없다는 전제를 받아들이고 있다.

역사적 의미에서 우리는 명백하게 다원성이라는 의식을 유지하고자 한다. 우리는 무엇을 믿어야 하는지 혹은 어떻게 살아야 하는지에 대해서 듣고 싶어하지 않는다. 우리는 그런 결정을 내리는 자유를 원한다. 그러나 근대성의 영향과 더불어 오늘날의 다원주의적 환경은 기본적으로 일상 생활의 현장에서 종교를 큰 의미가 없는 것으로 만든다.

사유주의(Privatism). 상대적으로 새로운 현상이 삶을 공적인 영역과 사적인 영역 두 부분으로 나눈다. 물론 우리 삶의 공적인 부분과 사적인 부분을 구분하는 것은 언제나 있어 왔다. 그러나 오늘날의 이분법은 그것과는 다른 것이다. 정치, 경제, 교육, 과학, 산업은 우리 삶의 공적인 부분에 배당된다. 도덕, 종교, 신념, 그리고 여가 시간을 어떻게 보내는지, 돈을 어떻게 쓰는지는 사적인 부분에 속한다.

그것이 반드시 나쁘다고 할 수는 없다. 왜냐하면 누구도 우리에게 무엇을 믿을지, 무엇을 사야 할지, 어떤 종교를 선택해야 할지 말할 수 없다. 사유주의의 결과로 우리는 우리가 믿으려고 선택한 것을 믿으며, 그런 후에 서로 상관하지 않고 각자 내버려 둔다. 근대성의 문화에서 사유주의는 보다 작은 동질 집단이나 부족을 만듦으로써, 선택을 달리하는 사람들로부터 우리를 고립시키는 일만 하는 것은 아니다. 사유주의는 또한 도덕적 영향을 미치려는 어떠한 시도도 무효화시켜 버린다. 왜냐하면 모든 도덕성은 종교적 기반을 가지고 있기 때문이다. 게다가 우리는 종교를 시장(공적 영역)에 가지고 나올 수 없다. 누군가 말했듯이, 우리는 감히 종교와 정치를 혼합할 수 없다. 혹은 어떤 정치인이 말했듯이, 내 종교는 내 정치에 영향을 미치지 않는다.

로버트 벨라(Robert Bellah)는 공저자인 리처드 마스덴

(Richard Marsden), 윌리엄 설리번(William M. Sullivan), 스티븐 팁톤(Stephen M. Tipton)과 함께 저술한 『마음의 습관』(*Habits of the Heart*)(200개의 평균적인 미국 가정에 대한 연구)에서 미국인들은 대체로 분쟁을 좋아하지 않으며, 종교는 분쟁을 일으킬 잠재력을 가지고 있기 때문에 종교를 공적인 영역에서 빼내어 사생활의 영역에 가져다 둔다고 결론을 내린다. 이것이 오늘날 법정에서 종교를 사회적인 혹은 공동체적인 실재가 아니라 사유물로 보는 이유이다. 그러나 실제로는 피터 버거와 다른 사람들이 주장하듯이, 우리는 신앙을 통해서 격려 받고 인정받는 타당성 구조(plausibility structure)가 필요하다. 만약 종교가 단지 사적인 삶의 일부에 불과하다면 우리는 종교를 심각하게 받아들일 필요가 없다. 그리고 만약 우리가 종교적 신념을 공유할 수 없다면 공동체와 관계를 형성하는 가장 큰 잠재력을 잃게 된다. 그렇게 되면, 우리는 고독과 고립, 두려움을 느끼게 된다. 패터슨과 킴이 면담한 사람들 중 거의 절반이 누구도 그들을 진정으로 알지 못한다고 믿었다. 실제로 우리는 다른 사람들, 특별히 가장 가까운 사람들에게도 우리 자신을 숨긴다. 지면이 충분하다면, 사유주의가 전도하고 예배하고 공동의 신앙을 공유하기 위해 무슨 일을 하는지 탐색해 볼 수 있을 것이다. 포스트모던 세대는 사생활을 유지하면

서도 다 함께 모인다는 환상을 주는 텔레비전 교회와 같은 것으로 이 문제를 해결하려고 하였다.

개인주의(individualism). 개인주의에 따르면, 평화나 풍요, 선택과 같은 한 사람의 개인적인 성취가 가장 중요하다. 이것이 오늘날 개인적인 평화, 개인적인 자유, 개인적인 선택을 강조하는 주요한 이유이다. 우리는 스스로를 세계의 중심으로 만든다. 우리에게 공동체와 보편적인 선에 대한 감각이 결여된 것은 이상한 일이 아니다. 삶과 현실의 중심에 잘못된 것을 둔다면 그 결과는 나쁠 것이다. 개인을 삶의 중심에 두고 개인적 권리를 행사하면 개인적 책임도 함께 져야 한다는 사실을 잊어버리는 경향이 있다. 만약 우리가 권리와 책임을 조화시키지 못하면 공동체를 이루지 못할 것이다.

패터슨과 킴은 오늘날 미국에 새로운 도덕적 권위가 존재한다고 주장한다. 어떤 도덕적 합의도 없다. 따라서 개인은 의미의 유일한 원천이며 스스로를 다스리는 법이 된다. 그렇게 되면, 공동의 선이 무엇인지 고려할 필요가 없다. 가장 중요한 것은 바로 나이므로 내가 원한다면 스스로 "얼간이"가 될 수도 있다. 나는 나 자신의 규칙을 만들 수 있고 내가 선택한 대로 살아갈 수 있다. 당신은 자신을 만물의 척도로 삼는 사람들과 함께 사는 것이 우리 문화에 어떤 영향을 끼치는지 볼 수 있는가? 개인보다 우위에 있는 것은 아무 것도 없다는 생각은 우리 문화를 엉망으로 만들고 있다. 아인 란드(Ayn Rand)의 철학, "이기적인 것의 미덕"에서 보듯이 비록 1980년대 이후 태어난 세대가 몇 가지 희망적인 징조를 보여주기도 한다. 하지만 우리의 문화는 공동체와 헌신, 책임의 감각이 결여된 이기적인 문화이다.

상대주의(Relativism). 상대주의는 어떤 것도 절대적으로 진실하거나 절대적으로 거짓된 것은 없다는 신념이다. 모든 것이 상대적이기에 보편적인 것은 없다. 오늘날의 문화적 상대주의에 대한 강조와 한 문화는 다른 문화와 동등한 가치를 가진다는 생각으로 인해, 각 문화가 가진 가치의 차이를 잴 수 있는 기준은 없다.

프란시스 쉐퍼가 자주 강의했듯이 만약 사회를 판단하는 절대적인 기준이 없다면 사회 자체가 절대가 된다. 올바른 것과 그릇된 것을 결정하는 무언가가 있어야 한다. 어떤 통계에 따르면, 미국인의 90% 이상이 진실하고 참된 것이 무엇인지를 재정의함으로써, 권력과 통제감의 착시를 만들어내면서, 일상적으로 거짓말을 한다. 앨런 블룸(Allan Bloom)은 『미국

정신의 종말』(범양사, *The Closing of the American Mind*)에서 대학생들이 인간은 어떤 존재인지 혹은 신은 누구인지와 같은 질문에 대해서, 그리고 무엇이 선한 것인지 혹은 무엇이 참된 것인지에 대해서 고민하지 않는다고 주장했다.

조지 갤럽과 조지 바나 등의 연구도 신앙을 고백하는 그리스도인의 다수가 절대적 진리를 믿지 않는다는 점을 추적하여 보여준다. 피터 버거가 『집을 잃어버린 마음』(*The Homeless Mind*)에서 근대성은 여타의 세계관들을 상대화시키면서 자신의 힘을 키워 나간다. 몇 년 전, 어느 대학의 총장이 학생들의 복리(well-being)에 대해서 지적으로 그리고 도덕적으로 주의 깊게 숙고할 필요가 있다고 말했을 때 야유를 받았다는 이야기를 듣고 마음이 위축된 적이 있다. 그는 누구의 도덕성과 누구의 도덕적 가르침이어야 하는지에 대해서 질문을 받았다. 내가 들은 바로는, 그는 아무런 대답을 하지 않았고 그 회합은 실패로 끝나고 말았다.[4]

미국은 문화적으로 가장 다양한 국가들 중에 한 나라임에 틀림없다. 이 나라에서 겪는 문화적 다양성의 경험과 "정치적으로 올바른" 것에 대한 일상적인 이해는, 아마도 테러의 공포로부터 자유로워야 한다는 것 말고는, 모든 사람이 받아들일 만한 것이 있다고 주장하는 것을 불가능하게 만든다(2001년 9

월 11일에 있었던 미국에 대한 비극적인 공격 이후에 하나의 공동 목적을 위해 함께 모이려는 희미한 조짐이 있다).

상대주의는 수많은 문제들을 야기한다. 만약 우리가 상대주의적 원리에 근거하여 일하기로 결정한다면 우리 문화 안의 여러 가치들 중에서 무엇이 옳은지 분별하고 결정할 희망이 조금이라도 있을까? 어떻게 상대주의적 입장으로부터 공적인 가치를 일부라도 유지할 수 있을까? 프랑스의 실존주의자 장-폴 사르트르(Jean-Paul Sartre)가 말한 것처럼, "무한한 참조점 없이 어떤 유한한 참조점도 의미를 가지지 않는다"면 어떻게 인생에 대한 의미를 찾을 수 있을까? 사르트르는 어떤 무한한 참조점도 가지고 있지 않았기 때문에, 그는 하나님의 존재를 부정하였고 그의 인생과 철학은 아무런 의미도 없었다.

기술주의(Technism). 우리는 기술이 주도하는 사회에 살고 있다. 우리의 가치와 태도, 생활 방식은 근대 기술의 인도를 받는다. 기술주의는 언제나 더 새로운 것, 더 큰 것, 더 좋은 것, 더 빠른 것을 찾는 근대성의 일부이다(심지어 어떤 사람은 우리는 근본적으로 정보가 아니라 기술에 의해 주도된다고 말한다).

근대 기술은 놀라운 일들을 해내었고 지금도 하고 있다. 텔레비전, 컴퓨터, 광섬유, 의약품, 위성, 교통수단, 심지어 달에 가는 것과 같은 이 놀라운 일들은 모두 내가 살아온 동안 이루어진 기술의 변화와 발전이다. 이 기술이 이룩한 것들과 그것으로 인한 생활양식의 극적인 변화는 누구도 부인할 수 없다. 당신의 집 주변을 둘러보라. 부엌을 둘러보라. 차고로 가 보라. 업무용 네트워크에 접속해 보라. 인터넷을 탐색하고 물건을 주문해 보라. 생명공학과 일반적인 질병의 치료법의 발전에 대해서 생각해보라. 그러나 기술은 프랑켄슈타인의 비극도 만들어 낼 수 있다.

기술은 우리의 생활양식과 정치적 선택, 시간 사용 방식을 결정한다. 기술이 일부 학습과 인지적 발전을 저해하기도 하지만, 우리가 배우는 내용과 개발하는 기능에도 영향을 미친다. 기술은 이 땅을 다스리라는 하나님께서 정하신 원래의 의도를 따르지 않을 때 인류를 마음대로 사용하고 폐기할 수 있는 상품으로 대하게 된다. 건강 관리는 우리 삶에서 가장 도전적인 영역 중에 하나가 되었다. 바로 지금 노인의학에 종사하는 사람들은 기술이 어떻게 수명을 연장시키고 있는지를 목격하고 있다. 그러나 또한 그런 수명 연장을 위하여 재정적으로 건전한 지원 체계를 만드는 문제로 골머리를 앓고 있다. 우리가 연장시키고 있는 바로 그 생명이 점점 더 가치가 없어지고 있음을 목격하고 있다.

대중문화

근대성에 대해 다루는 이 장을 마치기 전에 대중문화에 대해서 언급할 필요가 있다. 켄 마이어스는 우리 문화를 고급문화와 민속문화(folk culture), 대중문화로 구분한다. 고급문화는 지식층의 마음을 사로잡으려 하고 순수 예술에 초점을 맞춘다. 민속문화는 포크송, 영가(靈歌), 가정요리와 함께 남부의 소박하고 전통적인 형태의 문화이다. 한편 대중문화는 즉석 요리식 사고방식이나 오락과 같이 삶의 경험에 본질적이지 않은 내용들을 담은 문화이다. 그것은 "걱정하지 말고, 행복하게 지내" 문화이다. 그것은 전통 혹은 본질(substance)에 대해서 생각하지 않는 문화이다. 즐거움, 오락, 비(非)본질이 대중문화의 특징이다.

대중문화는 광고, 락 음악, 미술, 의복 스타일, 선택의 다양성에서 찾을 수 있다. 이 문화의 주요 활동 무대는 텔레비전과 영화다. 이 문화의 도덕성의 원천은 "오프라 쇼"와 같은 토크 쇼들이다. 그것은 개인에게 결과를 생각하지 말고 좋다는 느낌을 주는 것을 하라고 부추긴다. 그것은 예배에서조차 하나님을 주변부로 내몰고 사람을 중심에 둔다. 그것은 즉각적인 만족감과 개인적 행복을 먹고 산다. 그것은 삶에 대한 임시변통적 접근법이다.

대중문화는 근대성의 전반적인 체계가 발명해낸 것이고 그것에 딱 들어맞는다. 그것은 우리 삶을 구획화하고, 만약 우리가 소유한 스테레오나 전자레인지를 바꾸듯 우리가 맺은 인간관계가 마음에 들지 않으면 그것들을 바꾸면 된다는 생각을 심어준다. 우리에게는 수많은 선택지가 있다. 만약 이 직업 혹은 저 교회가 마음에 들지 않으면, 그걸 붙잡고 씨름할 것이 아니라 바꾸면 된다. 무엇보다도 당신의 종교적 확신을 공적인 장소에 가지고 나오지 말고 당신 개인의 영역에 두라. 만약 종교적 확신을 들고 나오고자 한다면 최소한 그것을 당신을 둘러 싸고 있는 문화와 비슷하게 보이도록 만들어서 전체 환경에 어울리도록 만들라고 이야기한다.

결론

무한한 선택지들을 가진 근대 세계에 어떻게 대응해야 할까? 우리는 세상으로부터 떨어져서 우리 자신을 고립시키고, 근대성이 우리의 신앙을 사유화하라는 명령을 따르고 있지는 않은가? 요즘 우리는 "기독교" 락 밴드, 나이트클럽, 광고, 그리고 "세속적"인 것을 종교에 맞추어 보려고 다양한 시도들을 한다.

혹은 우리는 문화 속에서 구별되게 드러내지 않으려고 신앙과 실천을 포함하여 우리 자신을 문화에 맞추고 순응시키려고 하지는 않는가? 우리는 이 세상과 구별될 책임을 가지고 있는가? 마이어스는 "우리의 역할은 버거킹의 와퍼를 주님의 성만찬과 같이 거룩하게 만드는 것이 아니라 문화가 하나님의 형상인 인간에게 좀 더 적합하게 되도록 영향을 끼치는 것이다"라고 쓰고 있다.[5] 문화는 무도덕적이지도 않고 거룩하지도 않다. 그렇다고 문화가 무가치하거나 중요하지 않다는 의미는 아니다. 우리는 주님의 목적대로 섬길 수 있도록 문화를 창조하거나 문화에 영향을 끼쳐야 한다. 문화는 그분을 더 잘 섬기도록 할 수도 있고 그런 일을 방해할 수도 있다. 하지만, 만약 우리가 문화를 이해하고 세계를 아는 일에 책임을 다하지 못하면, 우리는 하나님께서 우리에게 원하시는 빛과 소금, 진리의 기둥이 될 수 없을 것이다.

이미 세상 안에 교회의 신앙이 존재하는 것보다 교회 안에 세상의 이데올로기들이 더 많이 존재한다는 것을 살펴보았다. 생각하고, 추론하며, 공부하고, 평가하는 것은 어렵지만 꼭 필요한 일이다. 우리는 매일 질문해야 한다. **나는 이 세상에서 어떻게 살고, 세상을 어떻게 이해할 수 있을까? 세상에 동화되지 않으면서도 세상을 향해 복음을 증거할 수 있을까? 환경에 의해 프로그램화되지 않으면서 어떻게 하나님께서 의도하셨던 방**

식으로 인생을 즐기면서 살아갈 수 있을까? 우리가 세상을 대면하는 것을 배우지 않는다면 세상으로부터 끊임없는 도전에 직면하게 될 것은 자명하다. 제자는 세상에서 물러나서도 안되고 그것에 빠져들어서도 안된다.

오스 기니스는 다음과 같이 쓰고 있다.

> 그러므로 우리는 오리겐의 원칙에 주의를 기울여야 한다. 그리스도인은 이집트인들의 물건을 마음대로 탈취할 수 있지만 금송아지를 세워서는 안된다. 근대성의 보물을 마음대로 탈취해도 좋다. 그러나 우리 삶의 공적(功績)을 시험하는 불에서 남는 것이 하나님의 성전에 합당한 금이어야지 20세기 후반의 금송아지상이어서는 안된다는 것을 명심하라.[6]

(오리겐은 3세기 중엽에 죽은 초기 교부였다.) 기니스는 책을 시작할 때 인용했던 피터 버거의 말로 책을 끝맺는다. "근대성이라는 악마와 함께 식탁에서 밥을 먹는 사람들은 긴 스푼을 가지고 있는 것이 좋을 것이다(역주-세상에 속하여 살아가지만 동시에 세상으로부터 일정한 거리를 두고 구별되게 살아야하는 제자의 삶을 비유적으로 이르는 말. 오스 기니스의 『교회 성장 운동의 새로운 기초』의 원제목(*Dining with the Devil*)이기도 함)."[7]

더 깊은 생각과 토론을 위한 주제

1. 어떤 사람들은 사람이 그리스도께서 마련해 주신 구원을 필요로 하는 죄인이라는 사실만 알면 된다고 말한다. 그것 말고 더 이상 뭔가를 꼭 이해해야 할 필요는 없다. 당신은 그런 말에 대해 어떻게 반응하겠는가?

2. 문화에 대해서 아는 것은 우리가 마주한 적들이 우리에게 피해를 주고 있는 문제가 무엇인지를 이해하는데 도움을 줄 수 있다. 이 장에서 그런 종류의 여러 문제들을 제기하였다. 그 밖에, 기독교를 믿고 받아들일 뿐만 아니라 우리의 이웃과 기독교에 대한 소통을 더 원활하게 하기 위하여 우리가 이해해야 할 필요가 있는 또 다른 영역의 문제들은 무인가?

3. 당신은 "근대성"이란 어떠해야 한다고 생각하는가? 그것은 이 세계를 이해하는 과업에 어떻게 기여하는가?

4. 우리가 근대성에 대해 이해한다면 복음의 진리를 가지고 세계와 대면할 수 있는가?

5. 당신은 대중문화가 우리 사회에 끼치는 영향력을 어느 영역에서 볼 수 있는가?

6. 당신은 삶의 어떤 영역이 대중문화의 영향으로부터 자유로운지 구별할 수 있는가?

7. 우리가 대중문화를 이해한다면 하나님 나라의 일원으로 살아가는 데 어떤 도움을 받을 수 있는가?

추천도서

Gabler, Neal. *Life the Movie*. New York: Knopf, 1998. 미국이 어떻게 유흥적 사고 방식에 강박적으로 사로잡혀 지나치게 단순화된 문화가 되었는지를 눈으로 보듯 생생하게 설명하고 있는 책이다.

Guinness, Os. *Dining with the Devil*. Grand Rapids: Baker, 1993. 『교회 성장 운동의 새로운 기초』(생명의말씀사) 근대성과 관련된 주제에 대한 간결하면서도 빼어나게 훌륭한 책이다.

Hibbs, Thomas S. *Show about Nothing*. Dallas: Spence, 2001. 오늘날 대부분의 텔레비전 쇼가 전달하고자 하는 실질적인 내용이 전혀 없다는 사실에 대한 고발. 텔레비전 프로그램들은 두뇌의 사고 영역에 호소하지 않는다.

Moore, T. M. *Redeeming Pop Culture*. Phillipsburg, N.J.: P&R Publishing, 2003. 어떻게 대중 문화가 우리 삶의 전 영역에 영향을 미치는지, 그것에 어떻게 대응할 수 있는지에 대해서 쉽게 읽을 수 있는 책이다

Myers, Ken. *All God's Children and Blue Suede Shoes*. Wheaton, Ill.: Crossway, 1989. 대중문화에 대한 가장 훌륭한 책들 중에 하나이다.

Postman, Neil. *Amusing Ourselves to Death.* New York: Viking, 1985. 『죽도록 즐기기』(굿인포메이션) 성격상 개블러(Gabler)의 책과 비슷한 학술논문이다.

Romanowski. William. *Eyes Wide Open.* Grand Rapids: Brazos, 2001. 『맥주, 타이타닉, 그리스도인』(IVP) 건전한 신학과 문화의 이해가 탁월하게 결합된 책이다.

8장

포스트모던 패러다임

"우리는 포스트모던 세계에 살고 있다. 문화는 다원적이며 이러한 사실은 변치 않을 것이다. 만약 우리가 점차 증가하는 다원성에 불편함을 느끼면서 문화를 적으로 삼으면, 복음을 제대로 전하지 못하고, 복음을 선포하려는 노력들은 좌절될 것이다. 우리는 예수님을 드러내지 않고, 우리의 두려움과 완고함을 드러내는 것이다. 그 이상은 아무 것도 아니다."

– 마이크 리젤(Mike Regele), 『교회의 죽음』(*The Death of the Church*)

7장에서는 이 세상을 이해하려면 근대주의와 그것이 우리의 삶과 문화에 미친 영향을 알아야 한다고 주장했다. 더 나아가 근대주의와 관련된 모든 것이 무가치하고 그리스도인들이 피해야 할 것으로 생각해서는 안된다는 점을 설명하였다. 오히려 그리스도인들은 분별력 있는 기독교적 관점으로 근대주의를 다룰 수 있어야 한다. 근대주의가 아무런 가치도 없다고 생각해서는 안되는 것처럼, 모든 것이 안전하다고 생각해서도 안된다. 그리스도의 제자로서 우리는 우리를 둘러싼 주변의 환경에 대해 세심한 주의를 기울여야 한다. 시대의 흐름을 놓치지 않고 모든 것에 대하여 온전하게 반응하며 살아감으로써 그리스도인으로서 일관된 삶을 견지하는 것은 불가능한 일이 아니다. 그리스도의 제자로서 우리는 우리가 증언하는 대상인 청중들을 고려하면서 복음의 진리를 증언하여야 한다.

이 장에서는 포스트모더니즘에 대해서 다루고자 한다. 너무 기술적이지 않으면서도 정확하게 설명해 보자. 포스트모더니즘을 제대로 파악하는 것은 어려운 일이지만 그것이 무엇인지 알아가는데 도움이 될 만한 공통 요소가 있다. 포스트모더니즘은 다양성을 가지고 있다는 점은 명백하기 때문에 지나치게 단순하거나 피상적으로 설명하여 포스트모던 패러다임을 제대로 설명하지 못하는 일이 없기를 바란다. 나는 포스트모더니즘으로부터 배워야 할 가치 있는 내용도 있지만 그렇지 않은 부분도 있다고 생각한다.

고린도전서 9장 19-23절에서 바울이 말한 "내가 여러 사람에게 여러 모습이 된 것"은 참으로 우리에게 적절한 표현이다. 그는 몇 사람을 그리스도께로 돌리기 위해서 포스트모던주의자가 되어야 한다고 말하지 않고, 효과적으로 의사소통하는 방법을 알기 위해 포스트모더니즘을 이해해야 한다고 주장한다.

이 장의 첫머리에 나온 리젤의 말은 우리가 세상을 이해하려고 할 때 기억해야 할 몇 가지 사실을 알려준다. 첫째, 우리는 포스트모던 세계에 살고 있으며, 이는 우리가 실재를 바라보는 방식에 영향을 준다. 근대주의 패러다임은 사라지고 포스트모더니즘으로 대체되었다.

둘째, 리젤은 우리가 다원주의적 문화에서 살고 있으며 이 상황은 바뀌지 않을 것이라고 말한다. 꽤 오랜 기간 지속되어 온 다원주의는 포스트모더니즘만의 결과는 아니다. 그러나 포스트모더니즘의 영향으로 인해 다원주의는 새로운 깊이가 더해졌다. 우리는 실로 엄청나게 다양한 선택지들 중에 선택을 할 수 있게 되었다.

셋째, 문화를 우리의 적으로 삼아서는 안된다는 리젤의 충고는 옳다. 왜냐하면 문화는 우리 세대에서 하나님의 목적을 섬기는 방법을 이해하도록 도와주기 때문이다. 하지만 우리가 문화를 이해하지 못하고 정확하게 평가하지 않으며 주님께서 주신 문화 명령을 제대로 수행하지 않으면, 문화는 우리를 속이는 적이 될 수도 있다.

1장에서 우리는 포괄적인 철학(예컨대, 포스트모더니즘 같은)이 우리 삶의 모든 영역에 미친다는 사실을 살펴보았다. 하나님이 정하신 바에 따라 ^{사도행전 17:26} 우리는 특정한 시대와 장소에서, 그 시대의 이데올로기와 경험을 가진 특정한 문화 속에서 살고 있다. 앞서 제시한 계단 도식(도표 8.1 참조)은 사상과 문화적 제도들이 어떻게 서로에게 영향을 주는지 보여준다. 가장 높은 계단에는 특정 시대의 문화 전반에 영향을 주는 지배적인 철학이 자리 잡고 있다. 이 철학은 우리의 삶과 실재를 바라보는 렌즈가 된다. 보다 비판적인 사상가들이라면 이 지점에서 깊은 주의를 기울여야 한다.

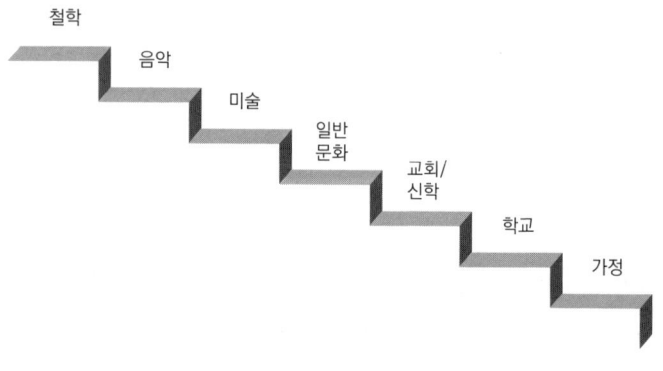

도표 8.1. 철학적 영향의 계단

철학이 계단을 따라 내려오기 시작하면, 더 이상 이론적이거나 추상적인 상태로 남아 있지 않는다. 그것은 삶의 모든 영역, 즉 음악, 미술, 교육, 일반 문화, 심지어 우리의 신학, 교회, 가정, 시장에까지 영향을 미치기 시작한다. 우리 개인의 삶을 포함하여, 철학이 삶의 모든 영역에 침투하기까지는 그리 오랜 시간이 걸리지 않는다.

도표 8.2는 2장에서 이미 소개했던, 지성의 역사를 세 개의 시기, 즉 전근대, 근대, 포스트모던으로 구분하는 시간적 흐름을 보여준다. 각 시기는 삶과 실재를 설명하는 상이한 패러다임을 보여준다. 시기의 구분은 다소 임의적이다. 시간이 지나면서 일어나는 철학적 변화는 이전의 모델에 비해 더 나은 설명과 이해를 제공하려는 시도를 보여준다.

전근대의 패러다임은 이성보다 초자연적 계시와 믿음에 기초를 두고 있다. 이 시대에는 최상의 존재에 대한 믿음이 필요했고 또 그런 믿음이 일반적이었다. 진리는 이 세상의 시간과 장소와 연결되어 있는 것이 아니었다. 근대의 패러다임은 이성과 논리를 중심에 두고 하나님은 덜 중요한 위치로 옮겨 놓으면서 전근대의 약점에 대응하려고 했다. 진리는 자연의 질서 안에 존재하는 것으로 인간이 스스로의 힘으로 발견해야 하는 것이다. 마지막으로, 포스트모던 모델은 과학과 이성, 논리를 강조하면서 생긴 공허함에 대한 반응에서 비롯되었다. 절대적 진리는 무의미한 개념이다. 왜냐하면 우리는 그것을 정의할 수 없으며, 기껏해야 우리는 우리 자신 안에서 의미를 찾을 수 밖에 없기 때문이다.

전근대주의 **믿음의 시대** B.C.-A.D. 1600 르네상스(재생/부흥)	근대주의 **이성의 시대** 1600-1950	포스트모더니즘 **감각/경험의 시대** 1950-
계시	이성	경험/감각
초자연적 종교	자연적 종교	신비주의
초자연적 법칙	자연의 법칙	영성주의
믿음	사실(과학)	반이성
신 중심 패러다임	**사람 중심 패러다임**	**다원주의적 패러다임**
플라톤	프란시스 베이컨	미셸 푸코
아리스토텔레스	르네 데카르트	자크 데리다
아우구스티누스	존 로크	리처드 로티
안셀무스	아이작 뉴턴	장-프랑수아 리오타르
	데이비드 흄	
	이마누엘 칸트	
"나는 이해하기 위해 믿는다."	"나는 믿기 위해 이해한다." 또는 "나는 내가 이해할 수 있는 것을 믿는다." 혹은 "나는 생각한다. 고로 존재한다."	"나는 나에게 의미 있는 것이라면 무엇이든 믿는다." 또는 "나는 나에게 최상의 경험을 가져다주는 것이면 무엇이든 믿는다."

도표 8.2. 역사의 발전에 대한 철학적 도식

포스트모던주의자에 따르면, 삶과 실재를 설명해주는 거대 이야기 혹은 메타내러티브는 존재하지 않는다. "메타내러티브"란 간단히 말해 다른 모든 이야기의 정당성을 확보해 주는 최종적인 준거가 되는 이야기, 혹은 모든 다른 내러티브들이 모두 조화롭게 서로 맞아 들어가게 하는 이야기이다. 우리가 사는 세계를 이해하기 위한 많은 설명들이 있다. 우리는 제대로 된 설명을 발견해야 하고, 그것이 바로 우리에게 진리가 된다. 포스트모더니즘은 실용적인 방식으로 잘 작동하는 것을 진리로 규정하려는 경향이 있다. 우리가 다룰 네 명의 포스트모던주의자들 가운데 한 사람인 리처드 로티(Richard Rorty)가 진리를 그렇게 정의하고 있다.

포스트모던주의자들이 말하는 진리란 실제로는 여러 개의 진리들 혹은 개인에게 적용되는 작은 진리들을 의미한다. 하나의 핵심적인 진리나 거대한 진리는 없다. 전근대주의나 근대주의와는 달리 포스트모더니즘은 모두가 동의할 수 있는 하나의 중심된 기준점의 존재를 부인한다. 실질적으로 포스트모던주의자들은 우연의 결과로 생겨난 것들을 신뢰한다. 예술가, 음악가, 문학가, 철학자는 우연이나 무작위적인 원리에 따라 움직인다. 왜냐하면 그들에게 고정된 기준점이 없기 때문이다. 지금 이 시기를 표현하는 모토는 "나에게 가장 의미 있는 것,

또는 나에게 최상의 경험을 가져다 주는 것이면 그게 무엇이든 진짜다"이다. 포스트모더니즘은 경험이나 느낌에 근거한 철학이다.

밀라드 에릭슨의 저서 『포스트모던 세계』(*The Postmodern World: Discerning the Times and the Spirit of Our Age*)를 읽는 중에, 나는 "아름다움이란 그것을 보는 사람의 눈에 있다"는 말을 떠올리게 되었다. 이는 사람이든 풍경이든 간에 아름다움의 대상에 흔들리지 말고, 각자 자신의 철학적 패러다임을 미에 대한 사상 혹은 개념에 적용하자는 뜻이다.

누군가 "아름다움이란 그것을 보는 사람의 눈에 있다"는 말을 듣게 된다면, 전근대주의자는 아름다움에 대한 근원적인 본질, 보편적인 관념을 가지고 있는 미에 대한 합법적인 범주가 외부에 존재한다고 생각할 것이다. 전근대 모델에 근거하면 비록 아름다움이 무엇인지에 대해서는 의견의 차이가 있겠지만, 아름다움의 범주가 있다는 것에는 일반적인 동의가 이루어질 것이다.

근대주의자들은 아름다움에 대한 보편적인 관념이 있으며, 이것을 발견할 수 있고 검증할 수 있으며 증명할 수 있고 이것에 대한 합의에 이를 수 있다고 생각할 것이다. 아름다움은 정의될 수 있기 때문에, 검증 가능한 "아름다움"에 대한 객관적 개념이 존재한다. 무엇이 아름다운가에 대해서 의견의 차이가 있겠지만, 그것을 판단하는 몇 가지 기준이나 준거들은 도출될 수 있다.

포스트모던주의자는 아름다움이란 주관적인 개념이라고 믿는다. 아름다움의 보편적 범주는 존재하지 않으며, 아름다움은 개인이나 사회 집단이 구성하는 것이다. "아름다움"은 누군가가 아름답다고 여기고 싶은 것이라면 무엇이든지 아름답다고 할 수 있는 개인적인 표현일 뿐이다. 그러므로 포스트모더니즘에 따르면 아름다움이란 느낌이나 정서, 경험에 따라 혹은 적어도 지극히 주관적으로 결정되는 것이다. 포스트모던주의자들은 "아름다움이란 그것을 보는 사람의 눈에 있다"는 말을 좋아할 것이다. 왜냐하면 아름다움이란 너무나 주관적이고, 객관적으로 검증될 수 없다고 여겨지기 때문이다.

사랑, 선과 악, 옳고 그름도 동일한 방식으로 이해될 수 있다. 포스트모던 세계에서 이런 개념들은 우리가 그렇게 되었으면 하고 바라는 것들을 의미한다. 우리가 의견에 일치를 보이지 않을 때마다 누구의 정의가 옳은지 말할 수 있는 기준은 없다.

네 명의 핵심적인 포스트모던주의자들

포스트모더니즘과 관련된 네 명의 인물에 대하여 간략히 살펴볼 것이다. 물론 다른 사람들도 고려의 대상이 될 수 있겠으나, 여기서는 장-프랑수아 리오타르(Jean-François Lyotard), 미셸 푸코(Michel Foucault), 자크 데리다(Jacques Derrida), 리처드 로티(Richard Rorty)를 살펴보겠다.

장-프랑수아 리오타르(Jean-François Lyotard)는 "포스트모던"이라는 용어를 맨 처음 사용한 사람으로 알려져 있다. 토머스 오든(Thomas Oden)은 『근대성 이후』(*After Modernity*)에서 1971년 이합 핫산(Ihab Hassan)이 문학 분야에서 이 용어를 제일 먼저 사용했다고 주장하기도 한다. 리오타르는 1924년 프랑스에서 태어나 1998년에 생을 마감하였다. 그는 파리 대학교의 철학과 교수였다. 그는 어바인에 있는 캘리포니아 대학교에서도 가르쳤다. 그는 전근대주의와 근대주의에 나오는 메타내러티브가 세상에서 일어나는 모든 일들을 더 이상 분석할 수 없게 되었으며, 따라서 근대주의 철학은 포스트모더니즘 철학으로 대체되어야 한다고 믿었다. 리오타르는 근대주의의 토대주의(foundationalism)을 철저하게 부수어 제거하려고 했다. "메타내러티브에 대한 불신"이라는 구절은 그의 포스트모던 관점을 가장 잘 표현하고 있다. 실제로, 이 말은 근대주의의 관에 못을 박는, 정당화시키고 통합시키는 힘으로서의 메타내러티브의 붕괴를 의미한다.

미셸 푸코(Michel Foucault)는 포스트모던 철학과 관련된 또 다른 인물이다. 그 역시 프랑스 출신으로, 1926년에 태어났다. 그가 강조한 것은 권력과 지식의 관계에 초점이 맞추어져 있다. 푸코도 실재를 설명하는 메타내러티브나 "큰 이야기"를 신뢰하지 않는다. 그는 프리드리히 니체(Friedrich Nietzsche)의 권력에의 의지, 그리고 그 권력의지와 진리의 관계가 가진 시사점을 발전시켰던 사람으로 알려져 왔다. 푸코는 각 사회마다 진리에 대한 고유한 관점을 가지고 있다고 믿었다. 역사는 의미가 아니라 권력에 대한 것이기 때문에 보통 말하는 역사는 아무런 의미를 가지고 있지 않다.

푸코에 대한 저서에서 폴 스트라던(Paul Strathern)은 다음과 같이 아주 흥미로운 말을 한 적이 있다. "자기 자신을 즐긴다는 것은 생각만큼 그리 간단한 문제가 아니다. … 나는 과다 복용 혹은 어떤 종류의 쾌락을 즐기는 것으로 인해 죽기를 희망한다. 왜냐하면 나는 그것이 정말로 어려운 일이라고 생각하며, 전적으로 완전한 쾌락을 즐기지 못하고 있다고 느끼기 때문이다. 나에게 있어 그것은 죽음과 연결되어 있다."[1] 흥미롭게도, 푸코는 1984년 에이즈로 죽었다. 그에게는 우리가 실재를 설명할 수 있는, 시간을 초월한 절대적 원리 혹은 메타내러티브는 없다. 모든 것은 개인과 그를 둘러싼 상황에 따라 상대적이다. 지식은 오직 사회적으로 구성된 것이며, 모든 담론은 한 사람이 다른 사람을 지배할 권력을 얻거나 행사하기 위한 시도이다.

자크 데리다(Jacques Derrida)는 1930년 알제리 엘-비아르(El-Biar)의 유대인 가정에서 태어났다. 그는 후기구조주의 혹은 "해체"라고 불리는 것에 주목하면서 명성을 얻었다. 해체가 무엇인지 정의하는 것은 역설적인 측면이 있다. 무언가에 대해 고정된 정의를 내리는 것은 해체를 통해 주장하고자 했던 데리다의 신념과 모순되기 때문이다. 해체란 탈중심화(decentering)이다. 이는 정의나 설명을 위한 중심이 없다는 것을 의미한다. 의미를 보장해주는 고정된 지점은 없다. 이것은 반-로고스중심적(anti-logocentric) 개념이다. 단어를 의미가 있는 중심으로 정의 내리는 것은 해체의 이념에 반한다. 해체는 언어와 언어의 사용은 고정된 정합적 텍스트를 가지지 않는다는 이론에 기초한 문학적 분석이기 때문이다. 무엇인가 고정된 의미를 가지고 있는 것이 있다고 주장하는 것은 신화적 용어로 이야기하는 것이다.

데리다는 서구 사상은 중심, 고정점에 기초를 두고 있다는 것을 드러냄으로써 프랑스와 미국에서 명성을 얻었다. 중심은 해체되고 제거되어야 한다. 탈중심화의 효과는 어떤 진술이 원래 그러하다고 생각했던 것과 반대로 이야기하거나 다르게 이야기하도록 만든다. 단어에 고정된 의미가 있을 수 없다! 그것은 모두 주관적으로 결정되는 것이다.

리처드 로티(Richard Rorty)는 1931년 뉴욕에서 태어난 미국의 철학자이다. 스탠포드 대학에서 비교 문학을 가르쳤던 로티는 다른 진리들이 설 수 있도록 기반을 제공하는 모종의 토대적 진리가 존재한다는 근대주의의 기본 가정을 일축함으로써 포스트모더니즘의 주류로 자리매김하였다. 그가 실용주의 철학의 아버지인 찰스 퍼스(Charles Peirce)와 의견을 같이 하고 있다는 이유로 많은 사람들은 그를 신실용주의자(neo-pragmatist)로 부르기도 한다. 로티는 모든 사람들에게 진실인 보편적인 것은 없다고 보기 때문에 상대론자이기도 하다. 로티에 따르면, 진리란 결코 정의될 수 없으므로 그것에 대해서 이야기할 이유가 없다. 그는 『객관성, 상대주의, 진리』(*Objectivity, Relativism, and Truth*)와 같은 저작이나 여러 인터뷰를 통해서, 작은 진리들이 있을 수는 있겠지만 다른 가능성들을 평가하는 거대 진리는 없다고 주장한다. 모든 사람은 자기 자신의 진리를 정의할 수 있도록 자유로워야 한다.

로티의 주장을 압축적으로 보여주는 한 인터뷰에는 다음과 같은 통찰력 있는 문장이 있다. "나는 당신이 '진리'를 당신의 동료들이 그것 때문에 당신을 따로 떨어져 있게 하는 것으로, 혹은 실재의 고유한 본질에 대응하는 것으로, 혹은 그 밖의 다른 어떤 것으로도 정의할 수 없다고 생각한다. '진리'는 '선'이라는 말과 마찬가지로 원초적 술어(primitive predicate)로서, 그 자체로 정의될 수 없는 선험적 개념이다."[2] 그 인터뷰에서 노트르담(Notre Dame) 대학의 기독교 철학자 알빈 플랜팅가(Alvin Plantinga)는 "내가 로티의 저작에서 가장 강하게 충격을 받은 부분은, 그가 데카르트적 확실성에 대한 추구와 전통적 토대주의의 실패에서 출발하여 진리와 같은 것은 실제로 존재하지 않는다고 생각한 점이다"[3]라고 결론을 내린다.

핵심 용어들

포스트모더니즘은 다양한 방향에서 다양한 하위 주제들을 가지고 있는 다소 복잡한 패러다임이다. 이것은 포스트모더니즘이 문학 비평, 예술과 건축, 인문학과 철학, 근대성과 같은 다양한 학문분야에서 동시에 발전하게 된 이유이다. 하지만 포스트모더니즘은 단순한 개인주의를 넘어서는 분명한 중심 주제(motif)를 가지고 있다.

여기서 포스트모더니즘을 이해하는데 유용한 몇 가지 전문용어들을 정의할 필요가 있다. 우리가 다룰 것은 토대주의(foundationalism), 실용주의(pragmatism), 상대주의(relativism), 구조주의(structuralism)와 해체주의(deconstructionism)이다.

토대주의

포스트모던 패러다임을 이해하고 그것이 전근대와 근대의 패러다임과 어떻게 다른지 알기 위해서는 근대주의가 가진 문제, 즉 토대주의를 이해해야 한다. 포스트모더니즘의 다양한 갈래를 관통하는 공통점은 지식의 확실성, 적어도 17세기의 지식관을 강조하는 토대주의에 대한 반발이라는 점이다.

토대주의는 여러 다른 수준과 범위의 신념과 지식이 있지만, 그 어느 것이라도 진리가 되려면 반드시 그 모든 것을 뒷받침해주는 기본적인 지지, 약간의 의심도 없이 명백한 지지가 있어야 한다는 신념을 말한다. 데카르트, 데이비드 흄, 존 로크에게는 어떤 것이 의심할 여지가 없이 진실되기 위해서는 그것을 감각적 경험이나 이성적 능력을 통해서 알아야 했다. 이러한 관점에서 볼 때 하나님은 토대의 역할을 할 수 없는데, 그 이유는 우리가 감각의 경험이나 합리적인 방법을 통해 그분을 알 수 없기 때문이다. 그러므로 우리는 하나님을 기초로 하여 신념과 지식을 쌓을 수 없고, 데카르트에 따르면, 오히려 우리 자체가 토대적인 기준이 된다. 스티븐 데이비스(Stephen Davis)가 설명한 바와 같이, 17세기 토대주의자들에게 최종적인 호소는 "확실성에 대한 마음 자체의 경험"[4] 이어야 했다.

근대주의의 기본 철학은 르네 데카르트가 말한 "코기토 에르고 숨"(*Cogito ergo sum*), 즉 "나는 생각한다. 고로 존재한다"라는 전제 위에 작동한다. 데카르트는 절대적으로 확실하게 믿을 수 있는 무언가를 찾으려고 몸부림쳤다. 그의 명제는 다른 모든 신념과 지식을 그 위에 쌓아 올릴 수 있는 궁극적인 토대를 마련해 주었다. 그 진술로부터 그는 모든 의심을 마침내 제거하고, 다른 어떤 것을 통해서도 이룰 수 없었던 것(역주–의심할 수 없는 명석판명한 지식)을 성취해 내었다. 그의 결론은 그 자체로 최종적인 보증이었다.

존 로크와 토마스 리드(Thomas Reid) 같은 사람들도 동일한 토대에서 출발한다. 기본적으로, 토대주의는 주어진 확실한 것 혹은 확실한 것이 존재하며 그것은 발견 가능하므로, 우리는 우리가 알고 믿는 것이 참되다는 것을 확신할 수 있다고 말한다.

로크, 흄, 데카르트는 확신의 기초가 사람의 마음에 있는지 아니면 감각적 경험에 있는지에 대해서는 의견이 일치하지 않았다. 그러나 그 둘 중 하나가 사람을 패러다임의 중심이 되게 한다. 앞서 역사발전의 도식에서 본 것처럼, 전근대 철학에서 근대 철학으로의 전환은 초자연, 계시, 신앙으로부터 자연, 논리, 이성, 인간이 가진 감각적인 경험으로의 이동을 의미했다.

전통적 토대주의에 근거한 이성의 시대는 인간이 발견할 수 있는 객관적인 진리의 세계가 존재한다고 보았다. 사람은 초자연적인 하나님이나 그의 계시에 의존할 필요가 없다. 포스트모던주의자들은 우리가 객관적으로 알 수 있는 영역이 있다는 생각에는 반대했지만, 아이러니하게도 사람이 인식과 통제의 중심이라는 생각에 있어서는 근대주의자들과 입장이 같았다. 앞서 계단 그림에서 살펴본 바와 같이, 어떤 특정한 포괄적 철학은 결국에는 신학과 교회에도 영향을 미친다. 많은 전통 신학자들이 데카르트와 로크에서 비롯된 토마스 리드식 토대주의를 제대로 알지 못하고 그것을 들여옴으로써 전통적인 토대주의를 거부하면서 기독교도 함께 거부하도록 포스트모더니즘을 위한 길을 닦아주고 말았다. 일부 포스트모던주의자들에게 기독교는 이루어질 수 없는 일을 하려는 또 다른 합리적인 시도일 뿐이었다. 포스트모던주의자에게 유일하게 확실한 것이 있다. 그것은 확실성은 없으며, 다른 모든 것의 토대가 되는 중심 되고 객관적인 기준점은 없다는 것이다.

분명히 포스트모더니즘은 실재에 대한 자연적, 논리적, 합리적, 과학적 접근방법에 대한 반발이었다. 그런 의미에서 우리는 포스트모더니즘이 반근대적이라고 말할 수 있는데, 왜냐하면 관찰가능하고 객관적인 것을 강조하는 근대주의가 개인적이고 주관적인 것이 중요하다고 강조하는 포스트모던적 인식체계와는 관련이 없기 때문이다. 포스트모더니즘은 신념과 지식의 토대를 개인과 그가 속한 공동체가 향유하는 신념과 지식들의 그물망으로 바꾸려 한다. 달리 말하자면, 신념과 지식이란 보편적으로 주어진 것이 아니라 사회적으로 구성되는 것이다. 포스트모던주의자들은 확실한 토대적 진리 위에 근거하여 결론을 도출하기 보다는, 그저 대화를 지속시켜 나가는 것이 그들이 할 일이라고 생각한다.

앞서 역사의 발전에 대한 철학적 도식에 나온 진술이나 모토는 각 시대의 특징을 보여준다. 각 용어마다 그 개념을 이해하는데 도움이 될 만한 진술이나 구호를 덧붙일 것이다. 토대주의의 구호는 "내가 그렇게 이야기했기 때문에 그것은 사실이며, 나는 의심할 수 없다"이다.

실용주의

포스트모더니즘을 이해하는데 필요한 두 번째 개념은 "실용주의"이다. 이 용어는 순수하게 미국 고유의 철학이라고 부르는 것을 대표하기 때문에 익숙할 것이다. 실용주의는 찰스 샌더스 퍼스(Charles Sanders Peirce), 윌리엄 제임스(William James), 존 듀이(John Dewey)와 관련이 있다. 리처드 로티의 포스트모더니즘은 이 철학과 긴밀히 연결되어 있다. 로티의 저작에는 실용주의를 향한 진심 어린 호감이 드러난다. 스탠리 그렌츠는 푸코가 니체의 제자이고 데리다가 하이데거의 제자라고 한다면, "리처드 로티는 두말할 것 없이 존 듀이의 제자다"[5]라고 말한다.

그간 로티는 실용주의를 새롭게 조명하는 데 핵심적인 역할을 해 왔다. 비록 로티가 진리를 논하는 것이 정당한지에 대한 의문을 제기하지만, 진리에 대한 실용주의자들의 이해와 로티의 이해는 정말로 유사하다. 그랜츠는 로티가 퍼스나 제임스의 실용주의를 단순히 재진술한 것이 아니라 우리가 포스트모더니즘으로 알고 있는 것들로 실용주의를 새롭게 해석하고 있다고 바르게 평가했다. 우리는 진리에 관해서 실용주의와 로티의 포스트모더니즘 모두가 지지하는 주장을 설명할 수 있다. 한 잔의 차가 있는데 그것은 달콤할 수도 있고 그렇지 않을 수도 있다. 그것을 알려면 맛을 봐야 한다. 실용주의자들 중 특히 퍼스는 만일 어떤 것이 효과가 있다면 그것은 참되고 또 만일 어떤 것이 참되다면 그것은 효과가 있다고 말할 것이다. 포스트모던주의자들은 어떤 것이 우리에게 진실하고 우리가 그것을 경험한다면 그것은 참이고, 그렇지 않다면 그것은 참이 아니라고 이야기할 것이다.

만일 종교적 믿음이 누군가에게 유익을 가져다 준다면, 그가 믿음을 가지는 것은-예를 들어, 아이를 잃은 엄마의 경우, 그 아이가 하늘에 있다고 믿는 것에서 위안을 찾는다면-정당화될 수 있다고 말한 윌리엄 제임스는 이런 입장을 잘 보여주고 있다. 포스트모더니즘에 대해서 이미 논의되어 온 것에 비추어 본다면, 실용주의가 역사적 시기나 그 방법론에 있어 포스트모더니즘의 토대 중 하나라고 말할 수 있다. 모든 지식은 반드시 실제적이어야 한다. 우리가 아는 것은 우리가 행하는 것과 연결되어 있다. 찰스 퍼스는 아는 것은 곧 행하는 것이다 혹은 아는 것은 행위라는 것을 강조한 것으로 유명하다. 무엇이든 그것이 실제적으로 적용되고 효과가 있어야만 의미가 있다.

실용주의의 구호는 "만약 그것이 효과가 있으면, 그것은 참이다"이다.

상대주의

포스트모더니즘을 이해하는 데 도움이 되는 세 번째 핵심 용어는 "상대주의"인데, 아마도 우리에게 가장 익숙한 용어일 것이다. 토대주의나 실용주의와 마찬가지로 "상대주의"라는 용어도 포스트모던주의자들이 발전시킨 것이 아니라 그들에게 채택된 것이다. 리처드 로티는 그의 포스트모던 철학을 통해 상대주의를 옹호한다. 그는 "객관적 진리"는 더 이상 현재 무슨 일이 일어나고 있는지 설명하기 위한 방법으로 우리가 가진 최상의 아이디어가 아니라고 말한다. 가장 간단한 형식으로 표현하자면, 상대주의는 기본적으로 모든 사람을 위한 보편적이거나 절대적인 진리는 존재하지 않는다고 주장한다.

오늘날 상대주의는 다양한 형태로 존재한다. 그 중 몇 개의 이름을 들면, 인지적 상대주의, 윤리적 상대주의, 혹은 문화적 상대주의 같은 것이 있다. 인지적 상대주의는 단순히 보편적 진리는 없으며, 단지 사물에 접근하고 설명하는 서로 다른 방식들이 있을 뿐이라는 것을 의미한다. 이것은 "인간은 만물의 척도이다. 존재하는 것에 대해서는 존재하는 것의, 존재하지 않는 것에 대해서는 존재하지 않는 것의 척도이다"라고 말한 고대 그리스 철학자 프로타고라스(Protagoras)에 의해 제기된 관점이다.

윤리적 상대주의는 따로 설명이 필요 없이 자명하다. 옳고 그름, 선과 악에 대한 절대적인 혹은 보편적인 기준은 없다. 그런 기준들은 사회마다 다양하게 나타난다. 한 사회에서 받아들여진 것이 다른 사회에서는 받아들여지지 않을 수도 있다. 따라서 윤리적 상대주의는 세 번째 형태인 문화적 상대주의와 연결된다. 문화적 상대주의는 모든 것을 문화에 기댄다. 우리는, "우리 문화에서는 이것이 우리가 실천하는 방식이다. 너희 문화에서 너희 방식이 옳고 선한 것처럼 우리 문화에서는 이 방식이 그렇다. 그러므로 각자의 접근방법에 대해 이렇다 저렇다 판단할 수 없다. 그것은 모두 상대적이다"라고 말할 수 있다. 이것은 자신이나 자신이 속한 집단의 방식은 옳고, 다른 모든 방식은 잘못되었다고 주장하는 문화적 절대주의자들과 윤리적 절대주의자들과 대조를 이룬다.

상대주의가 포스트모더니즘에 있어 얼마나 중요한 구성요소인지를 아는 것은 쉽다. 어떤 표준이나 중심, 판단의 기준도 없다. 그것은 우리가 누구이고, 어디에 있으며, 환경이 요구하는 것이 무엇인가에 따라 다르기 때문이다.

상대주의의 구호는 "무엇이든지(whatever)"이다.

구조주의(그리고 해체주의)

구조주의(structuralism)의 대립항인 "해체주의"(deconstructionism)가 더 나은 네 번째 핵심 용어일 수도 있다. 우리는 구조주의와 해체주의를 서로 분리해서 이해할 수 없다. 이 네 번째 용어는 가장 덜 알려져 있고 덜 이해되고 있지만, 자크 데리다가 핵심적인 포스트모던주의자라는 사실에 비추어 볼 때 동일하게 중요하다. 노먼 F. 칸토(Norman F. Cantor)는 "구조주의는 지난 40년 동안 가장 중요한 지적 운동이라 할 수 있다"[6]고 말하였다. 그는 구조주의가 없었다면 해체주의도 없었을 것이라고 주장하는데, 왜냐하면 해체주의는 구조주의에 대한 반발과 비판에서 출발하여 발전했기 때문이다.

구조주의의 개척자 중 하나인 클로드 레비-스트로스(Claude Lévi-Strauss)는 당대의 실존주의 철학 안에 구조와 체계가 없는 것을 바로잡고자 하였다. 실존주의는 전혀 체계적이지 않은 방식으로 모든 것의 중심을 인간에 두었다. 레비-스트로스는 구조로부터 의미와 확실성(authenticity)을 제공받는 체계를 개발하고, 중심으로서의 개인을 구조로 대체하고자 하였다. 그는 보편적 구조가 존재한다는 것을 많이 강조하였다.

앞에서 지적했던 것처럼, 데리다는 구조란 없으며 그 결과로서 고정된 의미나 판단 기준, 정전, 전통도 없다고 믿었다. 모든 것은 의미의 복수성을 가지고 있다. 내가 어떤 것의 색이 하얗다고 말할 때, 그것은 나의 의견을 제시하는 것이며, 이것이 내가 하는 일의 전부다. 동일한 것이 당신에게는 검은색이나 회색일 수 있다. 글과 말은 단일한 메시지나 정의에 얽매이지 않는다. 모든 것은 상대적이다. 구조주의의 매력이 그것이 가진 객관성과 확실성으로부터 오는 것인 반면에, 해체주의의 매력은 정반대의 이유, 즉 어떤 객관성이나 확실성도 없다는 주장 때문이었다. 해체는 중심을 분산시키고 제거하는 것을 강조한다.

실제로 이것은 말과 글이 우리가 원하는 어떤 의미로도 해석될 수 있다는 뜻이다. 말이나 글이 오직 하나의 의미나 메시지를 가지고 있다고 주장하는 것은 포스트모던 철학에 역행하는 것이다. 이것은 다음과 같은 방식으로 작동한다. 만일 내가 어떤 말이나 글이 특정한 의미를 가지고 있다고 주장하고 당신은 그것과 다른 의미를 주장하는데, 내 정의를 가지고 상황을 조작할 수 있고 통제력을 얻는다면 나는 당신을 주변화시킨 것이다. 나는 당신을 깎아 내리고 당신의 의미와 정의를 억압한 것이다.

해체주의의 구호는 "그것은 당신이 보는 방식이고, 내가 보는 방식은 다르다"이다.

포스트모더니즘에 대한 평가

"포스트모더니즘은 근대주의에 대한 반발인가?" 라는 조심스럽게 대답해야 할 질문을 여러 차례 받았었다. 포스트모더니즘은 근대주의에 대한 반발이거나 아니면 근대주의의 완성이다. 포스트모더니즘은 하나님과 그분의 권위를 사람으로 대체한 철학이다. 근대주의는 그리스도인에게 방법론에서 권장할 것이 많았던 반면에, 포스트모더니즘은 근대주의와 그보다는 덜하지만 전근대주의가 우리의 눈을 가리고 있던 것을 볼 수 있도록 돕는다.

이런 말을 한다고 해서 예전으로 되돌아가야 한다고 부추기는 것은 아니다. 이런 말이 필요한 이유는 많은 복음주의 학자들과 저자들이 과거로 되돌아가는 것이 올바른 방향으로 행동하는 것이라는 인상을 주었기 때문이다. 하지만 하나님께서는 우리를 지금 이 세대를 향한 하나님의 목적을 이루는 일에 봉사하도록 부르셨다. 따라서 시간을 거슬러 과거를 다시 만들어 내려고 하거나 지나치게 미래지향적으로 사는 것은 부르심에 대한 답이 될 수 없다. 우리는 각 시대로부터 시간을 초월하는 진리를 취해야 하며 그것을 오늘날의 상황과 연결시킬 필요가 있다.

나는 세 개의 영역을 선택하여 평가를 하고자 한다. 그 첫 번째 영역은 하나님과 진리, 권위이다. 두 번째 영역은 공동체와 관계이며, 세 번째 영역은 삶의 방향성 혹은 경험의 방향성이다.

포스트모더니즘으로부터 우리가 도움을 받을 만한 첫 번째 영역은 하나님, 진리, 권위에 관한 것이다. 근대주의는 객관성을 지나치게 강조하였고, 사람이 완전히 객관적이며 편파적이지 않을 수 있다는 인상을 주었다. 쉐퍼의 표현을 사용하면 사람은 참된 진리를 객관적으로 알 수 있다. 우리는 이에 대해 2장에서 보다 자세히 다루었다. 기본적으로 근대주의는 우리가 어떤 개인적 편견도 없이 사물을 알 수 있으며 객관적인 지식은 획득 가능하다는 것을 강조하였다. 포스트모던주의자들은 이러한 입장이 갖는 오류를 알고 있다.

근대주의는 말이나 글이 모든 상황과 장소에서 오직 하나의 의미를 가지며, 그것은 논리적이고 합리적으로 드러낼 수 있다는 생각을 장려한다. 우리는 하나님, 진리, 권위가 존재하는 객관적 영역, 말하자면 우주적 판단의 기준점이 우리의 영역 바깥 어딘가에 분명히 있다는 것을 결코 잊지 말아야 한다. 그러나 우리는 앎의 과정에 주관적으로 관여하기 때문에, 하나님을 포함하여, 사물을 완전히 객관적으로 알 수 없다.

이것은 말과 글에 대한 이해와 함께 하나님에 대한 우리의 지식이 역사 속에서 우리가 살고 있는 시간과 장소에 의해 영향을 받는다는 사실을 인식해야 한다는 것을 의미한다. 이런 의미에서 포스트모던주의자들은 어떤 말과 글을 안다고 주장하거나 말할 때 신중해야 할 필요가 있다는 것을 상기시켜준다. 다른 한편으로, 우리는 객관성이란 그저 환상일 뿐이라고 주장하는 포스트모던주의자들의 노선을 전적으로 따르지 않도록 매우 조심해야 한다. 이 둘 모두 부지불식 간에 빠질 수 있는 함정이다.

신학자이자 선교학자인 레슬리 뉴비긴은 이 영역에서 영향력 있는 저술활동을 했다. 독자들은 과학철학자 마이클 폴라니에 대해 들어보았을 것이다. 그는 과학의 영역에서도 완전히 객관적이 되는 것은 불가능하다는 이 생각 때문에 과학의 영역에서 떠나 철학으로 옮겨왔다.

이것은 포스트모더니즘으로부터 얻을 수 있는 두 번째 긍정적인 강조점으로 우리를 이끈다. 포스트모던 철학은 공동체, 관계, 사회적 집단의 중요성을 강조한다. 근대주의가 견고한 개인주의에 초점을 맞추었던 것과 달리, 포스트모더니즘은 개인과 공동체 사이의 긴장에 초점을 맞춘다. 포스트모더니즘은 특별히 진리를 규정하면서 공동체의 역할을 과도하게 강조함으로써 극단적으로 치우친 면이 있지만, 그렇다고 해도 공동체의 중요성을 간과해서는 안된다.

우리 가운데 근대주의에 극단적으로 치우친 서양 철학에 빠진 사람들은 우리가 혼자서는 제대로 기능할 수 없다는 것을 알아야 한다. 우리는 진공상태에서 사물을 이해할 수 없으며, 진리와 실재에 대한 최종적 해석자도 될 수 없다. 우리는 책무성, 격려, 소속감이 필요하다.

사람이 자기 인생의 주인이라는 생각은 타당하지 않다. 하나님께서는 우리를 공동체를 필요로 하는 존재로 만드셨다. 사회적 존재이며, "사람이 혼자 사는 것은 좋지 않다." 창세기 2:18 포스트모던주의자들은 반제도적(anti-institutional)인 경향이 있고, 조직화된 종교들에 대해서도 동일한 태도를 취하지만, 한편으로 그들은 상호의존성에 가치를 둔다. 그리고 그들이 그렇게 하는 것은 옳다. 공동체는 우리의 안녕(well-being)과 생존을 위해 꼭 필요한 것이다. 교회는 각 사람이 머리 되신 그리스도께 의존하듯이 공동체의 다른 구성원들과 서로 의지하는 신자들의 공동체이다. 우리는 서로를 필요로 한다!

그리스도인들이 복음을 증거할 때 개인적인 관계에 높은 가치를 두는 것을 보여주는 것은 포스트모던주의자들에게 효과적일 것이다. 우리가 "성도의 교제와 사귐"를 믿고 실천하는 것은 포스트모던 세대를 향해서 우리가 증거하는 내용의 중요한 부분이다. 관계적 변증론(relational apologetic)은 합리주의의 근대적 접근방법보다 더 설득력이 있을 것이다. 베드로는 우리가 "너희 속에 있는 소망에 관한 이유를 묻는 자에게는 대답할 것을 항상 준비" 베드로전서 3:15 해야 한다고 충고했다. 왜 다른 사람들이 우리가 그리스도를 소망하는 이유에 대해 물어볼까? 그것은 그들이 우리의 삶에서 특별하고 희망적으로 보이는 진정한 무언가를 보기 때문이다. 우리는 논쟁으로 포스트모던 사람들을 얻을 수 없다. 그보다는 우리가 말하는 것에 타당성과 신뢰성을 주는 관계를 만들고 모범을 보임으로써 그들을 얻을 수 있다.

이것은 우리가 인정할 수 있는 포스트모더니즘의 세 번째 강조점을 나타낸다. 즉, 우리의 신앙은 생활지향적이어야 하고 우리 삶의 핵심이기 때문에 우리의 사고와 행동에 영향을 미쳐야 한다는 것이다. 우리의 신앙은 의도적으로 더 관계적이고, 경험적이며, 진실하고, 생활방식에 통합되어야 한다. 4장과 5장에서 우리는 우리가 믿는 대로 살아감으로써 구현되는 일상의 경험에 통합된 교리에 대해 이야기하였다. 우리는 우리가 증거해야 할 사람들의 언어로 복음의 진리를 전하는 일에 좀 더 숙련될 필요가 있다. 그렇게 할 수 있는 핵심적인 방법 중 하나는 우리가 믿고 안다고 고백하는 것의 실재를 그들에게 보여주는 것이다.

결론

포스트모더니즘 철학은 진정한 소망을 제시하지 못한다는 점에서 복음의 진리와 실재에 미치지 못한다. 포스트모더니즘에서는 만일 하나님이 있다면, 그 하나님은 우리가 원하는 대로 어떤 존재로도 될 수 있다. 하지만 그런 종류의 하나님이라면 우리 삶에 어떤 진정한 변화도 가져올 수 없다. 포스트모더니즘이 관계와 공동체를 강조하는 것은 정말 중요하지만, 하나님을 배제한 채로 선하고 굳건한 관계들을 가질 수는 없다. 사회학자들은 이와 관련하여 우리가 그 동안 알고 있었던 것을 확인해 주었다. 종교는 강력한 공동체적 삶을 세우는 일에 필수적이다. 사도 바울이 골로새서에서 말한 것처럼, 하나님께서 사람들과 만물들을 결합시키는 "강력 접착제"이시기 때문에 우리는 이 사실을 이해하고 있다. 그리스도의 구속 사역을 통하여 우리는 하나님과 화목하고, 다른 사람들과도 화목하게 되었다. 그 화목의 과정은 수직적인 의미뿐만 아니라 수평적인 의미도 가지고 있다.

포스트모더니즘은 문화가 사물을 보고 해석하는 방식에 영향을 준다는 사실을 올바르게 상기시켜 주었다. 우리는 우리 문화를 포함하여 모든 문화를 초월하는 진리의 말씀을 이해하도록 주의를 기울여 노력해야 한다. 이 과정에서 요구되는 것은 의도적으로 또 하나님의 도우심에 따라 우리가 아는 것과 우리 일상의 삶을 통합하는 것이다.

우리는 토대주의의 개념을 거부할 수 없다. 다만 계몽주의적이고 데카르트적인 토대주의를 거부할 뿐이다. 하나님과 그분의 진리, 그리고 그분의 권위를 믿는 믿음은 다른 모든 것의 토대가 된다. 우리가 실용주의 철학을 모두 받아들일 수는 없지만, 하나님을 믿는 우리의 믿음이 진실하다면 그 믿음이 결과를 산출할 것이라는 생각에는 동의한다. 그것은 실제로 작동하는 믿음일 것이다. 우리가 상대주의 철학을 받아들일 수는 없지만, 하나님의 진리를 이해하고 적용하는 일 모두에서 우리가 처한 상황의 중요성을 알고 있다. 또한, D. A. 카슨(D. A. Carson)이 『하나님 재갈 물리기』(*The Gagging of God*)와 『성경 해석의 오류들』(성서유니온, *Exegetical Fallacies*)에서 상기시켜 주는 것 같이, 모든 주제들이 문화적으로 영향을 받고 문화의 인도를 받는다는 것을 인정한다면, 우리는 텍스트를 해석할 때 극도로 세심한 주의를 기울여야 한다.

마지막으로, 우리는 논리적이고 합리적인 것이 참되다는 우리의 생각을 만족시켜야 한다고 믿는 것에 대하여 죄책감을 갖지 말아야 한다. 왜냐하면 초자연적인 하나님은 우리의 이성과 논리를 초월하고 자주 그렇게 하시기 때문이다. 기독교 신앙은 "우리가 믿음으로 행하고 보는 것으로 행하지 아니함이로라" 고린도후서 5:7 는 점에서 신비를 가지고 있다는 것을 기꺼이 인정해야 한다. 또한 우리는 정반대의 극단으로 치달아서 우리가 하나님을 자의적으로 창조하고 정의 내릴 수 있다고 믿어서도 안된다. 하나님은 말씀과 세계를 통해서 자신을 우리에게 계시하시는 자족적이고 구원하시는 분이시다.

삼위일체 하나님은 시간과 장소를 막론하고 모든 사람들이 사물을 알 수 있도록 만들어 주는 판단의 핵심 기준이다. 하나님에 대한 우리의 지식은 상황에 따라 다르게 적용될 수 있겠지만, 핵심 기준이 되는 하나님께서 존재하신다는 사실은 변함이 없다. 그리스도인으로서 우리는 만물의 중심이 하나님과 그분의 말씀, 그분의 권위라는 것을 어떤 해체적 방식이 아니라 그분이 계시하신 대로 믿는다. 말과 글은 중요하다. 그것들이 제대로 이해되고 정의된다면 진리와 실재를 이해하기 위해 우리가 딛고 설 수 있는 토대가 된다. 거대 내러티브 혹은 메타내러티브는 분명히 존재하며 그것은 바로 복음이다. 모든 것은 복음의 이야기와 연결되어야 하며, 그렇지 않다면 궁극적으로 무의미하다.

포스트모더니즘은 우리에게 근대주의 패러다임이 지닌 결함을 깨닫게 해주었고, 여러 핵심적인 주제들을 민감하게 포착할 수 있게 해주었다. 그러나 하나의 철학으로서 포스트모더니즘은 기독교 신앙과 대립된다. 그리스도의 제자는 삶의 시작부터 끝까지 전체를 관통하는 기독교 철학을 개발할 필요가 있다. 그것은 우리 삶에 들어있는 모든 풍성함을 볼 수 있게 해주는 틀이 될 것이다.

세상을 알아야 할 책임을 가진 그리스도의 제자는 그 세상의 가장 유력한 철학을 이해할 필요가 있다. 오늘날, 적어도 서양에서는 그 철학이 포스트모더니즘이다.

더 깊은 생각과 토론을 위한 주제

1. 포스트모더니즘을 다룬 8장을 읽으면서 당신은 이 주제와 오늘날의 세계에서 당신이 보고 있는 것 사이의 관련성을 찾을 수 있었는가?

2. 프란시스 쉐퍼가 제안한 계단 그림 모델을 사용하여, 당신은 포스트모더니즘이 계단으로 표현된 삶의 영역들, 특히 우리의 교회와 가정에 어떻게 침투해 왔는지 볼 수 있는가?

3. 철학적 도식과 타임라인으로 표현된 역사적 발달과정을 이해하는 것이 왜 중요한가?

4. 포스트모더니즘이 무엇인지, 그리고 그것은 오늘날 우리에게 어떤 영향을 주고 있는지 당신은 어떻게 설명하겠는가?

5. 각 패러다임이 이전 패러다임에 대한 반발이었다고 말하는 것은 정확한가? 만약 그렇다면, 왜 그러한가? 포스트모더니즘은 어떤 점에서 근대주의에 대한 반발이라고 할 수 있는가?

추천도서

Carson, D. A. *The Gagging of God*. Grand Rapids: Zondervan, 1996. 다원화된 사회에 관한 연구이자, 포스트모던 사고를 가진 사람들에게 복음을 어떻게 증거할 것인가에 대한 연구. 기독교가 그 토대를 상실하고 있다는 것을 상기시켜주는 책이다.

Erickson, Millard. *The Postmodern World: Discerning the Times and the Spirit of Our Age*. Wheaton, Ill.: Crossway, 2002. 포스트모더니즘의 철학에 관하여 대학생과 교회를 대상으로 한 강의. 에릭슨은 이 철학이 미국인들의 삶에 어떻게 침투해 왔는지를 보여주고 있다. 매우 훌륭한 책이다.

Greer, Robert C. *Mapping Postmodernism*. Downers Grove, Ill.: InterVarsity, 2003. 선한 역사로 가득한 책이다. 그룹으로 묶기 어려운 포스트모던 철학의 주요 내용을 이해하는 데 큰 도움이 되는 책이다.

Guinnes, Os. *Time for Truth*. Grand Rapids: Baker, 2000. 포스트모더니즘이 근대주의의 결점으로부터 어떻게 성장해왔는지 간결하게 분석한 훌륭한 책이다.

Veith, Gene. *Postmodern Times*. Wheaton, Ill.: Crossway, 1994. 포스트모던주의자들의 이데올로기, 생활양식, 가치에 대한 비판적 관점을 담은 책이다.

9장

세대 차이의 배경

하나님 나라의 제자 삼기에 대한 책에 왜 세대에 관한 내용이 포함되어야 하는가? 이는 분명한 대답이 있어야 할 마땅한 질문이다. 그리스도의 제자는 주님과 자기 자신에 대해 알아야 한다. 또 그들이 살고 있는 세상에 대해서도 이해해야 한다. 왜냐하면 우리는 복음을 듣는 사람들이 이해할 수 있고, 자신들의 삶에 적용할 수 있게 전해야 할 책임이 있기 때문이다. 이 말은 제자 삼는 과정에서 우리가 영적인 진리를 사람들에게 실감나게 만드는 일을 통해 성령님의 일을 할 수 있다고 주장하려는 것이 아니다. 오히려, 성경에는 청중들이 하나님의 진리를 곧 바로 자신들의 삶에 연결시키고, 그것을 알아볼 수 있게 하는 방식으로 제시되는 예가 많다. 예수님은 이 일에 대가이셨고, 사도 바울도 그랬다.

앞의 두 장에서 우리는 근대주의와 포스트모더니즘이 서로 다른 관점과 결론을 보여주고 있음을 살펴보았다. 20세기가 시작되면서, 특히 제2차 세계대전 이후부터 세대에 대한 관념이 우리 문화에서 점점 더 의미 있고 중요해졌다. 서로 다른 세대들을 연결하려고 할 때, 어느 한 세대가 사물을 인식하는 방식이 다른 세대의 방식과 같지 않다는 사실을 기억해야 한다. 이것은 우리가 젊은 세대의 문화, 즉 청소년과 청년 문화를 알면 더 분명하게 드러난다. 이런 20세기의 범주들은 서로 다른 세대 간의 다양성을 이해하는 데 있어 중요하다. 『라이프 트렌드: 베이비 부머와 미국 노년의 미래』(*Lifetrends: The Future of Baby Boomers and Other Aging Americans*)에서 제리 거버(Jerry Gerber), 재닛 울프(Janet Wolff), 월터 클로어스(Walter Klores), 진 브라운(Gene Brown)은 "한 세대의 경험이 다음 세대의 경험과 크게 달라질 때, 사회적 변화는 곧 규범이 된다. 삶에 대한 대부분의 상식이 다음 세대로 전수되지 못하는데, 이는 그것이 더 이상 정확한 정보와 유용한 지침을 제공하지 못하기 때문이다"[1]라고 지적한다.

포스트모더니즘에 관한 장에서 역사의 특정 시기에 사람들의 사고와 행동을 결정하는 철학적 이데올로기에 대해 이해할 필요가 있다는 것을 언급하였다. 오늘날 그 이데올로기는 포스트모더니즘이다. 그리고 우리는 사람들에 대해서도 이해할 필요가 있다. 왜냐하면, 제자 삼는 일은 그들을 대상으로 하기 때문이다. 나는 이전 여러 장에서 삶의 변화를 목표로 하는 제자 삼는 사역의 과정은 때때로 실패하기도 한다고 하였다. 이는 그리스도를 믿는다고 고백하는 사람이 자신의 신앙이 일상의 삶에서 어떤 영향을 끼치는지 늘 제대로 이해하는 것은 아니기 때문이다.

흥미롭게도 많은 젊은이들은 기독교가 사람들의 삶을 변화시키는 어떤 영향력도 발휘하는 것을 보지 못했다는 이유로 교회와 기독교에 대해 부정적인 반응을 보인다. 그렇게 된 한 가지 이유는 종교에 대한 서양의 개념 때문이다. 우리는 젊은 세대들에게 기독교가 삶의 체계라는 것을 보여주어야 한다. 우리는 기독교가 우리 상황에 들어와서 만든 성경적 배경과 그로 인한 변혁의 결과를 젊은 세대에게 보여주어야 한다.

이와 유사하게, 무슬림들도 동서양 간 종교에 대한 관점의 차이로 인해 당혹스러워 한다. 이슬람교는 무슬림의 삶의 모든 영역에 관여하는 체계이다. 그것은 세계관 체계(a world-and-life-view system)이다. 반면 서양의 종교는 일반적으로 종교와 삶의 다른 영역들을 구분한다. 종교를 위한 영역이 분명히 있지만, 그것이 일상의 삶은 아니다. 이것은 동양사람들을 당혹스럽게 한다. 마찬가지로 그런 이분법적 구분은 기독교가 실제로는 동양의 종교이며 이것 역시 삶의 체계 혹은 삶의 방식이라는 것을 이해하는 서양인들에게도 당혹감을 느끼게 한다. 하나님 나라와 세계관에 관한 이전의 여러 장에서 살펴본 바와 같이, 그리스도의 통치 아래에 있지 않는 어떤 삶의 영역도 존재하지 않는다.

세대의 차이

"세대"라는 말은 여러 가지 다른 의미를 가지고 있다. 세대는 일반적으로 역사 속에서 어느 특정한 시대에 살고 있는 사람들을 광범위하게 지칭하는 말이다. 그러나 이 말은 좀 더 구체적으로 역사 속에서 어느 특정한 시기에 사는 서로 다른 연령의 집단들이란 의미로 사용되기도 하는데, 이 장에서는 이것에 주목하고자 한다.

『세대: 미국의 미래, 1584-2069』(*Generations: The History of America's Future, 1584 to 2069*)라는 제목의 책에서 윌리엄 스트라우스(William Strauss)와 닐 호우(Neil Howe)는 세대를 "수명의

길이가 비교적 유사하고 동년배들의 성향에 의해 경계가 정해진 동시대 집단(어느 특정한 기간에 태어난 모든 사람들)"[2]으로 정의한다. 이 정의는 한 세대가 무엇인지를 알려준다. 그리고 한 세대가 끝나고 다른 세대가 시작되는 날짜를 분명히 말할 수 없다는 것도 알려준다. 세대 간에는 시기와 생각에 있어 겹치는 부분이 있다.

어느 주일, 어린이와 청소년, 청년, 중년층과 노인들이 함께 모인 수 백 명의 회중 앞에서 설교를 했던 적이 있다. 그들은 적어도 다섯 세대로 이루어져 있었다. 나는 "기독교적 마음의 성장"이라는 주제로 설교를 하였다. 여러 다른 세대들로 구성된 회중이었기에 내가 직면한 도전이 무엇인지 곧바로 알아차렸다. 나는 각각의 세대가 내 설교를 조금씩 다르게 들으리라는 것을 알고 있었다. 그렇다면 어떻게 그 청중들에게 의미 있는 설교를 할 수 있을 것인가?

특정한 세대를 대표하는 각각의 연령 집단들은 다른 집단과 공통점을 가지고 있지만, 내가 말하는 것을 걸러서 받아들이는 그들 나름의 관점이나 "안경"을 가지고 있는 것을 나는 알고 있었다. 내가 이것으로 염려하고 있던 때에, 하나님께서는 이들 모두가 그분의 진리, 참되고 신실한 그분과의 관계, 그들 상호간에 피상적인 수준을 넘어서는 교제가 필요하다는 사실을 다시 한 번 확신시켜 주셨다. 나는 그들 가운데 기독교적 마음이 자라도록 하기 위해 내가 할 일이 무엇인지 알 수 있었다. 나의 목표는 그 회중의 모든 사람들과 소통하는 것이었다. 나는 여러 세대들과 동시에 소통하기 위해서는 성령님께 전적으로 의지해야 한다는 것을 알았다. 나는 진정으로 그들을 이해하고 싶었고, 그들이 진리를 받아들이기를 원했다. 성령님께서 일하시지 않으시면 그런 일은 일어날 수 없다.

제자를 삼는 사역을 하는 모든 사람들은 이와 같은 도전에 직면한다. 당신이 살고 있는 세계를 이해하라! 당신의 청중을 이해하라! 하나님의 은혜에 의지하여, 우리의 청중들이 어디로부터 왔는지를 민감하게 고려하여 그분의 진리를 선포하라. 왜냐하면 그들의 배경은 그들이 당신의 이야기를 듣고 이해하는 방식에 영향을 미치기 때문이다.

제자 삼는 하나님 나라의 접근법은 몇 가지 것들에 대한 인식을 드러내 보여주어야 한다. 예컨대, 우리가 가진 공통점들, 즉 하나님의 형상으로 지음 받은 존재이며 구원이 필요한 죄인이라는 것을 깨달아야 한다. 동시에 우리 사이에 존재하는 차이에 대해서도 이해할 필요가 있다. 우리는 또한 가장 의미 있는 방식으로 복음의 진리와 소망을 전하려는 열정과 민감함을 보여줄 필요가 있다.

세대 간의 차이가 사소하거나 존재하지 않는다고 믿는 것은 어렵지 않다. 내가 인도하는 문화적 인식을 주제로 한 세미나에서 사람들은 나에게 "도대체 우리가 이런 일을 왜 해야 합니까? 그저 복음을 전하면 되잖아요. 우리 모두는 다 같은 사람들이니까요"라고 질문한다. 실제로 우리는 많은 점에서 서로 다르다. 각 세대는 강점과 약점, 그리고 전망과 열망에 있어서 분명한 차이점들을 보여준다.

나는 교회가 이러한 사실을 배우는 데 있어 느리고, 주저하고 있는 것에 대해 계속 놀라고 있다. 나는 정기적으로 인구 변화의 추이를 주시하고 있는데, 마케팅 담당자들은 이 주제에 대해 훨씬 더 민감할 뿐만 아니라, 그 지식을 소비 패턴에 영향을 주기 위하여 활용하고 있다는 것을 알게 되었다. 나는 우리가 사람들에 대해 배워야 할 것이 많다는 것을 확신한다. 사람들에 대해 공부하는 과정을 통해서 우리는 각 사람에게 가장 의미 있는 방식으로 복음을 전할 수 있는 방법을 알게 될 것이다.

몇 년 전에 나는 론 젬케(Ron Zemke), 클레어 레인즈(Claire Raines), 밥 필립자크(Bob Filipczak)가 쓴 『직장에서의 세대들: 참전용사, 베이비 부머, X세대, 그 이후 세대들 간에 직장에서 발생하는 충돌 다루기』(*Generations at Work: Managing the Clash of Veterans, Boomers, Xers, and Nexters in Your Workplace*)

라는 제목의 책을 살펴볼 기회가 있었다. 그 책의 핵심 주제는 여러 세대들로 이루어진 조직을 관리하는 방법에 관한 것이다. 조직의 관리자들은 "나이와 피부색, 가치, 관점 등이 뒤섞인 무리를 생산적인 협력 집단으로 만들기" 위해 노력하면서 말로 표현할 수 없는 심한 두통과 큰 비용을 지불한다. 그 책의 요점은 각 세대는 조금씩 다르게 관리되어야 한다는 것이다. 저자들이 말한 것처럼, "이 책은 세대의 다양성, 그로 인한 긴장과 도전, 기회, 그것이 보여주는 가능성에 주목한다. 직장에서 나이든 사람들과 장년들, 젊은 사람들 간에 발생하는 오해와 원한의 골이 깊어지고 심각해지고 있다는 것을 점점 더 인식하게 된다."[3]

일부 사회학자들의 주장에 따르면, 세대는 네 가지로 구분할 수 있다. 그리고 여기에, 1980년대부터 2000년대에 태어난 밀레니얼 세대를 추가하게 되면 모두 다섯 개의 세대가 될 것이다. 한 세대는 연령만이 아니라, 이념에 의해서도 특징지을 수 있기 때문에 우리는 기다리면서 지켜볼 필요가 있다. 나는 각 세대를 간략하게 설명하고 제자 삼는 하나님 나라 모델과 관련하여 몇 가지 결론을 도출하고자 한다.

전통주의자(제2차 세계대전 이전) 세대

스트라우스와 호우는 침묵의 세대에 관하여 이야기한다. 이들은 참전 세대, 고령화 세대, 건축자 세대로 불리기도 한다. 우리는 제2차 세계대전 이전에 태어난 사람들을 지칭하기 위해 "전통주의자 세대"(traditionalist generation)라는 용어를 사용할 것이다.

전통주의자 세대에 속한 사람들은 누구이며, 무엇이 이들을 다른 세대로부터 구별 짓는가? 톰 브로코(Tom Brokaw)는 이들을 가장 위대한 세대라고 불렀다. 이들에게 붙여진 이름이 말해주듯이, 이들은 전통을 대표한다. 이 충직한 사람들은 관계를 계속 유지하고 (결혼적령기에 있는 밀레니얼 세대를 제외하면) 이혼율이 가장 낮다. 그들은 지극히 애국적이고, 공민 의식이 충만하며, 권위와 명령 체계에 대해서 깊은 존경심을 가지고 있다. 그들은 개인주의적이지 않고 전체로서 공동체, 집단, 조직에 보다 더 많은 관심을 두는 경향이 있다. 개인주의는 그들 다음 세대의 특징이라고 할 수 있다. 그들은 가정과 교회, 학교, 선교 단체와 같은 전통적인 기관을 소중히 여기며 재정 후원에도 적극적이다. 그들은 적어도 현재까지는 가용할 수 있는 자금을 가장 많이 가지고 있다. 어떤 자료에 따르면,

미국의 전체 자산의 3/4에 해당하는, 7조 달러 규모의 총자산을 가지고 있다고 한다.[4] 이들을 대표하는 유명 인사들 가운데는, 존 케네디(John Kennedy), 지미 카터(Jimmy Carter), 로널드 레이건(Ronald Reagan), 조지 H. W. 부시(George H. W. Bush)와 같은 전임 대통령들과 빌리 그래함(Billy Graham), 칼 F. H. 헨리(Carl F. H. Henry), 밥 호프(Bob Hope), 글렌 밀러(Glenn Miller), 베니 굿맨(Benny Goodman)과 같은 사람들이 있다.

이 세대는 라디오의 황금기에 살았고, 텔레비전은 1940년대 후반까지 등장하지 않았고 중요하게 여겨지지 않았다. 거의 모든 가정에 라디오가 있었기 때문에 "그린 호넷", "론 레인저", "아모스와 앤디"를 듣고, 밤마다 대규모 밴드 음악을 듣는 것이 흔한 일상이었다. 전통주의자 세대의 사람들은 제2차 세계대전 중 식량 배급, 공습, 등화관제가 무엇인지 기억한다. 그들은 피임약, 신용카드, 전동 타자기, 냉동식품, 에어컨이 등장하기 전의 사람들이다. 그들은 자녀들을 위해 열심히 일하고 저축하여 1930년대의 쓰라린 대공황을 견뎌내고 살아남았다. 그들은 빚지는 것을 싫어하며, 빚을 지지 않기 위해 할 수 있는 모든 일을 했다. 그들은 국기나 징병 통지서를 태운다든지, 국가에 부정적으로 반응하는 일은 생각조차 하지 않았다. 오랜 시간에 걸쳐 열심히 일하고, 권위를 존중하였던 이 세대의 특성상 그들은 젊은 세대의 모습을 보면서 실망한다. 전제 군주와 같은 리더십에 적응되었기에 무엇을 해야 하는지 듣고, 다른 이에게 무엇을 해야 하는지 말하는 것은 그들에게 자연스러운 일이었다. 그들은 대화를 나누고 협력하는 것에 상대적으로 어려움을 느낀다. 또한 그들의 직업 윤리와 핵심 도덕 가치는 이후 세대들의 것과는 다르다. 그들에게 있어 가정이란 부모와 두 명 내지 세 명의 아이들을 의미한다.

중간자들(In Betweeners, 1940-1945)

일부 사회학자들은 이 세대를 따로 구분하여 언급하지 않고, 다른 세대의 범주에 넣기도 한다. 지속된 기간으로 보면 다섯 세대 중에서 가장 짧은 세대이지만(대부분의 세대들은 15년에서 20년 정도 이어진다), 나는 이 세대를 따로 떼어 생각해야 할 필요가 있다고 본다. 그들은 전환의 세대였다. 어떤 이들은 그들을 아이젠하워 세대 또는 스윙 세대라고도 한다. 그들은 건축자 세대, 전통주의자 세대와 통합되는 면을 보이고, 이후에 등장한 베이비 부머 세대와 비슷한 모습을 보이기도 하는데, 대부분은 베이비 부머 세대 쪽에 조금 더 가깝다.

수잔 미첼(Susan Mitchell)이 쓴 것처럼 "스윙 세대의 일부는 그들보다 나이가 많은 제2차 세계대전 세대의 가치와 생활방식을 따른다. 또 다른 일부는 반항적이고 젊은 베이비붐 세대의 특징을 보이기도 한다. 마케팅 담당자들이 스윙 세대의 소비자들을 겨냥할 때는 반드시 이들이 가진 태도와 생활 방식의 차이를 고려해야 한다."5 그들은 전체 인구의 11%에 해당하는 3,000만 명의 사람들로 이루어진 중요한 집단이다.

베이비 부머들은 종종 버스터 세대의 형 혹은 언니들로 지칭된다. 이와 마찬가지로, 중간자들 혹은 스윙 세대는 베이비 부머 혹은 제2차 세계대전 이후에 태어난 아이들의 형이나 언니들이다. 나는 이 세대의 한 구성원으로서 우리가 두 세대에 한 발씩 걸치고 있다고 표현하고 싶다. 우리는 전통주의자의 가치를 깊이 존경하면서도 베이비 부머들로부터 시작된 변화에 대해서 열려 있는 샌드위치 세대이다.

베이비 부머(1945-1964)

이들은 제리 루빈(Jerry Rubin)이 "우리는 절대로 자라지 않는다. 우리는 영원히 청소년이며 서른 살이 넘은 사람은 그 누구도 신뢰하지 않는다"⁶고 말했던 세대이다. 이들은 대략 7,600만 명 정도로, 현 시점에서 가장 규모가 큰 세대이다. 이들은 제2차 세계대전 이후에 태어난 사람들이다. 이 세대의 가장 어린 사람들을 제외하면, 베이비 부머 세대에게는 피임약이 아직 없었다. 그러나 피임약이 나오자 우리는 성 혁명(sexual revolution)의 시대로 진입하였고, 도덕성은 바람직하지 않은 방향으로 급격히 선회하였다. 이들을 스포크 박사 세대(Dr. Spock generation)라고 부르기도 하는데, 스포크 박사는 소아과 의사로서 이 세대가 성적으로 자유분방하고 허용적인 태도를 가지도록 하는데 일조하였다.

이들의 핵심 가치는 부모 세대의 가치관과 크게 달라졌다. 헌신, 충성, 지속성, 최대 다수를 위한 최고 선의 실천이 "나에게 이익이 되는 것", 깨어진 관계, 높은 이혼율, 교인 수의 감소, 지금 이 순간을 위한 삶의 철학으로 바뀌었다. 이들은 첫 번째 텔레비전 세대였다. 전통주의자 세대가 첫 번째 자동차 세대였다면, 베이비 부머 세대는 청소년으로서 자기 차를 운전한 첫 번째 세대이며, 부모의 감독과 통제로부터 더 벗어난 세대라고 할 수 있다.

이들은 부모 세대가 음탕하고 천박하다고 생각하는 것을 사물에 대해 좀 더 개방적이고 솔직한 것으로 보았다. 그들은 신실성의 낡은 기준을 대신하는 진실성의 새로운 기준이 드러나야 한다고 주장하였다. 그들은 특별히 전통적인 교리와 종교에서 벗어나 개인적 자유를 신장시키는 방향으로 진로를 확실하게 계획하였다. 그 진로는 이 세대가 물질주의적 생활 방식에 가치를 두도록 만들었다. 이것 역시 영성과 물질주의를 분명하게 구분하였던 그들의 부모들과는 현저히 다른 점이었다. 그런 구분이 베이비 부머들에게는 맞지 않았다!

또한 그들의 부모와 달리, 베이비 부머들은 결혼이나 교회, 직장 등, 어떤 관계든지 나의 필요를 충족시켜주지 않는 관계를 유지해야 하는가? 라는 질문을 서슴없이 던졌다. "여가", "유희", "경험", "기회", "개인성"과 같은 단어들이 이 세대의 표어가 되었다. 관계는 더 개방적이었고, 성적으로 더 적극적이었다. 더 많은 자율과 개인적 자유가 관계에 대한 공허한 개념을 만들어 내었다. 이러한 패러다임에서 가족이 완전히 해체된 것은 아니었으나, 그들의 부모가 가치롭게 여겼던 만큼 중요하게 여기지는 않았다. 일반적으로 가족보다는 경력과 교육을 더 우선시했다. 피임약이 소개되면서 아이를 갖는 것도 더욱 선택적인 일이 되었다.

베이비 부머 세대는 권위 구조, 관료적 사고방식을 거부하고, 인생에 대하여 말로 지시하는 접근방법 보다는, 물건을 두고 흥정하는 것처럼 설득하는 접근방법을 선호하였다. 그들은 의사 결정 과정에 더 많이 참여하고자 하였으며, 해야 할 것이나 믿어야 할 것에 대해서 이래라 저래라 하는 것을 잘 따르지 않았다. 베이비 부머들은 대화의 세대가 되었다. 그들은 교회를 포함한 어떤 삶의 영역에서도 일방적인 이야기를 좋아하지 않았다. 그들은 전달되는 정보를 그저 수용하기 보다는, 그것이 좀 더 오락적인 방식으로 제시되기를 기대하였다. 그들은 부모 세대보다 더 관계중심적이고 덜 과업중심적이었다.

베이비 부머 세대를 다룬 초기의 저작 중 하나인 『위대한 기대』(*Great Expectations*)의 저자 랜든 존스(Landon Jones)는 이들은 자기 자신을 신뢰하며 스스로가 불가능한 일을 해낼 수 있다고 믿는다고 기록했다. 그들은 지극히 도전적이며 큰 꿈을 가지고 있다. 그러나 그는 이 세대의 사람들이 죄책감이나 조직에 대한 충성심 때문에 움직이지 않는다고 말했다. 그들은 결과 산출을 위한 투입을 주장하며 협력적 관계라는 이념에 잘 반응한다. "감지된 욕구"(felt needs)라는 말은 이 세대와 관련을 가지고 있다. 우리가 알고 있듯이, 그 개념은 삶의 모든 영역, 즉 결혼, 교회, 직장, 일반적인 관계로 번져 나가기 시작했고, 각 영역들의 패러다임을 바꾸어 놓았다.

베이비 부머 세대는 이전 세대만큼 소속감에 큰 가치를 두지 않는다. 오히려 그들은 반(反)조직적인 경향을 보여주었다. 이 세대의 사람들은 실용주의를 채택하였다. 혁신과 과거에 대한 경시도 이 세대의 특징이다. 그들은 경험 지향적이며, 여성들이 요직에 임명되는 것을 공개적으로 지지하는 근대의 첫 세대이다. 베이비 부머들은 밀레니얼 세대가 등장하기 전까지 이전의 그 어떤 세대들 보다 더 두드러져 보였다. 미국에서 소비주의에 대한 강조와 함께 마케팅이라는 개념이 최고조에 달했기 때문에, 우리는 처음으로 이 세대에게는 교회도 마케팅과 같은 것으로 여긴다는 말을 듣기 시작했다. 결국 마케팅은 그들과 잘 맞아 들어갔고 그들이 가진 "나에게 이익이 되는 것"이라는 태도와도 잘 맞았다. 시간의 흐름에 따라 베이비 부머들이 전통주의자들을 대신하게 되면서 전통주의자들에게 재정적 지원을 받았던 사역과 기관들에게 이것이 의미하는 바가 무엇인지는 앞으로 지켜보아야 한다.

X세대(1965-1979)

X세대는 아마도 모든 세대 가운데 가장 복잡한 세대일 것이다. 그들은 gen-Xers, 베이비 버스터, 버스터 세대, 어디에

도 없는 세대, 열세 번째 세대(미국의 정착 이래로), 베이비 부머의 자녀 세대, 에코 붐 세대 등으로 불리기도 한다. 그러나 이 세대는 이름들, 특히 자신들을 지칭하는 이름들을 싫어한다. 약 42-45만 명의 미국인이 이 세대에 해당된다.

X세대는 가장 일반적인 이름으로서 더글라스 코플랜드 (Douglas Coupland)가 만들었다. 자신이 X세대이기도 한 코플랜드는 그의 저서 『하나님 이후의 삶』(*Life after God*)에서 이 세대를 다음과 같이 설명하고 있다.

> 자, 이것이 내가 말하려는 비밀입니다. 나는 전에 없이 열린 마음으로 여러분들에게 이야기하고자 합니다. 나는 여러분이 이 말을 들을 수 있는 조용한 방에 있기를 기도합니다. 내가 말하려는 비밀은, 나는 연약하고 더 이상 무엇인가를 혼자의 힘으로 할 수 없기에 하나님을 필요로 한다는 사실입니다. 나는 더 이상 나의 힘으로 무언가를 줄 수 없기에 내가 베풀 수 있도록 하나님께서 도우시기 원하고, 더 이상 나의 힘으로 친절할 수 없기에 내가 친절하도록 하나님께서 도우시기를 원하며, 나의 힘으로 사랑할 수 없기에 내가 사랑을 하도록 하나님께서 도우시기를 원합니다.[7]

이 세대는 생존에 깊은 관심을 가지고 있다. 그들은 미국이 처음으로 전쟁에서 패하는 것과 워터게이트 사건으로 인해 큰 지지를 받던 대통령이 사임하는 것도 보았다. 진정한 포스트모던 세대의 첫 주자인 그들은 과거에 대한 좋은 기억도 없고 미래에 대한 희망도 없다. 경제적인 전망도 그다지 좋지 못했고, 부모들만큼의 봉급도 받지 못하고 생활방식도 그것에 미치지 못할 것임을 알고 있었다. 그들은 실제로 "일하기 위해 산다"가 아니라 "살기 위해 일한다"라는 철학대로 살아왔다. 이 세대는 영웅을 갖지 못한 첫 번째 세대이기도 하다.

그들은 결혼을 한다 해도 그 시기가 늦었다. 결혼한 부부는 자신들이 자랄 때 누렸던 생활방식을 유지하기 위해서 맞벌이를 할 수밖에 없었다. 그들은 어느 누구도 자신들을 돌보아 주거나 관심을 가진다고 생각하지 않았기 때문에 매우 자기의존적으로 변했다. 이 세대는 격식에 얽매이지 않는 비형식성(informality)을 가치 있게 생각하였다. 회의주의, 비관주의, 의심, 두려움, 불안은 이 세대의 중요한 특징들이다. 에이즈와 HIV가 그들에게 문제가 되기 시작했다. 돈은 더 이상 동기를 부여하는 중요한 요인이 아니었으며, 특히 직장에서 그러했다. 그들은 단지 돈을 벌기 위해 일하지 않고 행복을 누리는 것도 중요하다고 주장했다. 그러므로 재능 있는 사람들을 고용하려면, 고용주들은 직장에 애완동물을 데리고 올 수 있게 허용해 달라는 것과 같은 특이한 요구도 받아들여야 했다. 이런 사고방식으로 인해, 그들은 태만한 것은 아니지만 때로는 게으름뱅이라고 불리기도 했다. 그들은 오직 자신의 내면적 가치에 의해서만 움직였다.

X세대는 아주 잘 작동하는 관계를 본 적이 없었기 때문에 그들은 관계에 대한 굶주림과 너무 깊이 서로에게 연루되기를 두려워하는 특징을 보인다. 깨어진 관계로 인한 고통을 피하기 위해, 그들은 결혼에 헌신하지도 않고, 성적인 행위가 지속적인 친밀감을 제공해 줄 것이라 기대하지 않았다. 그들은 어떤 헌신이 있기 전에 함께 살거나 관계를 형성하는 것을 매우 두려워했다.

이 세대는 가상 공동체 혹은 가상적인 관계를 지향하는 첫 번째 세대였다. 이들은 좀 더 안전하고 덜 부담스럽다는 이유만으로 인터넷을 통한 관계를 발전시키고 함께 한다는 환상을 만들었다. 스트라우스와 호우는 "열세 번째 세대들은 그들이 당면한 모든 문제의 책임이 그들 자신에게 있다고 배웠기는 하지만 개인적 결정론이라는 정신에 둘러싸인 강력한 생존 본능을 구축해 왔다"[8]고 말한다. 그들은 내가 왜 투표를 해야 하는가라고 묻는다. 투표를 한다고 달라지는 것은 없을 것이다.

베이비 버스터들은 자신들을 유행의 선도자가 아니라, 그들이 전해 내려 받은 것에 대해 반응하는 사람들이라고 생각한다. 그러나 우리는 그 어떤 세대보다도 가족에 대한 불만족과 이혼이 삶에 깊숙이 침투한, 역사상 가장 실패한 이 세대로부터 무엇을 기대할 수 있을까? 이 세대가 다른 어떤 세대들보다 자살률이 높은 것은 결코 놀랄 일이 아니다. 그들은 냉소적이고 걱정이 많지만, 더 나은 무언가를 절실하게 바라고 있다.

스트라우스와 호우는 "열세 번째 세대들은 마치 정글을 헤치고 나와야 하는 것처럼 자신의 삶에 신중하게 반응할 것을 요구 받는다. 한 눈 팔지 말고, 최악의 상황을 예상하고, 스스로 헤쳐 나가라!"[9] 라고 그들의 상황을 요약한다. 더 나아가, 이런 "세상 물정에 밝은 세대는 앞선 세대들에게는 없는 요령을 가지고 있다. 이러한 기술이 쓸모가 있겠지만 언젠가는 미국을 진정한 어려움에 빠트릴지도 모른다. 잘 알아둬, 비버 클리버(Beaver Cleaver), 열세 번째 세대들은 너바나(Nirvana)를 보지는 못했겠지만, 어떻게 이기는지는 알고 있지[a]."[10]

---

[a] 역자해설 : 비버 클리버는 1950-60년대에 방영된 미국의 가족 시트콤 '비버는 해결사'의 등장 인물 중 말썽꾸러기 아들이다. '너바나'(Nirvana)는 1990년대 록 밴드 그룹으로 기성세대에 대한 냉소적 메시지를 담은 앨범, 〈Nevermind〉로 큰 인기를 끌었다. 여기에서 비버 클리버는 부버 세대, 열세 번째 세대는 X세대, 너바나 그룹은 밀레니얼 세대를 의미한다. 스트라우스와 호우는 록그룹 너바나의 사례를 들어 본질보다 생존, 그를 위한 기술과 요령을 중시하는, 그래서 그어떤 세대보다 냉소적인 X세대의 특징을 비버와의 대화를 통해 설명하고 있다.

밀레니얼 세대(1980-2000)

1978년부터 1980년 사이에, 우리는 다섯 세대들 중에 가장 특이한 세대가 등장하는 것을 보게 된다. 그들은 밀레니얼이라 불린다. 어떤 사람들은 그들을 Y세대라고 지칭하기도 한다. 이 세대에 관하여 반드시 읽어야 할 저서 『가교 세대』(*The Bridger Generation*)에서 톰 레이너(Thom Rainer)는 이 세대가 21세기로 가는 다리를 놓는 사람들이라고 칭했다.

(예를 들어 이민과 같은) 어떤 변화가 있을 수 있지만 현재로는 이 세대가 다섯 세대들 중에 두 번째로 크다. 약 7,300만 명이 바로 밀레니얼 세대다. 이들은 모든 세대들 가운데 가장 많은 교육을 받았고, 관계와 경제, 정치, 특별히 조직화된 종교에 대해서 그들의 형과 누나인 이전 X세대와 같은 현실을 공유하지만 이전 세대와 달리 비관적이지 않다.

포스트모던 시대의 두 번째 세대로서, 밀레니얼 세대는 경험 지향적이다. 베이비 부머 세대인 그들의 부모, 버스터 세대인 형과 누나들에게서 개인주의가 나타났던 것과는 달리, 밀레니얼 세대는 관계의 소중함을 인정하고 그것을 원하기 때문에 공동체에 관심을 둔다. 그들은 부모와 조부모, 다른 연장자들과의 관계에 대한 욕구를 공개적으로 표현하지만, 관계를 맺는 일을 주도하는 것은 두려워한다. 그들은 앞선 두 세대만큼 대규모 집단에 소속되는 것에 관심이 없을 수도 있다. 이들은 가까운 친구들과 맺는 의미 있는 관계를 원한다.

밀레니얼 세대는 이전의 세대들이 진실하지 않고, 온전함이 결여되어 있으며, 피상적이라고 생각한다. 그들은 이전 세대들에 의해서 예배와 교육, 전체 대중 문화 운동을 포함한 거의 모든 삶의 영역에서 질의 저하가 일어났다고 본다. 밀레니얼 세대는 자신 자신을 잘 드러내지 않고 그들의 할아버지 세대와 동일한 관점으로 보지 않는 것을 제외하면, 여러 가지 면에서 다른 어떤 세대들보다도 그들의 할아버지 세대인 전통주의자 세대와 비슷하다. 그러나 지극히 멀리 보는 안목을 가지고 이들은 자신들의 세상에서 사라져 버린 것들 중 일부가 제자리로 되돌아 오는 것을 보고 싶어한다. 나는 목사와 교사를 찾는 수많은 교회와 학교를 대상으로 60세를 넘긴 목사와 교사를 잊지 말라고 당부해왔다. 그것이 바로 젊은이들이 진정으로 원하는 것이다. 조지 갤럽 주니어는 『미국의 다음 영성』(*Next American Spirituality*)에서 기본적으로 동일한 것을 말하면서 나의 주장을 확증한다. 그는 심지어 나이 든 사람들이 이 젊은 세대와 접촉할 수 있는 열쇠라고 말한다.

밀레니얼 세대는 모든 세대들 가운데 가장 영적인 경향을 가지고 있다. 갤럽과 린지에 따르면, 이 세대의 39%가 자신들은 부모 세대에 비해 더 종교적이 될 것이라고 말한다. 물론 그들에게 종교는 조직화된 종교 단체에 속하는 것과 같지 않다. 그들은 또한 성경을 가장 모르는 세대이다. 이 세대의 많은 이들은 교회에 출석했더라도, 열다섯 살이 되면서 교회를 떠나는 수가 급격히 증가한다. 그들은 헌신을 하기 전에, 그 헌신이 자신들과 세계에 어떤 유익을 주는지 알고 싶어 한다. 그것이 내 삶과 주변 사람들의 삶에 작은 변화라도 가져올 것인가? 방향이 적절하다면, 그런 질문들이 나쁜 것은 아니다.

밀레니얼 세대는 보수적이고, 낙관적이며, 희생을 감수하고 변화를 만들어내는 일에 헌신적인 모습을 보인다. 조지 바나는 다음과 같이 기록하고 있다.

> 우리가 인정을 하든 하지 않든 간에, 우리는 십대들의 생각과 마음에 지속적인 인상을 남긴다. 그들도 영향을 받는다. 그러나 십대들의 삶에 영향을 주는 것은 어린 아이들이나 동년배 성인들에게 영향을 주는 것과는 근본적으로 다르다. 긍정적인 영향을 주기 위해서 시간을 들이는 것은 단순히 "노력해볼 만한 가치" 그 이상이다. 그것은 모든 어른의 극히 중대한 책임이자 우리 존재의 미래에 대한 공헌이다.[11]

더 나아가, "아마도 이 젊은 사람들은 세상에 보여주는 우리의 가장 중요한 유산이다. 그들의 성장을 위한 청지기로 부름 받은 우리는 미래의 어느 날 그들의 성장을 위해 한 일에 대해 하나님께 답할 것이다. 오늘날 우리가 그들에게 심어 둔 가치와 관점, 신념, 기술들은 이 세계의 미래를 결정할 것이다." [12]

밀레니얼 세대는 높은 수준의 교육을 받았을 뿐만 아니라, 세상 물정에도 밝다. 이 젊은 디지털 세대는 최고 수준의 컴퓨터와 기술적 지식을 경험하며 성장하고 있다. 부모들이 웹 페이지를 디자인하는 과정을 전혀 모르기 때문에 많은 십대들이 그들 부모의 웹 페이지를 대신 만들어 주고 있다. 이 세대는 이전의 어떤 세대와도 다른 인터넷 세대이다. 인터넷은 그들에게 제2의 본성이다. 그들은 기술로 인해 겁먹지 않는다.

밀레니얼 세대는 테러와 위험에 노출된 가운데 성장하고 있다. 2001년 9·11 테러, 콜로라도주 리틀턴과 조지아주 코니어스에서의 충격 사건, 등교 시 금속 탐지기 통과와 같은 일들이 그들 삶의 일상이 되었다. 『직장에서의 세대들』에서 젬케, 레인스, 필립자크는 이 세대는 모든 세대들 중에서 가장 관용적이고, 가장 긍정적인 특성을 가지고 있다고 성향을 보인다고 언급하였다. 이런 혼합적인 태도를 가지도록 한 요인은 절대적이지 않은, 또는 모든 것에 한 가지 이상의 답이 있다고 기대하는 환경에서 자라온 결과라고 할 수 있다.

제자를 삼는 과정에서, 진리를 가르치고 연구할 수 있는 공동체와 건강한 관계, 기회를 창조할 진정한 영적인 상호연결로 모든 세대를 함께 묶을 열린 문을 하나님께서 우리에게 주신 것처럼 보인다. 이것은 매우 중요하다. 왜냐하면 톰 레이너가 지금까지의 추세라면 밀레니얼 세대는 단지 4%, 250만 명 정도만 그리스도인이 될 것이라고 말하고 있기 때문이다. 그런 일이 아직 구체적으로 실현되지는 않았지만, 만약 시작된다면 하나님께서는 우리를 도우실 것이다. "밀레니얼 세대는 충전이 완료된 로켓과 비슷하다. 오르테가 이 가셋(Ortega y Gasset)의 세대에 대한 고전적인 정의를 사용하자면, 이 세대는 '특정한 속도와 방향에 따라 정해진 순간에 우주 공간으로 쏘아 올려진 일종의 생물학적 미사일'이다."[13]

스트라우스와 호우는 "샌프란시스코 이그재미너"(San Francisco Examiner)의 칼럼니스트 데이비드 새러슨(David Sarasohn)이 "오늘날 자녀들과 관련하여 가장 두려운 일은 어른들이 그들에 대해 가진 생각이다. 어른들이 아이들에 대해서 나쁘게 말할 만한 이유가 많이 있겠지만, 오늘날 젊은 밀레니얼 세대는 어른들의 의심과 회의 속에 반쯤 숨겨져 있는 긍정적인 측면도 분명히 가지고 있다"[14]고 한 말을 인용한다. 저자들은 아이가 없는 어른의 삶을 "살고 있는" 사람들에 대해서도 언급한다. 어린이와 청소년들을 우리의 삶에서 제외시키는 것은 비극이다. 그들은 어른 세대들이 아직 보지 못하고 있는 젊은 세대의 힘에 대해서 말한다. 갤럽은 밀레니얼 세대를 모든 세대들 가운데 가장 주목 받으면서도 경외의 대상이라고 표현한다. 우리는 제자 삼는 과정에서 이들을 결코 무시해서는 안된다.

결론

우리는 삶의 가장 큰 필요를 충족시킬 수 있는 관계를 구축하기 위해 노력하는 동안에도 열심히 기도하면서 지혜를 가지고 사람을 연구해야 한다. 오늘날 타락하고 비도덕적인 세상의 압력과 위험으로부터 살아남을 수 있는 일종의 언약 가족을 만들기 위해 모든 세대가 연합할 필요가 있다.

세대에 관한 비교표(도표 9.1)는 우리가 주님의 일로 세대 간에 어떻게 대화하고 서로를 격려할지에 대한 질문을 할 수 있는 항목과 체크리스트가 포함되어 있다. 하나님께서는 다양성의 근원이시기에 우리 모두는 같은 연령대에 있을 필요도 없고, 관계를 형성하기 위해 똑같은 경험을 해야 할 필요도 없다.

	빌더 (Builder)	부머 (Boomers)	버스터/X세대 (Busters/Xers)	브릿저/밀레니얼 (Bridgers/Millenials)
인구	4,600만	7,600만	4,200만	7,300만
출생	1940년 이전	1945-1964	1965-1979	1980-2000
세계관	모던	"모던" (과도기적)	포스트모던	포스트모던
결혼에 대한 인식	높음	낮음	부머보다 높음	여전히 높음
가족에 대한 인식	높음	낮음	비관적	보다 낙관적
이혼율	낮음	높음	조금 높음	앞선 두 세대보다 낮음
리더십	평균보다 높음	평균보다 낮음	평균보다 낮음	평균보다 높음
자존감	평균보다 높음	평균보다 낮음	평균보다 낮음	평균보다 높음
가족의 삶	중요함	덜 중요함	몹시 중요함	보다 중요함
TV	없음	TV세대 (3-4채널)	MTV (40-100채널)	도슨스 크릭(Dawson's Creek) (100개 이상 채널)
청각/시각	청각(라디오)	둘 다(TV)	보다 시각적 (케이블/비디오)	매우 시각적(인터넷)
지향성	일	개인	사람	공동체
설교	무엇을	어떻게	왜?	그래서 무엇?
참여	필요하지 않음	높음	일부 참여	높은 참여
일	완수	부분적 완수	하지 않음	관계 대 일
외모	무관함	무관심	비관적	낙관적
예배 형식	전통적	중간 정도로 전통적	비전통적	신-전통적 (Neo-traditional)
예배 음악	찬송가	성가곡	다양	절충적
다른 음악	오케스트라	락큰롤	다양(재즈)	팝/랩
종교적 강조점	충성, 프로그램 중심, 책임	개인의 만족, 사람 대 프로그램	이유, 이슈, 공동체	공동체, 관계

ⓒ Christian Education and Publications 1999

도표 9.1. 세대 간 비교

사람을 알지 못하면 세상을 알 수 없다. 다른 사람들이 어디서 왔으며, 그들이 믿고 행동하는 것은 어떤 이유에서 비롯된 것인지 알고 이해하면 관계를 맺는 일이 더 성공적일 것이다.

복음과 하나님의 진리에 대한 필요와 같이 모든 세대가 함께 공유하는 것이 있지만, 각 세대는 그런 것들을 찾는 그들 나름의 독특한 방식이 있다는 것을 기억해야 한다. 그들이 묻는 질문에 답을 하지 않거나 그들의 질문을 명료하게 만드는 것을 도와주지 않는다면 우리는 제자를 삼을 수 있는 엄청난 기회를 놓칠 수도 있다. 비록 세대간의 차이가 우리가 편안하게 여기는 영역을 침범하더라도 각자 독특한 세대가 될 자유를 서로에게 허락하자. 음악과 예배의 형식, 옷 입는 스타일, 다른 부수적인 것들이 서로의 삶을 연결하기 보다는 우리 주위에 벽을 세울 위험이 너무 많다.

더 깊은 생각과 토론을 위한 주제

1. 하나님 나라의 제자 삼는 모델에 세대들에 관한 내용을 포함하는 것은 왜 중요한가?

2. 당신은 인생에 대한 전망에서 오늘날 세대들 간에 유사점과 차이점을 볼 수 있는가?

3. 당신의 가족, 교회, 직장, 일상적인 장소에서 세대 간의 차이를 어떻게 경험해 왔는가?

4. 앞선 세대는 진실하지 않고, 온전함이 결여되어 있으며, 피상적이라고 비난 받아왔다. 이것은 정당한 평가인가? 왜 그런가 혹은 왜 그렇지 않은가?

5. 이 장의 주제는 제자도 연구에 어떻게 효과적으로 포함될 수 있는가?

추천도서

Gallup, George, Jr., and Timothy Jones. *The Next American Spirituality.* Elgin, Ill.: Cook, 2000. 가장 중요한 세 집단 가운데 하나인 떠오르는 밀레니얼 세대를 집중 탐구하는 책이다.

Gerber, Jerry, Janet Wolff, Walter Klores, and Gene Brown. *Lifetrends: The Future of Baby Boomers and Other Aging Americans.* New York: Macmillan, 1989. 세대 차이에 대해서 우리의 이해를 증진시키기에 매우 유용한 책이다.

Hicks, Rick, and Kathy Hicks. *Boomers, Xers, and Other Strangers.* Wheaton, Ill.: Tyndale, 1999. 이 주제에 대한 읽기 쉽고 훌륭한 책. 이 책은 각 세대의 생활방식, 가치, 의견의 차이와 왜 그런 차이가 생기는 이유를 고찰한다. 이 책은 우리 자신에 대해서 그리고 우리가 특정한 방식으로 사고하는 이유에 대해서 더 잘 알도록 도와준다.

Howe, Neil, and William Strauss. *Millennial Rising: The Next Generation.* New York: Vintage, 2000. 밀레니얼 세대에 초점을 맞춘 도전적인 책이다.

McIntosh, Gary L. *One Church, Four Generations.* Grand Rapids: Baker, 2002. 각각 다른 세대들에 대해 관심이 있거나 이해하려는 모든 사람에게 추천할 만한 책이다

Mitchel Susan. *The American Generations: Who They Are, How They Live, What They Think*. Ithaca, N.Y.: New Strategies, 2003. 마케팅의 관점에서 쓰여졌으며 각각의 세대에 대한 유용한 데이터를 제공한다.

Rainer, Thom S. *The Bridger Generation*. Nashville: Broadman and Holman, 1997. 부상하는 밀레니얼 세대에 대한 깊은 통찰력을 가지고 있다.

Strauss, William and Neil Howe, *Generations: The History of America's Future*, 1584 to 2069 . New York: Macmillan, 1991. 미국의 세대의 역사를 상세히 다룬, 가치 있는 정보와 통찰이 가득 담긴 책이다.

Zemke, Ron, Claire Rains, and Bob Filipczak. *Generations at Work: Managing the Clash of Veterans, Boomers, Xers, and Nexters in Your Workplace*. New York: AMACOM, 1999. 일, 윤리, 가치와 같은 주제에 대한 각 세대의 다른 관점들을 명확하게 보여준다. 세대와 관련된 주제에 대한 좋은 정보들을 담고 있으며 경영적 관점에서 쓰였다.

_3부_

말씀을 세상에 적용하기 위한
성경적 모델들

3부는 1부와 2부의 생각을 발전시켜 나가는 세 가지 성경적 패러다임에 초점을 맞추고 있다. 첫 번째 성경적 모델은 바울이 아테네에서 행한 사역, 특별히 복음을 청중들과 연관 짓기 위하여 그가 고안한 복음 제시 방법이다. 그는 자신이 처한 문화와 세계에 대한 지식뿐만 아니라 복음의 메시지도 명확하게 드러내 보여주었다. 영적인 진리는 영적으로 구별되지만, 우리가 그 진리를 표현하거나 제시하는 방법은 청중들과 공감을 이루어야 한다. 말과 개념은 사람에 따라 그 속에 담고 있는 의미가 달라지거나 혹은 어떤 의미도 없을 수 있다. 우리가 이 사실을 잊어버리거나 무시하면, 실제로는 청중들에게 전혀 연결되지 않았음에도 불구하고 의사소통이 이루어졌다고 생각할 수도 있다. 바울은 사도행전 17장에서 하나님에 대한 이해나 성경적 세계관을 가지고 있지 않은 사람들에게 어떻게 복음과 하나님의 진리를 전하는지 보여준다.

두 번째 성경적 모델은 두 개의 서로 다른 세계관, 즉 기독교 세계관과 비기독교 세계관을 대조하여 비교하는 전도서에 대한 개관이다. 우리는 1부에서 기독교 신앙은 전체 삶에 영향을 미치는 하나의 체계, 세계관이라는 것에 주목하였다. 우리는 올바른 성경적 렌즈를 통해서 인생을 보거나, 아니면 전도서가 우리에게 알려주듯이 이 땅에서의 인간적 세계관으로만 살아간다.

마지막 세 번째 성경적 모델은 아브라함의 생애 중 한 장면이 될 것이다. 창세기 13장의 역사적인 서사는 언약 신학을 이해하는 것과 특별히 언약적 관점에서 성경을 읽고 이해하는 것이 얼마나 중요한지를 보여준다.

10장

사도행전 17장에서 보는 바울의 사례

"인류의 모든 족속을 한 혈통으로 만드사 온 땅에 살게 하시고 그들의 연대를 정하시며 거주의 경계를 한정하셨으니" ^{사도행전 17:26} 이 구절은 우리가 살펴볼 16-34절을 이해하는 실마리가 된다. 바울은 창조세계를 향한 하나님의 섭리적 통치를 가리키고 있다. 하나님께서는 우리를 포함한 창조세계의 모든 것을 창조하셨을 뿐만 아니라 창조세계를 다양한 방식으로, 특별히 나라와 사람들이 살아갈 경계를 정하심으로써 다스리신다. 각 민족이 자리잡고 있는 위치는 창조세계를 향한 하나님의 전체 계획 가운데 하나이다.

사도행전의 이전 구절에서 바울은 다윗 왕에 대해서 언급하는데 이것은 하나님께서 우리가 살아가는 특정한 시간과 장소를 결정하시는 이유를 이해하는 단서가 될 수 있다. "다윗은 당시에 하나님의 뜻을 따라 섬기다가 잠들어 그 조상들과 함께 묻혀 썩음을 당하였으되 하나님께서 살리신 이는 썩음을 당하지 아니하였나니" 사도행전 13:36-37 하나님께서는 우리를 그분의 뜻을 위해 살도록 그분께서 원하시는 시간과 장소에 우리를 두신다.

이 세대 안에서 하나님의 뜻을 따라 섬기기

구약에도 바울이 사도행전 17장에서 말한 것과 비슷한 흥미로운 구절이 있다. "잇사갈 자손 중에서 시세를 알고 이스라엘이 마땅히 행할 것을 아는 우두머리가 이백 명이니 그들은 그 모든 형제를 통솔하는 자이며" 역대상 12:32 다윗이 전쟁을 위해 사람들을 불러 모을 때, 여러 곳에서 사람들이 나아왔다. 역대기의 기자는 그들의 이름을 열거하면서, 각 집단의 특징을 따라 구별하였다. 잇사갈 자손들은 자신들이 처한 시세와 하나님께서 자신들에게 원하시는 마땅히 행할 일이 무엇인지를 이해했다.

이것은 그리스도의 따르는 모든 사람이 이해해야 할 기본 개념이다. 그들은 자신들이 처한 바로 그곳에서 주님을 섬겨야 한다는 것을 알아야 한다. 이를 위해서 무엇보다도 그들이 살아가는 시대나 상황, 환경에 대해 알아야 할 필요가 있다. 이것은 하나님의 말씀을 이해하고 그분께서 우리 인생에게 주신 사명을 깨닫는 일에 열쇠가 된다.

하지만, 우리는 주님을 섬기기 위해서 구체적으로 무엇을 해야 할지 또는 어디서부터 그 일을 시작해야 할지 몰라서 당황스러워 한다. 종종 우리는 아무 일도 하지 못한 채 끝을 맺기도 한다. 그러나 하나님께서는 그분의 뜻을 위해 섬기도록 우리를 고무시키는 말씀을 주신다. 여호수아는 이렇게 외친다. "우리 하나님이여 그들을 징벌하지 아니하시나이까? 우리를 치러 오는 이 큰 무리를 우리가 대적할 능력이 없고 어떻게 할 줄도 알지 못하옵고 오직 주만 바라보나이다 하고" 역대하 20:12 우리가 살아가기에 지금보다 더 도전적이고 흥분되는 때는 없다. 우리가 회심하였을 때 하나님께서 우리를 하늘로 즉각 부르시지 않는 것은 그분께서 우리를 그분의 군대로 소집하셨기 때문이다. 우리는 그분과 함께 공동의 임무를 수행하는 중이다. 마태복음 28장 18-20절에 기록된 대위임령이 이것을 가르쳐주고 있다. 우리가 지금 여기에 존재하는 이유에 대한 설명은 이것 밖에 없다.

바울이 아테네 사람들에게 말하고 비시디아 안디옥 사람들에게 다윗 왕에 대하여 강조해서 말했던 것처럼, 당신과 나는 이 세대를 대상으로 일하고 계시는 하나님의 사역에 동참하고 있다. 우리는 이 목적과 사명을 수행하기 위해 헌신할 수도 있고, 그것을 무시할 수도 있다. 물론 전자가 올바른 결정이다. 그러나 그 일을 하면서도 우리는 시원찮고 평균에 못 미치는 수준이 되거나 아니면 용맹 무쌍해서 미국의 해병대처럼 돌진하여 적의 면전에다 교두보를 확보할 수도 있다.

사도 바울은 우리에게 사역을 실천하는 방법을 알려준다. 그 방법은 우리가 청중들을 모으고 그들이 우리가 하는 말을 듣도록 설득할 수 있는 삶을 살게 해준다. 나는 오늘날의 사람들, 특별히 젊은 세대는 우리가 하나님과 진리, 실재에 대해서 말하는 것을 들으려 하지 않는다고 생각한다. 그러나 베드로가 말했듯이, 우리는 "너희 속에 있는 소망에 관한 이유를 묻는 자에게는 대답할 것" 베드로전서 3:15 을 항상 준비해야 한다.

우리가 가진 소망의 이유에 대한 대답을 할 기회를 얻는 한 가지 열쇠는 우리가 주변의 사람들과 구별되는 거룩하고 경건한 삶을 지속적으로 살아가는 것이다. 두 번째 열쇠는 우리가 설득을 통해서 우리 편으로 끌어들이고자 하는 사람들의 삶을 그리스도의 복음과 연결시키는 방법을 아는 것이다. 이것은 우리의 청중을 이해하는 일에 더욱 더 전문가가 될 것을 요구한다. 매체 전문가들은 청중을 의식하는 것의 중요성에 대해서 여러 해 동안 이야기해왔다. 과거에는 그런 일은 사치에 가까운 일이었겠지만, 오늘날 우리가 발언할 수 있는 기회를 얻으려면 절대적으로 필요한 일이다. 타락 이후에 의사소통은 인류에게 중요한 문제가 되었고, 오늘날의 포스트모던 세계에서는 특별히 더 복잡해졌다.

사이먼 키스트메이커(Simon Kistemaker)는 사도행전 주석에서 바울이 "청중들에게 얼마나 정교하게 설교하였는지, … 바울은 그의 청중들을 그리스도 안에 있는 영원한 가치에 대한 지식으로 서서히 이끌 수 있는 접촉점이 필요"했음을 우리에게 알려주고 있다.[1] 마찬가지로 벤 위더링턴 3세(Ben Witherington III)도 『사도들의 행전』(*The Acts of the Apostles*)에서 "우리가 여기서[아테네에서] 보는 것은 이교도들을 어중간한 지점에서 만나려고 하는 것이 아니라, 기독교의 유일신 사상을 선포하기 위하여 그들에게 익숙한 관념과 용어, 접촉점을 사용하는 것이다"라고 말한다.[2] 그는 더 나아가, "익숙한 관념들이 청중들과 접촉하기 위해 사용되었으나, 유대교와 기독교의 본질적인 주장을 뒷받침하기 위한 복음 전도의 목적으로 사용되었다"[3]고 말한다. 그런 후에 위더링턴은 바울이 이교도들이 이미 알고 있던 것들에 무엇인가를 덧붙이려 하지 않고, 그것들을 완전히 새로운, 기독교적 세계관으로 변환시키는 데 관심이 있었다고 말한다. 이 점에 있어서 바울은 의사소통의 대가이다.

우리가 자주 범하는 중대한 실수 중 하나는 복음을 전하는 방법은 중요하지 않고, 그 내용만이 중요하다고 가정하는 것이다. 실제로는 둘 다 매우 중요하다. 사도행전 17장에 나타난 바울의 방법은 우리에게도 적절하다. 왜냐하면 그리스 철학에 깊이 물든 아테네의 상황은 여러모로 오늘날의 세계와 유사하기 때문이다.

예를 들어서, 아테네 문화는 비기독교적인 문화였다. 아테네 사람들은 성경을 몰랐고, 더구나 교회의 역사에 대해서는 아무 것도 몰랐다. 그곳에는 유대인들의 영향력이 어느 정도 있었고 바울이 그 점을 간과하지는 않았지만, 그는 그리스인들이 모든 최신 사상들에 빠져 지냈기 때문에 그들에게 초점을 맞췄다. 더구나 그들은 자신들이 알아야 할 모든 것을 안다는 사실에 결코 만족하지 않았다. 유대인의 존재는 아마도 수많은 다양한 사람들 중에서 매우 작은 무리에 불과했을 것이다. 아테네는 이교 사회의 모든 속성을 다 가진 이교적 환경이었고, 오늘날 미국도 그와 매우 흡사한 신이교주의적이고 야만적인 사회이다.

바울의 사역을 자세히 확대해 들여다 보면, 그는 자신이 아테네에 복음을 전할 사명을 가지고 있음을 확신하였다. 그는 아테네에서는 구약을 잘 알고 있는 사람들이 있던 안디옥이나 히브리 문화와 그리스 문화가 혼합되어 있는 고린도에서 전도했던 방식과는 다르게 접근해야 한다는 것을 알았다. 고린도전서에 기록한 대로 어디를 가든지 활력에 넘치는 바울의 모습을 상기해 보라!

> 혹 피리나 거문고와 같이 생명 없는 것이 소리를 낼 때에 그 음의 분별을 나타내지 아니하면 피리 부는 것인지 거문고 타는 것인지 어찌 알게 되리요 만일 나팔이 분명하지 못한 소리를 내면 누가 전투를 준비하리요 이와 같이 너희도 혀로써 알아 듣기 쉬운 말을 하지 아니하면 그 말하는 것을 어찌 알리요 이는 허공에다 말하는 것이라 이같이 세상에 소리의 종류가 많으나 뜻 없는 소리는 없나니 그러므로 내가 그 소리의 뜻을 알지 못하면 내가 말하는 자에게 외국인이 되고 말하는 자도 내게 외국인이 되리니 고린도전서 14:7-11

만약 우리가 이 세대에 대하여 하나님의 뜻을 따라 섬기고자 한다면, 청중들이 쉽게 이해할 수 있게 말하는 방법을 알아야 한다. 우리가 사용하는 말은 우리가 전달할 메시지에 대해 제대로 이해하고 우리의 말을 듣는 사람들에 대한 민감성을 반영해야 한다. 만약 우리가 실제로 효과적인 소통을 하려면 듣는 사람들이 어떤 상황에 있는지를 알아야 한다. 만약 우리가 그들이 처한 상황 속에서 의미 있게 이야기하는 법을 모른다면 우리는 절대로 그들의 귀에 분명하고 의미 있는 소리를 내지 못할 것이다. 나는 오직 하나님만이 한 사람의 지성과 마음을 복음의 진리를 향해 여실 수 있다는 것을 분명히 안다. 그러나 나는 그 과정에서 그분께서 우리를 사용하신다는 것도 분명히 안다. 이것은 그분의 뜻을 따라 섬기는 일과 관계가 있다.

문화적으로 민감한 것은 쉽게 넘어질 수 있는 미끄러운 비탈이 될 수도 있다. 20세기 많은 주류 교회들에게서 본 바와 같이, 청중들을 위해서 메시지를 조정하거나 변경하여 무엇인가를 더하거나 빼는 것은 어려운 일이 아니다. 그러나 청중들의 기분을 상하게 하지 않기 위하여 "정치적으로 올바르게" 되고자 하는 것은 위험하다. 우리는 우리가 취하는 태도와 자세가 무례하지 않으면서, 청중들에게 일치감과 사랑을 보여주는 방식으로 그리스도의 메시지(이것은 배타적이다)를 선포하라는 소명을 받았다.

만약 우리가 여전히 과거의 전투에 임하고 있다면 오늘날의 전쟁에서 이길 수 없다. 1990년대 초 "사막의 폭풍 작전"은 오늘날 기술이 발전된 환경에서 낡은 전투 방식은 더 이상 효과가 없다는 사실을 보여주었다. 이것이 바울이 보여준 사례 혹은 모범이 아주 중요한 이유이다. 그것은 우리가 진리를 타협하지 않고 보존해야 하지만 사람들이 처한 상황에 맞게 설득하는 방식으로 그 진리를 조직하여야 한다는 것을 보여준다.

최근의 시대적 동향과 문화, 특별히 젊은이의 문화를 연구해보면 젊은 세대가 묻고 있는 질문은 나이 든 세대가 묻는 것과 반드시 일치하지는 않는다는 것을 알 수 있다. 우리가 주의 깊게 귀를 기울이지 않으면, 나이든 세대의 질문에만 답을 하고 젊은 세대의 질문은 간과하게 될 것이다. 만약 우리가 그들이 있는 곳에서 시작하지 않는다면, 우리는 그들을 그리스도께로 데리고 오는 일에 실패할 것이다. 그들 중 몇 사람을 그리스도께로 인도하려면 그들의 음악과 헤어스타일, 옷차림, 피어싱의 이면을 볼 수 있어야 한다. 현실적인 타당성을 가지고 이야기하는지의 여부는 말하는 사람이 아니라 듣는 사람에 의해서 결정된다. 그들이 우리가 말하는 것을 이해할 수도 있고 못할 수도 있다. 우리는 우리 자신이 아니라 그들을 위해서 말해야 한다. 그렇지 않으면 우리 스스로에게 말하는 꼴이 될 것이다.

사도행전 17장에서 바울의 방법을 설명하는 동안 세 가지 요점이 드러난다. 첫째, 바울의 일반적인 지식, 즉 그의 성경적 세계관이다. 둘째, 당면한 상황 혹은 환경에 대해 바울이 가진 구체적인 지식이다. 셋째, 이 일반적인 지식과 특수한 지식에서 발전해 나온 바울의 방법론이다.

바울의 일반적인 지식(세계관)

바울은 일반적인 지식 혹은 성경적 세계관을 가지고 자신의 일을 수행하였다. 선교 여행에서 그가 어디를 가는지 혹은 누구를 대상으로 사역하는지는 중요하지 않았다. 그는 확고하게 고정된, 절대 불변의 진리에 기초하여 자신의 일을 수행하였다. 바울의 고정된 진리는 르네 데카르트와 같은 근대 철학자들의 기초와는 달랐다. 데카르트와 계몽주의 시대의 철학자들은 사람 안에서 다른 모든 진리가 그 위에 설 수 있는 고정점을 찾고자 노력하였다. 바울에게서 그런 진리는 그 자신 안에서 혹은 하나님 외의 다른 어떤 곳에서도 발견되지 않는다. 바울은 신약 성경의 진리에 기초하여 자신의 전체 사역을 수행하였다. 이 고정점에 대해서 그는 절대 어물쩍 넘어가지 않았다. 그는 이것에 대해서 언제나 분명했고 어떤 타협도 없었다!

바울은 아테네나 데살로니가, 빌립보를 비롯하여 그가 어디에 있든지 간에 먼저, 살아계신 참된 창조주이시자 창조세계를 심판하시는 하나님이 계신 것을 알았다. 둘째, 사람은 하나님의 형상과 모양대로 창조된 유한한 피조물임을 알았다. 그것들이 언제나 바울 사역의 기초 혹은 출발점이 되었다. 셋째, 그는 사람은 하나님의 일반 계시로 인해 이미 하나님을 아는, 불가피하게 종교적인 존재라는 사실을 알았다. 비록 사람이 이 지식을 억누르거나 죄로 인해 그것을 부정할지라도, 그럼에도 불구하고 이것은 그의 삶에 지워질 수 없게 각인되어 있다. 사람은 하나님의 형상이다. 넷째, 바울은 이 땅에 두 종류의 사람, 즉 창조주 하나님을 예배하고 섬기는 사람과 피조물을 예배하고 섬기는 사람이 있음을 알았고 그의 가르침과 설교를 통해 이를 보여주었다. 바울에게 중간 지대는 없었다. 다섯째, 그는 또한 창조주 하나님을 진정으로 예배하는 사람은 구원을 얻고, 그렇지 않는 사람은 구원을 얻지 못한다는 것 알았다. 마지막으로, 사도행전 17장에서 보듯이, 바울은 이 땅의 역사에는 끝이 있음을 믿었다. 역사 속에는 알아볼 수 있는 반복적인 순환이 있으나, 역사는 어떤 특정한 방향으로 최종 목적지를 향해 나아간다. 바울은 사역의 대상이 누구든지 간에 이 지식과 믿음을 보여주었다. 이 지식이 바울의 세계관을 구성하였고 그는 이것을 통해 삶의 모든 것을 바라보았다. 이것들은 모든 시대와 모든 민족에게 보편적이고도 절대적인 진리였다.

상황에 대한 바울의 특수한 지식

문화 혹은 상황에 대한 바울의 직접적인 지식은 특정한 청중에게 가장 의미 있는 방법으로 진리를 말해야 할 필요를 그가 인식하고 있음을 보여주었다. 아테네에서의 경우, 그는 그들에 대해서 무엇인가를 알고 있었다. 그는 그들의 문화에 익숙하였다. 예를 들어 그는 아테네인들이 창조주와 피조물을 구분하지 않는 일원론자들(monists)임을 알고 있었다. "모든 것은 하나이고 하나는 모든 것이다!" 이 말이 익숙하지 않은가?

바울은 아테네인들이 우주는 신비롭고 알 수 없다고 믿고 있음을 알았다. 왜냐하면 그들은 저기 바깥에 존재하는 것은 완전히 "다른" 혹은 "별개의 것"이라서 그것이 무엇이든 간에 전혀 알 수 없다는 개념을 가지고 있었기 때문이다. 그러나 바울은 위에서 진술한 그의 세계관에 기반을 두고 있으면서, 아테네인들과 진공상태에서 이야기를 시작하지 않는다는 것을 분명히 의식하고 있었다. 그는 그리스인들이 이미 하나님의 자기 계시를 받아들이고 있음을 알고 있었다. 그들은 하나님은 전능하고 영존하는 신이라는 것을 알고 있었다. 하나님께서 각처에 살고 있는 모든 사람들에게 이미 그 진리를 계시하셨다는 것을 알고 있기에 바울은 아테네인들에게 하나님의 존재를 확신시키기 위해 논쟁할 필요는 없었다.

바울은 또한 청중들이 자신들의 학습 체계와 지식에 대한 접근방법이 실제로는 그들을 무지로 이끌어 가기에 그것에 대해 만족하지 못하고 있다는 것을 알았다. 그들은 완전한 지식을 가지고 있지 않았다. 이것이 바로 그들이 항상 새로운 사상과 최신의 가르침을 듣고자 열망했던 이유이며, 바울의 말을 들으려고 했던 이유이기도 하다. 알지 못하는 신에게 바친 그들의 제단과 기꺼이 새로운 사상을 들으려고 하는 그들의 자세는 바울이 그들에 대해서 이해한 것이 사실이라는 것을 확인시켜 준다. 그는 아테네인들이 복음을 가지고 있지 않다는 것도 알고 있었다. 이것이 그가 당시 학문의 중심지였던 아테네에 기독교를 들고 간 이유였다. 바울은 아테네인들에 대해서 또 다른 사실도 알고 있었다. 그들은 어떤 절대적 권위도 인정하지 않았기 때문에, 비록 바울이 기독교 선교사일지라도 자신의 말도 들어보려고 할 것을 알았다. 마지막으로, 그는 그리스 사람들은 지식과 특별한 경험에 근거하여 개인적인 권위를 존중한다는 것도 알고 있었다. 그러므로 설득하는 능력은 그의 사역에서 중요한 요소였다.

바울의 방법론

바울은 일반적인 지식과 직접적인 지식을 사용하여 복음의 진리를 아테네인들에게 전달하는 방법을 발전시켰다. 바울은 자신이 했던 일을 통해서 그의 방법론이 오늘날 우리에게도 매우 적절하고 필수적이며 유용하다는 것을 보여준다. 바울은 의견의 일치를 보지 않고도 그들이 있는 곳에 가서 그들을 만났다. 그는 자신의 메시지를 청중들에게 맞추지 않았음에 주의하라. 그는 청중에게 메시지를 맞추기 보다는, 성경에 대한 배경지식이 전혀 없는 사람들에게 성경적 세계관을 겉으로는 철학적인 모양으로 드러나도록 의도적으로 구성했다. 하지만, 실제로 내용은 그가 이전에 방문했던 다른 모든 곳에서 전파하던 것과 똑같은 것이었다. 이것은 매우 중요한 점인데, 많은 사람들이 바울이 실제로 어떤 일을 했는지 주목하지 못하고 그의 방법에 대해서 비판적이기 때문이다.

바울은 시장과 아레오파고스 모두에서 어떻게 말해야 할지 완벽하게 알고 있었다. 그는 아테네인들의 삶에 닿을 수 있는 접촉점을 알고 있었다. 그는 장벽을 세우지 않고 다리를 건설하는 것으로써 사역을 시작하였고 그렇게 함으로써 청중을 얻었다. 바울은 자신의 메시지를 소크라테스식 문답법을 채택하여 표현하였다. 그는 아테네 사람들이 그런 접근법에 익숙하다는 것을 이미 알고 있었을 것이다.

바울은 자신이 아테네인들의 종교적인 표현들과 그들의 종교적 동기를 의식하고 있다는 것을 보여주면서 하나님과 모든 사람들을 향한 그분의 계시에 대해서 대화를 시작했다. 그는 끝에 가서 자신이 그들의 종교적 헌신에 대해서 문제를 제기할 것을 이미 염두에 두고 있었다. 바울은 그들에게 "아덴 사람들아 너희를 보니 범사에 종교심이 많도다. 내가 두루 다니며 너희가 위하는 것들을 보다가 알지 못하는 신에게라고 새긴 단도 보았으니"라고 말한다. 그는 적대적인 자세를 취함으로써 그들로부터 멀어지지 않았다. 그들이 이교도였지만 바울은 그들을 다그치려고 하지 않았다. 대신에, 그는 "내가 보기에 당신들은 종교적인 사람들일 뿐만 아니라, 또한 당신들이 모르는 것을 신비한 것으로 믿는 신심이 깊은 사람들이다"라고 말했다.

바울은, "당신들이 지식이라고 부르는 것은 실은 무지이다"라고 말했을 수도 있다. 그런 다음 그는 그가 말하고자 하는 바를 설명하였다. 다리를 건설하고 얼음을 깨부순 후에, 그는 계속하여 그리스도와 그분이 십자가에 못박히셨다는 것을 전한다. 성경의 이 구절을 읽을 때 우리는 바울이 다른 곳에서와는 다른 접근법을 사용하고 있는 것을 발견한다. 예를 들어, 그는 예수 그리스도의 이름을 직접 언급하지 않았다. 대신에 하나님께서 이 세상을 심판하시기 위하여 세우신 사람이라고 표현한다. 사이먼 키스트메이커는 다음과 같이 말한다.

> 그러나 아테네 사람들은 아직 이름이 알려지지 않은 이 사람이 세상을 심판할 신적인 권위를 소유하고 있는지의 여부에 대해서 물었을 수 있다. 하나님께서 이 사람에게 심판할 권세를 부여하셨다는 것을 증명해줄 수 있는 증거는 무엇인가? 바울은 하나님께서 이 사람을 죽은 자들로부터 다시 살리신 것으로 모든 사람에게 믿을 만한 증거를 주신다고 확정적으로 말한다.[4]

그리스 사람들이 단편적인 사실들을 엮어서 결론을 도출하는데 어려움을 겪는 동안, 바울은 이 사람이 누구인지 그리고 그가 한 모든 일들은 현실이라고 분명하게 선언하였다. "지금까지 당신들은 우상을 섬기고 있지만 이제 그것을 멈추고 살아 계신 참 하나님을 예배해야 한다." 그 시점에 어떤 사람들은 조롱하였지만, 어떤 사람들은 복음을 믿었다.

바울은 진리를 중립적인 것으로 만들려는 오늘날의 가짜 관용이 아니라, 아테네인들의 신앙에 대해 진정한 관용을 실천하였다. 그렇게 한 후에 그들에게 믿고 회개하라고 도전하였고 초대하였다.

바울의 접근법은 우리가 처한 포스트모던적이고 포스트-기독교 문화 속에서 우리의 모델이 된다. 지금까지 논의한 것을 정리해보자. (1) 우리는 흔들림이나 주저함 또는 적에게 굴복함 없이 기독교 신앙의 기본 원리에 대하여 확신하여야 한다. 진리를 타협해서는 안된다. (2) 우리는 청중에게 우리의 메시지를 가장 의미 있는 방식으로 전달하기 위해서 우리 문화를 배우는 학생이 되어야 한다.

비록 갤럽의 조사가 보여주는 것과는 반대되지만, 나는 우리가 진리를 제대로 알고 있고 그것을 우리뿐만 아니라 모든 사람에게 절대적인 것으로 받아들이는 것으로, 즉 우리의 일반적인 지식, 혹은 세계관이 제대로 되어 있다고 가정할 것이다. 거기서부터 우리는 바울의 방법 중에서 두 번째 요소, 즉 우리의 처한 상황에 대한 직접적인 이해를 뽑아내어야 한다. 우리의 세계는 변화의 과정 중에 있다. 현실은 백 년 전에 비해 많이 달라졌다. 근대성이나 근대주의와 관련된 많은 요소들이 우리가 사는 세계를 아테네인들의 세계와는 다르게 만든다. 하지만 제자 삼는 하나님 나라의 모델에 대하여 더 잘 이해할 수 있게 만드는 유사한 패턴 혹은 규범들이 있다.

바울의 모델을 적용하기 위해서 우리가 논의한 것 중 두 가지 중요한 내용을 참고해야 한다. 이것들은 우리가 사는 세계를 이해하고 청중들과 소통의 창구를 열어줄 것이다. 첫째, 전근대 시기의 신앙과 계시에 근거한 하나님 중심 패러다임에서, 근대의 이성과 경험주의에 기반한 인간 중심 패러다임, 포스트모던 시기의 경험과 느낌에 기반한 다원적 패러다임에 이르기까지, 현재의 문화적 분위기를 만들어 낸 역사가 진행되어 오면서 일어났던 세계관적 패러다임의 철학적 전환들을 기억해야 한다(이것에 대해 자세히 살펴보려면 2장, 7장, 8장을 보라).

둘째, 지금 현재를 살아가는 네 세대의 독특한 특징들을 기억하라. 전통적이고 과업지향적인 건축자들은 권위와 제도를 잘 지키고, 정보와 지시에 반응하며, 부지런함과 만족의 지연을 가치롭게 여긴다. 부유하고 자기 중심적인 베이비 부머들은 권위자에게 "그게 나한테 무슨 이익이 되나?"라고 물으며, 협업을 중시하고, 그들을 만족시키지 않는 관계나 책무는 끊어버린다. 포스트모던 1세대인 비관적인 베이비 버스터들은 관계 맺기를 갈망하나 헌신을 두려워하며, 자기 부모 세대보다 기대하는 삶의 기준이 낮고, 어떤 영웅도 없다. 경험 지향적인 가교 세대(bridger generation)는 교육 수준은 높지만 성경적으로 무지하고, 공동체를 찾아 다니며 영성을 가치롭게 여기나 조직화된 종교에 대해서 의심을 가지고 다양성을 규범으로 삼고 있다(보다 자세한 것은 9장을 다시 살펴보라).

웨스트민스터 신앙고백이 상기시켜 주듯이, 하나님의 기록된 말씀은 사람들이 읽고 연구하고 이해하도록 그들이 쓰는 일상 언어로 번역되어야 한다. 그리고 우리는 우리가 전할 메시지를 우리가 만나야 할 사람들의 언어로 표현하는 방법을 배워야 한다. 어떤 매체 전문가들은 사실상의 현실적합성과 기능상의 현실적합성을 구분하는데, 나는 그것이 옳다고 믿는다. 사실상의 현실적합성은 메시지가 실제로 우리 삶과 어떤 관련을 가져야 하는지를 다루고, 기능상의 현실적합성은 우리 삶에 대한 사실상의 현실적합성을 우리가 보는지 보지 못하는지와 관련이 있다. 성경은 사실상의 현실적합성을 가지고 있다. 성경은 정확하게 이 세대가 필요로 하는 것을 가지고 있다. 그것에 대해서 의심이 있어서는 안된다. 하나님께서는 우리에게 그분의 말씀 안에 우리가 구원과 생명을 얻는데 필요한 모든 것을 다 주셨다. 그러나 우리가 그 현실적합성을 보지 않는다면 우리는 우리의 메시지와 사람들 사이에 실제적인 연결고리를 만들 수 없을 것이다. 나는 이것이 우리가 당면한 문제 중 하나이며 젊은 세대가 기독교와 교회에 별 감흥이 없는 이유라고 믿는다.

바울의 방법을 21세기에 적용하려면, 복음을 통해 하나님의 진리를 드러낼 때 좀 더 관계적이고 우리 메시지가 가진 개인적인 함의점에 좀 더 초점을 맞추어 설명하는 방식이어야 한다. 포스트모던 세대와의 진정한 접촉점은 진리가 어떻게 그들의 삶에 가장 의미 있는 방식으로 다가갈 수 있는지에 달렸다. 아테네에서 바울이 했던 것처럼, 우리도 올바른 질문을 하고 올바른 대답을 발견할 수 있는 방법을 알도록 사람들을 돕는 일에 더욱 능숙하게 되어야 할 것이다. 조지 바나가 자신의 연구에서 주장하듯이, 생생한 실제 사례와 훌륭한 실생활의 적용 없이 복음의 내용을 단순히 말로 제시하는 방식으로는 젊은 세대를 얻을 수 없고 그들의 삶에 접촉할 수 없다. 우리의 전도는 그들의 입장에서 볼 때 더 현실지향적이어야 한다. 그들은 자신들의 삶과 연관성을 보아야 한다.

더 깊은 생각과 토론을 위한 주제

1. 바울이 아테네에서 실천한 전략에 관한 설명을 참고하여 사도행전 13:13-43을 읽고, 안디옥에서 바울의 접근 방법과 아테네에서의 접근 방법을 비교하고 대조해보라.

2. 우리가 복음을 전하려고 할 때 우리 스스로 청중을 좀 더 의식하게 만드는 도전과 기회에 대해서, 또한 그런 과정 중에 메시지가 변질될 위험성에 대해서 토론하라.

뛰어난 복음 전도자인 존 스토트는 그의 책 『현대교회와 설교』(생명의 샘, Between Two Worlds)에서 이 둘 사이의 긴장에 대해서 썼다. 그는 복음을 전할 때 우리의 제시와 대화는 기술 주도적이 아니라 내용 주도적이어야 한다고 주장한다. 바울은 이 점에 있어서 모범적인 실례를 보여준다. 다른 한편으로 문화와 언어를 이해하고 사회적으로 민감한 태도를 취하는 것 같은 특정한 기술들은 제대로 사용된다면 도움이 될 수 있다. 스토트는 전해야 할 신학적 내용을 희생시키지 않고 청중들이 이해할 수 있는 언어로 소통하는 방법을 알아야 한다고 도전한다. 바울은 이 요구에 잘 부응한다.

3. 아테네에서 바울의 전도에 대해서 생각할 때, 복음을 상세히 설명할 때, 그가 "변증적" 혹은 세계관적 접근법을 채택하는 것으로 보이는 방법과 이것이 그 상황에서 필요했던 이유에 대해서 깊이 생각해보라.

4. 우리를 둘러싼 포스트모던 문화에 비추어, 이 접근방법이 특별히 중요하게 된 오늘날의 환경에 대해서 토론하라.

5. 아테네에서 바울이 행한 설교와 사역에서 그는 청중들과 소통을 하기 위하여 메시지를 변경시켰는지의 여부를 생각해보라.

6. 성경공부를 인도하거나, 주일학교에서 가르치거나, 예배 중에 설교하는 독자라면 청중에 대해서, 그들의 연령대, 교육 수준, 사회적 특성, 정치적인 그리고 철학적인 성향 등과 같은 것들을 분석하고 기록해보라. 이것은 어떻게 좀 더 의미 있는 소통을 하도록 돕는가?

추천도서

Barrs, Jerram. *The Heart of Evangelism*. Wheaton, Ill.: Crossway, 2001. 오늘날의 세계에 복음을 전하는 방법에 대한 조언. 사도행전 17장을 탁월하게 설명하는 장이 있다.

Kistemaker, Simon J. *Acts*. Grand Rapids: Baker, 1990. 사도행전, 특별히 17장을 이해하는 데 가치있는 참고도서이다.

Johnston, Graham, *Preaching to a Postmodern World: A Guide to Reaching Twenty-First-Century Believers*. Grand Rapids: Baker, 2001. 포스트모던 세계에서 복음을 전하는 일에 관심 있는 사람을 위한 매우 유용한 도서이다.

Stott, John R. W. *Between Two Worlds*. Grand Rapids: Eerdmans, 1982. 『현대교회와 설교』(생명의 샘) 설교와 의사소통은 그것이 실천되는 맥락과 연결된다는, 참된 성경적 의미에서 설교와 의사소통에 초점을 맞춘 탁월한 책. 진리가 어떻게 전해져야 하는지에 대한 문제가 이 책의 핵심이다.

_____. *The Spirit, the Church, and the World: The Message of Acts*. Downers Grove, Ill.: InterVarsity, 1990. 『사도행전 강해』(IVP) 존 스토트는 훌륭한 주해 작업이 설교의 열정과 어떻게 결합되어야 하는지 이해하고 있다. 이 주석은 사도행전에서 가르침과 설교를 위한 유용한 통찰을 제공함으로써 그 능력을 보여주고 있다.

11장

전도서: 세계관 연구

4장은 기독교 세계관에 대해서 다루었다. 이 장은 앞의 장과 더불어 성경적 패러다임에 입각하여 기독교 세계관을 다룰 것이다. 이 장을 읽기 전이나 읽는 중에 4장을 참고하기를 권한다.

전도서는 기독교 세계관을 제시하고 비성경적 세계관과 대조하기에 가장 좋은 성경적 예시 중 하나이다. 전도서는 많은 사람들에게 혼란과 당혹감을 주는 책이다. 실제로 많은 유대인들이 전도서는 성경에 포함되지 않는다고 믿었다. 랍비들은 이 전도서를 어떻게 다루어야 할지에 대해 서로 다른 의견을 가지고 있었다. 하지만 우리는 전도서가 매우 중요하고 하나님의 말씀 중 정당한 일부이며 정경 중에 올바른 자리에 있다고 믿는다.

공립 고등학교에 다닐 때(당시 내 나이를 알 수 있을 것이다), 매주 성경읽기로 시작하는 금요 채플 모임이 있었다. 내 친구 어니(Ernie)는 성경을 자주 읽었는데, 종종 전도서 3장 1-8절을 찾아 읽었다. 당시 나는 교회에 다니고는 있었지만 그리스도인은 아니었다. 그래서 그때는 어니가 그 구절에 대해 성경의 저자가 원래 의도한 바와 정반대로 설명했다는 사실을 몰랐다. 이런 예는 세계관 혹은 삶을 바라보고 해석하는 안경이 우리의 최종 판단에 어떻게 영향을 끼치는지 보여준다.

기독교 세계관과 비기독교 세계관의 대조

이 장이 전도서의 목적을 잘 지키면서 신뢰할 만한 해석적 입장으로 쓰여지기를 바라지만, 그렇다고 전도서에 대한 주석이 되는 것은 원치 않는다. (많은 주석들이 전도서의 저자에 대해 저자가 다윗의 아들 솔로몬인지, 아니면 다른 여러 명의 저자 후보들 중 한 명인지를 두고 논한다. 전도서에는 교사이자 주된 설교자인 전도자(코헬렛)에 관한 언급들이 있다. 전도자는 가르칠 목적으로 사람들을 모으는 자다. 트렘퍼 롱맨(Tremper

Longman)은 자신의 주석에서 전도자는 고유 명사라기보다는 직업과 관련한 명칭이라고 주장한다. 나는 이 입장을 따르고 있으며, 따라서 솔로몬이 이 책의 저자라는 것에 문제가 있다고 생각한다. 하지만 이 문제를 다루는 일에 더 이상 시간을 사용하지 않을 것이다. 전도서의 정확한 장르를 결정하는 것도 어렵지만, 전도서는 어떤 면에서 욥기와 비슷하고 다른 면에서는 잠언과 비슷하다. 이것이 전도자의 메시지를 해석하고 이해하는 것을 더 어렵게 한다.)

전도서는 오늘날 포스트모던 세계를 위한 동시대의 메시지로서 가장 적절한 사도행전 17장이나 욥기와 매우 비슷하다. 전도서에는 인간의 논리를 반박하거나 적어도 인간의 논리가 하나님의 논리와 언제나 일치하는 것은 아님을 상기시켜 주는 구절들이 있다. 이것을 이사야 선지자는 다음과 같이 표현하고 있다. "이는 내 생각이 너희의 생각과 다르며 내 길은 너희의 길과 다름이니라 여호와의 말씀이니라" 이사야 55:8 전도자에게 인생은 모순과 역설, 이율배반으로 가득 차 있어 보인다. 말의 의미는 종종 그것이 처한 맥락에 따라 그 맥락에 의존하여 결정된다.

전도서가 제자 삼는 과정에서 중요한 이유는 기독교적 세계관과 비기독교적 세계관을 극명하게 대조하여 보여주기 때문이다. 또한 전도서는 사람들이 인생과 실재로부터 의미를 찾기 위한 다양한 많은 방안들을 기꺼이 시도해보지만 결국은 그들이 찾고자 열망하는 것을 얻을 수 없다는 것을 보여준다. 전도자는 주저하지 않고 자신의 경우를 예로 들어서 비기독교적 관점으로 사는 인생은 어떤 곳으로도 방향을 잡고 나아가지 않기 때문에 의미가 없다고 말한다.

전도자는 기독교적 세계관을 해 위에 사는 인생(생각)으로, 비기독교적 세계관을 해 아래 사는 인생으로 은유하고 있다. 해 위에 사는 것 아니면 해 아래에 사는 것, 이 둘 중 하나만 선택할 수 있을 뿐이라는 사실을 깨닫게 되면 기독교적으로 사고하라는 도전은 더욱 강렬하게 다가온다. 하지만 전도서에서 우리가 이해해야 할 것 중 하나는 전도자가 두 개의 세계관을 제시하는 과정에서 자신도 두 세계관 사이에서 긴장과 갈등을 경험한다는 점이다. 예를 들어, 그리스도인으로서 의식적으로 해 위에서 생각하고 행동할 때, 그는 인생의 의미는 궁극적으로 이 세상과 관련되어 있지 않고 오직 영원의 빛으로만 이해된다는 사실을 기억한다. 그러나 그리스도인은 아직 완전히 성화되지 않았기 때문에 자주 이 세상의 것에서 의미를 찾는다.

전도서가 정말 가치 있고 제자 삼는 과정의 교육내용에 포함되어야 이유는 하나님과 함께하는 시작의 중요성을 명확하게 지적하고 있기 때문이다. 인생을 이해하고 해석할 때 우리 마음의 중심에서 하나님과 함께 시작하지 않는다면, 하나님과 함께 마치기를 기대할 수 없다. 우리 내면의 중심에서 실재에 대한 판단과 해석의 기준점은 하나님이어야 한다. 우리가 우리 자신의 존재 의미를 경험하고 이해할 수 있는 유일한 길은 하나님과 함께 시작하는 것이다. 오직 우리가 주님을 알고 우리가 그분의 형상대로 지음 받았음을 알 때 우리의 인생은 의미 있고 가치 있게 된다. 만약 우리가 하나님이 아닌 기준을 가지고 출발한다면 우리는 지금 이곳의 삶이 실재하는 것의 전부라고 믿을 것이다. 그러나 하나님과 함께 시작한다면 현재의 삶은 영원의 빛 안에서 의미와 가치가 있음을 이해할 것이다. 무덤이 끝이 아니다. 그 후에 무엇인가 더 있다! 이것이 바로 전도자가 전도서 전체를 통해서 인생의 헛됨뿐 아니라 하나님과 영원한 삶이 포함된 준거 체계를 가진 사람들이 품는 희망에 대해 그토록 자주 언급하는 이유이다.

그리스도인들이 기독교적인 삶을 사는 것에 대해서 너무 힘들어 하고 주변 세계와 별 다르지 않게 사는 이유 중 하나는, 비록 그들이 그리스도께로 회심하였지만 그들의 세계관은 진정으로 변화되지 않았기 때문이다. 이 문제는 4장에서도 다루었다. 서구 세계는 우리 삶의 일정 부분은 종교적이 될 수 있고 나머지 부분은 종교적으로 중립적일 수 있다고 강조한다. 하지만 우리는 삶을 전체적으로 봐야 한다. 그렇지 않으면 우리는 그에 따른 대가를 치르게 된다.

우리는 오늘날 이슬람 종교가 다시 일어나고 있는 것을 보고 있다. 2001년 9월 11일의 비극적인 사건은 이것을 전면에 드러나게 했다. 만약 우리가 무슬림을 이해하고 그들에게 증거하려고 한다면 삶이 하나의 전체 체계라는 패러다임으로 생각하는 법을 알아야 한다. 우리는 그 어떤 것에서도 종교적으로 중립적일 수 없다. 무슬림들은 서구 사람들, 심지어 서구의 그리스도인들보다 더 총체적으로 종교를 바라본다. 무슬림들은 자신의 종교를 삶의 방식으로 생각하기 때문에 무슬림 공동체에 복음을 전하는 사역자들은 무슬림들의 사고방식에 대처하는 방법을 잘 알아야 한다. 무슬림들은 서구인들이 자신의 종교적 신앙을 삶의 다른 영역과 분리하는 것을 이해하지 못한다.

버나드 루이스(Bernard Lewis)는 자신의 책, 『이슬람의 위기』(*The Crisis of Islam*)의 한 장에서 삶의 일부분만 종교적이 되는 것에 기인한 미국과 미국 교회의 도덕적이고 영적인 퇴보에 대해서 비판하고 있다. 그는 무슬림 근본주의를 이끄는 이론가이자 무슬림 형제단의 일원으로서 적극적으로 활동하는 사이드 쿠틉(Sayyid Qutb)의 일부 사상을 자세히 다루고 있다. 우리는 기독교 공동체 안에서(쿠틉이 미국과 교회를 동일시한 것은 비판을 받아야겠지만) 신앙과 삶이 일치된 적이 없었기 때문에 그 비판을 진지하게 받아들여야 한다. 전도서는 삶에 대한 체계적이고 총체적인 접근의 중요성을 알 수 있도록 돕는다.

조니와 그의 가족들이 교회와 주일학교에 참석할 때 그들은 기독교 신앙이 삶의 총체적인 체계라는 진리에 맞닥뜨려야한다. 그리스도인은 제자도의 여정을 시작하는 첫 출발부터 기독교 신앙은 삶의 모든 영역에 영향을 미친다는 사실을 알아야 한다. 교회는 이 가족이 기독교 세계관의 역할과 위치를 이해하도록 돕는 일에서 가장 중요한 역할을 한다. 조니가 교회에서 배운 것은 가정에서 배운 것을 지지하고 강화시켜 줄 것이다. 조니와 그의 가족 모두가 신앙생활을 시작하는 출발점에서부터 그리스도인은 두 개의 지상명령을 받았음을 이해하는 것이 중요하다. 두 개의 지상명령이란, 하나는 제자를 삼는 것이고 다른 하나는 만물(all things)을 정복하고 모든 일(all things)을 하나님의 영광을 위해 하라는 문화명령을 수행하는 것이다.

전도서의 대조는 그리스도인의 삶을 인식하고 경험하는 방법에 있어 우리의 세계관이 다른 세계관과 구별되는 독특한 차이점을 보여준다. 전도서에서 자주 잘못 해석되는 주제는 "해 아래 새 것이 없다"는 것이다. "해 아래"의 패러다임에서는 인생이란 날이면 날마다 그저 똑같다는 생각만 남는다. 늘 똑같다! 인생은 돌고 돈다고 말하는 닫힌 우주 이론으로 인해 하나님은 상자 속에 갇히게 되고 인간의 삶도 옴짝달싹 못하게 된다. 그 어떤 새로운 것도 없다! 하지만 전도자는 기독교 세계관을 통해서 우리는 닫힌 우주 속에 살지 않는다는 점을 보여주려고 한다. 하나님을 상자 속에 가둘 수 없으며, 우리도 닫힌 상자 속에 갇혀 있을 수 없다. 왜냐하면 우리는 하나님의 형상으로 만들어졌기 때문이다. 우리는 창조적일 수 있고 새로운 것을 만들어 낼 수 있다.

하나님의 언약 안에 있는 어린이와 젊은이, 성인들을 제자로 삼을 때, 그들이 삶의 두 갈래 길 중 하나를 선택할 수밖에 없음을 일찍부터 깨달을 수 있게 해야 한다. 그 중 하나는 헛되어 "바람을 잡으려는 것"이고, 다른 하나는 하나님과 함께 시작하는 삶의 의미를 찾도록 도와주는 기독교 철학을 통해 하나님의 시각으로 사물을 바라보는 것이다. 전도서는 무의미하고 희망 없는 상황에 반대하는 희망의 책이다.

제이 아담스(Jay Adams)는 『해 아래 혹은 아들 아래의 인생』(*Life under the Sun/Son*)이란 책의 도입부에서 다음과 같이 말한다.

> 전도서는 이 세상에 관심을 집중함으로써 생겨난, 이 세상이 줄 수밖에 없는 어려움을 겪고 있는 사람들을 정기적으로 만나는 (특별히 우리 시대의) 상담자들에게 대단히 탁월한 가치

를 가지고 있다. 사람들은 이 책을 이해하지 못하고, 그 내용을 그리스도인의 삶에 어떻게 접목시켜야 할지 모르기 때문에 이 책을 등한시 여기며 어떻게 읽을지 혼란스러워 한다. 여러분의 과업(그리고 기회)은 이 책이 성경의 다른 곳에서는 찾아 볼 수 없는 역사에 대한 심도 있는 철학을 담고 있음을 보여주면서 이 중요한 책의 골자를 그들에게 소개하는 것이다.[1]

전도서에 관해 표면 위에 계속 떠오르는 한 가지 생각은 내 친구 스티브가 늘 상기시켜 주는 말이다. "이 책은 나와 우리에 관한 것이 아니다. 이것은 하나님에 대한 책이다."

세계관을 반영하는 구체적인 주제들

전도자는 "해 위"와 "해 아래"라는 두 가지 인생에 관한 일반적인 철학에 근거하여 인생, 돈, 기쁨, 행복, 지혜, 일, 소유, 사람, 영원과 같은 주제들을 다루고 있다. 이 주제들은 실제로는 하나님이 어떤 분이신가를 이야기한다. 그분은 만물과 창조세계를 다스리시는 주이시든지 아니든지 둘 중 하나다. 우리는 이 둘 중에 하나를 선택할 수밖에 없다. 만약 우리가 후자를 믿기로 했다면 전도서는 그 결과를 그림으로 보는 것 같이 생생하게 묘사한다. 만약 우리가 삶의 특정한 범주들을 "해 위"의 철학으로 보는 법을 배우지 못하면, 우리는 성경적인 개혁주의 세계관을 발전시켜 나갈 수 없을 것이다.

전도서를 우리의 지침으로 삼아 이 주제들을 살펴보자. 전도자가 강조한 것을 총론적으로 요약하고 그 각각에 대해 좀 더 자세하게 연구해보자. 인생과 실재의 각 부분은 나머지 다른 모든 부분들과 연결되어 있기 때문에 이 목록(도표 11.1)에 있는 주제들 중 어느 것도 배타적이고 독자적이지 않다.

	비기독교적 세계관(해 아래)	기독교적 세계관(해 위)
인생	무의미/희망 없음	희망적/목적이 있는
기쁨	헛되이 찾음	실제적이나 우리의 목적은 아님
행복	상황적/순간적	결과물이며 선물
지혜	고통의 증가	올바른 관점
일	자기 중심적	하나님 중심적
소유	내 것/결코 충분하지 않음	우리는 단지 청지기임
사람	명확한 자아정체성 없음	하나님의 형상
영원	삶은 무덤에서 끝남(죽음)	충만함과 무덤 이후 이어지는 (영원한 삶)

도표 11.1. 세계관 대조

인생

전도자가 비기독교적 세계관에 의거해서 말한 대로, 해 아래 사는 인생은 헛되다. 전도서의 첫 장은 이것이 나머지 장에서 어떻게 전개되고 결말에 이르는지를 보여주기 위한 무대를 마련해준다. 전도서 1장은 비기독교 철학이 인생에 어떤 의미도 주지 않는다는 것을 깨닫도록 해준다. 인생은 그저 왔다 가며 피곤함으로 가득하다.^{전도서 1:8} 인생은 쫓아가 손에 쥐어 보려 하지만 결국에는 아무 것도 남지 않는 바람을 잡으려는 것이다. "해 아래"의 관점은 이 비참한 인생을 사는 것보다 차라리 태어나지 않는 것이 더 낫다는 결론에 이른다.^{전도서 4:3} 3장에 따르면, 해 아래 인생은 기껏해야 단조로울 뿐이다. 이 세계관 안에서 궁극적인 결론은 인생은 헛되고 무의미하며 사는 것보다 죽는 것이 더 낫다는 것이다.^{전도서 4:2} 하지만 전도자가 기독교 세계관에 근거하여 말할 때, 그는 죽음보다 더 나쁜 것들이 있다는 것과 인생은 기쁘고 즐겁게 살도록 의도되었음을 깨닫는다.^{전도서 9:9} 또한 하나님은 만물의 창조주이시기에 인생이 필연적으로 공허하거나 단조롭거나 무의미해야 하는 것은 아니라고 말한다. 열쇠는 하나님을 중심에 모시고 그분의 관점으로 인생을 바라보는 것이다.

최근에 한 중년의 목사가 오랜 투병 끝에 죽었다. 나는 그가 세상을 떠나던 날 그의 가족들이 그가 누운 병상 곁에 둘러 모여 찬송을 불렀고 그도 할 수 있는 대로 함께 불렀다는 이야기를 들었다. 인생이 무엇인지 그리고 죽음 이후에 예비되어 있는 것이 무엇인지 알기에 비록 헤어짐을 슬퍼하며 눈물을 흘릴 때에라도 그와 그의 가족들은 즐거워할 수 있었다. 그들은 바른 관점을 가지고 있었다.

기쁨

개인적인 기쁨이나 쾌락을 삶의 방식으로 삼는 것은 우리가 살고 있는 이 시대에 독특한 것이 아니다. 그런 것은 태초부터 있어왔다. 기쁨을 이해하는 방식과 그것이 선한 목적에 이바지하는지의 여부는 한 사람의 세계관에 의해 결정된다. 예를 들어서 기쁨을 얻기 위해 애쓰고 그것을 인생의 목적으로 삼는 "해 아래"의 비기독교적 세계관을 가지고 사는 사람은 결국은 그것이 헛되고 만족함이 없음을 알게 될 것이다. "나는 내 마음에 이르기를 자, 내가 시험 삼아 너를 즐겁게 하리니 너는 낙을 누리라 하였으나 보라 이것도 헛되도다" 전도서 2:1 전도자는 자신의 인생을 즐거워할 만한 모든 것들로 가득 채워보고자 노력했다고 말했다. 그는 자신이 원하는 것을 단 하나도 금하지 않았으나 그의 마음은 그런 것들에서 기쁨을 전혀 발견하지 못했다. 그런 것들도 그저 "바람을 잡는 것"전도서 2:10-11이었다. 그는 자신을 기쁘게 할 만한 것들을 하나씩 차례로 시도했으나 그 각각을 통해 욕구가 충족되지 않는 공허함을 느꼈다. 그는 먹었고, 마셨고, 그가 한 일을 통해서 기쁨을 발견하고자 했으나 헛될 뿐이었다. 전도서 2:24; 7:1-6

하지만 성경적 세계관의 의미를 찾는 노력을 시작한 후에 전도자는 그저 바람을 잡는 것이 아닌, 인생 안에 기쁨을 위한 자리가 있음을 깨달았다. 그는 자신이 하는 일에서 기쁨을 발견할 수 있었다.전도서 5:18 그는 먹고, 마시며, 인생을 즐길 수 있었고 훌륭한 잔치에서 기쁨과 만족을 경험할 수 있었다. 두 철학 사이에는 다른 점이 있다. 우리가 마음의 중심에서 하나님을 배제한 채 무엇인가를 알려고 시도하고 하나님이 아닌 다른 무엇을 추구할 때는 아무 만족도 없었다. 하지만 하나님을 온전한 자리에 모시면 모든 일이 조화롭게 맞아 들어가고 어느 정도 만족을 얻는다. 전도자가 이 땅에서는 어떤 것도 완벽하지 않다는 것을 깨달았기 때문에, 나는 "어느 정도"라는 표현을 썼다. 이것이 바로 우리가 마음 속에 영원을 품고 하루하루를 살아가는 법을 배워야 하는 이유이다. 그리스도인이 되는 것이 우리에게 기쁨과 즐거움을 박탈하는 것은 아니다. 그러나 우리가 다른 여러 가지 것들을 우리의 목적으로 삼고 쾌락을 얻고자 할 때 그것들은 우리가 기대한 것에 훨씬 미치지 못하고 실제로 "바람을 잡는 것"이 되고 만다.

아마 우리 가운데 많은 이들이 어린 시절에 바람을 보려고 하거나 잡으려고 하였을 것이다. 그런 일은 아예 불가능하다. 우리가 얼마나 열심히 노력하였는지는 문제가 안 된다. 주님을 중심에 모시지 않은 상태로 인생에서 기쁨을 찾으려고 애쓰는 것도 마찬가지로 불가능하다. 이것이 전도자가 전해주는 메시지이다. 그것이 우리가 다음 세대에게 가르치고 본을 보여주어야 할 것이다.

행복

행복은 기쁨과 밀접하게 관련되어 있다. 전도서 전체를 읽어보면 비기독교적 세계관을 통해서는 행복마저도 공허하고 의미가 없다는 인상을 받는다. 어떤 의미에서 우리는 일찌감치 2장 1-2절에서 행복을 위해 애쓰는 것은 미친 짓이고, 그것을 추구하는 것은 헛되고 무의미하다는 것을 배운다. 그러나 "해 아래" 세계관을 가진 사람은 자주 자신의 최고선, 가장 고귀한 선, 행복, 기쁨, 즐거움과 같은 것들을 얻으려고 하나, 그것을 추구하는 과정에서 깊이 실망하게 될 뿐이다. 우리 주변을 둘러보면 그런 실수를 저지르는 어리석은 사람들을 볼 수 있다. 광고주들은 이런 저런 일을 하라, 혹은 이런 저런 물건을 사라, 이런 저런 상품을 써보라, 그것이 당신을 더 행복하게 할 것이라고 말한다. 우리는 미끼를 덥석 물지만 곧바로 불행과 불만족의 소용돌이에 빠져 든다.

전도자는 행복이 무의미할 수 있고 그것이 애초에 약속하는 것과 정반대의 결과를 가져올 수 있음을 상기시킨다. 나는 어떤 젊은 그리스도인이 들려준 "내가 주님을 찾자 평화의 비둘기가 날아왔다. 내가 평화의 비둘기를 찾자 주님이 떠나셨다"는 잠언을 기억하고 있다. 행복 그 자체를 목적으로 추구하면 우리가 찾는 것과 정반대의 것을 얻게 된다. 만약 행복이 우리의 목적이 된다면 우리가 그것을 소유하고 있는지의 여부는 전적으로 우리를 둘러싼 환경에 따라 결정된다.

그러나 다른 것과 마찬가지로, 행복은 우리 삶의 일부일 수 있다. 전도자는 "하나님은 그가 기뻐하시는자에게는 지혜와 지식과 희락(행복, NIV)을 주신다"^{전도서 2:26} 고 말한다. 그는 3장 12절에서 "사람들이 사는 동안에 기뻐하며(행복하게 지내며, NIV) 선을 행하는 것보다 더 나은 것이 없는 줄을 내가 알았다"고 말한다. 그러나, "또한 어떤 사람에게든지 하나님이 재물과 부요를 그에게 주사 능히 누리게 하시며 제 몫을 받아 수고함으로 즐거워하게 하신 것은 하나님의 선물이라"는 5장 19절의 말씀에서 우리에게 "해 위"의 세계관 혹은 기독교적 세계관이 필요하다는 것도 상기시킨다. 그는 우리에게 형통한 날에는 기뻐(행복)하라고 충고한다.^{전도서 7:14} 더 나아가 청년일 때 행복해야 한다고 말한다.^{전도서 11:9}

전도서 전체를 읽어보면 행복이 지혜와 지식, 부와 결부되어 있기 때문에 그것들을 소유하지 않으면 행복할 수 없다고 말하지 않는다. 행복은 하나님께서 만유의 주인이심을 알고 그 지식에 근거하여 자신의 우선순위를 설정하는 사람들에게 주어지는 하나님의 선물이다. 그리고 이것은 인생에 대한 기독교 철학(세계관)은 우리를 자유롭게 하는 것임을 보여주는 좋은 예이다. 자크 엘룰은 자신의 도발적인 책, 『존재 이유』(*Reason for Being*)에서 다음과 같이 말한다. "이 모든 허무함 가운데서 기쁘고 행복하게 존재하는 일이 가능해진다. 모든 것이 변하고 사라지나, 우리 인생에 대한 하나님의 선언은 결코 변하지 않는다. 이것이 하나님께서 행복에 두신 의미이자 한계이다. 행복에 어떤 다른 의미를 두면 그것이 무엇이든 간에 행복은 허무함의 순환 속으로 함몰된다."[2]

지혜

사람들이 추구하는 또 다른 자질인 지혜를 살펴보자. 모든 사람은 현명하고 지혜로운 사람으로 알려지고 싶어 한다. 하지만 우리는 지혜의 가치가 그 사람의 세계관에 의해 결정된다는 것을 깨달아야 한다. 전도서에는 지혜로운 혹은 현명한 사람에 대해 언급하는 구절이 적어도 쉰 개 이상이 있다. 인생에 관한 어떤 철학도 그 속에 추구할 만한 지혜를 가지고 있다면 고귀한 것이라고 피상적으로 생각할 수 있다. 그러나 지혜는 우리의 출발점과 목적에 따라 달라진다. 전도자는 7장 16절에서 "지나치게 의인이 되지도 말며 지나치게 지혜자도 되지 말라 어찌하여 스스로 패망하게 하겠느냐"라고 말한다. 트렘퍼 롱맨이 말하듯이, "전도자의 관찰 결과는 충격적인 조언을 하도록 만든다."[3] 전도자는 왜 그렇게 말했을까? 1장 16-17절에서 그는 우리에게 지혜를 추구하는 것이 "바람을 잡으려는 것"임을 사전에 알려줌으로써 이 충격에 대비하게 하였다. 그리고 더 나아가 1장 18절에서 그는 지혜가 많으면 곤란과 괴로움, 번뇌도 많으며, 그것을 가지는 것은 단지 슬픔을 더할 뿐이라는 사실을 알려준다.

자크 엘룰이 상기시켜주는 것처럼,[4] 우리는 처음부터 전도자가 하나님의 지혜("해 위"의 지혜)가 아니라 제한적이고 유한하며 죄된 인간의 지혜를 말하고 있음을 안다. 1장의 후반부는 지혜가 무의미하다는 점을 분명히 한다. 롱맨은 "잠언은 지혜가 기쁨과 생명을 가져온다는 것을 강조한다. 전도자는 그것과는 의견을 달리하면서 지혜가 좌절과 고통을 가져온다고 불평한다"[5]고 말한다. 이어서 그는 잠언과 달리 전도서의 전도자는 지혜가 가져다주는 정신적 괴로움에 대해서 걱정한다고 설명한다. 나는 지혜와 이성 그것 자체만으로는 우리에게 만족을 줄 수 없다는 제임스 크렌쇼(James Crenshaw)의 요약을 좋아한다. 실제로 지혜와 이성은 크렌쇼가 "부담스러운 것"[6]으로 묘사한 것처럼 정반대의 결과를 초래할 수 있다. 이 주장은 이전 장에서 살펴본 사도행전 17장의 구절에서 우리가 발견한 것과 비슷하다. 그리스 사람들은 그들의 이해와 지식 기반에 전적으로 만족하지 않았다. 그들은 무엇인가 알아야 할 것이 더 있다고 느꼈고, 그래서 늘 새로운 이념과 사상을 추구하였다. 이것이 전도서의 요지이자 세계관적 초점이다. 기독교 철학을 가지고 살면, 오직 하나님만이 온전히 지혜로우시고, 인간의 지혜는 가치가 있긴 하지만 한계를 넘어 지나칠 수 있으며 우리를 파괴하는 부정적인 힘이 될 수 있음을 알게 된다.

엘룰이 알려주는 것처럼 기독교 세계관을 가지고 있으면 철학과 지혜도 다른 모든 것들과 마찬가지로 헛되고 무의미할 수 있다는 것을 실제로 볼 수 있다. 그래서 엘룰은 전도자처럼 지혜는 결국 수수께끼라는 결론을 내린다. 그것은 실제로 수수께끼이다. 그러나 이 결론은 지혜에 대한 "해 아래"의 관점이며 "해 위"의 관점과는 완전히 다르다. 해 아래서 우리는 지혜를 우리의 목적으로 삼는 척한다. 그러나 해 위에서, 삶의 중심인 하나님과 함께할 때, 우리는 지혜가 선하고 유익할 수 있다는 것을 안다. 우리는 지혜와 지식을 혼동하지 않아야 한다는 것도 안다. 그 둘은 서로 관련을 가지고 있지만 동의어는 아니다.

그렇다면 다음의 8장 1절과 같은 구절들을 어떻게 해석하고 적용하는가? "누가 지혜자와 같으며 누가 사물의 이치를 아는 자이냐? 사람의 지혜는 그의 얼굴에 광채가 나게 하나니 그의 얼굴의 사나운 것이 변하느니라" 누구도 혼자서는 그 질문에 대한 답을 할 수 없다. 그 일은 하나님과 함께 시작해야 한다. 그분은 사물의 이치를 아는 분이시다. 그분은 사람을 변화시키고 다른 사람에게 동정심을 갖도록 만드신다. 하나님께 초점을 맞추고 인생과 실재의 중심에 하나님을 모시는 것이 중요함을 재차 강조한다.

일

일이 그리스도인의 삶의 일부가 되어야 한다는 것은 성경의 여러 구절에서 말하고 있다. 하나님께서는 우리가 "존재자"(be-ers)도 되고 "행위자"(doers)도 되기를 원하셨다. 우리는 그분께서 행하라고 명하신 것들을 행해야 한다. 그런 명령들 중에는 일도 포함되어 있다. 현대의 분주한 삶에서 게으름은 가치 있는 것이 아니다. 우리가 하는 대부분의 행동은 일을 하는 것이지만 우리의 동기는 무엇인가? 일이란 무엇인가? 우리는 올바른 목적을 위해서 일하고 있는가? 우리의 노동 윤리와 실천 모두는 우리의 세계관에 근거해 있다. 전도서 2장 4-11절은 다음과 같이 말한다.

> 나의 사업을 크게 하였노라. 내가 나를 위하여 집들을 짓고 포도원을 일구며, 여러 동산과 과원을 만들고 그 가운데에 각종 과목을 심었으며, 나를 위하여 수목을 기르는 삼림에 물을 주기 위하여 못들을 팠으며, 남녀 노비들을 사기도 하였고 나를 위하여 집에서 종들을 낳기도 하였으며 나보다 먼저 예루살렘에 있던 모든 자들보다도 내가 소와 양 떼의 소유를 더 많이 가졌으며 …… 무엇이든지 내 눈이 원하는 것

을 내가 금하지 아니하며 무엇이든지 내 마음이 즐거워하는 것을 내가 막지 아니하였으니 …… 그 후에 내가 생각해 본 즉 내 손으로 한 모든 일과 내가 수고한 모든 것이 다 헛되어 바람을 잡는 것이며 해 아래에서 무익한 것이로다.

이런 일들을 하는 것이 잘못인가? 실제로 올바른 관점으로 실천되었다면 이런 일들은 좋은 것이었다. 잘못이라면 그 일들을 "해 아래"의 방식으로 한 것이다. 그런 관점으로 일을 하면 결국에 일은 쓰라린 노역과 심한 고역이 되고 슬픔과 괴로움만 있을 뿐이다.^{전도서 2:23}

잘못된 세계관은 사람을 자신의 이웃보다 더 많이 가지려고 하는 것에서 기인한 상태, 소위 "일 중독"에 빠뜨릴 수 있다고 전도서는 경고한다.^{전도서 4:4} 슬프게도 우리는 우리가 현재 가지고 있는 것에 절대 만족하지 않는 것 같다. 많이 가질수록 더 많이 원하고, 더 많이 원할수록 가진 것에 대해서 더 만족하지 않는다. "내가 누구를 위하여 이같이 수고하고 나를 위하여 행복을 누리지 못하게 하는가"^{전도서 4:8} 그 대답은 내 가족이나 빈곤한 사람들을 위해서가 아니라 바로 자기 자신을 위해서이다. "이것도 헛되어 불행한 노고로다"^{전도서 4:8b}

하나님으로부터 출발하는 것에 실패해 잘못된 세계관을 가지면, 일에 대해 완전히 잘못된 이해를 가질 것이다. 일을 하든지 하지 않든지 간에 우리는 만족하지 못할 것이다. 일이 어렵고 많은 수고를 요구할 수 있으나 올바른 관점을 가지고 있으면 일을 하면서 많은 즐거움을 누릴 수 있다. "사람마다 먹고 마시는 것과 수고함으로 낙을 누리는 그것이 하나님의 선물"전도서 3:13이다. 일을 할 수 있는 것은 하나님께서 주신 큰 선물이다. 일을 하고 싶지만 여러 가지 이유로 일을 할 수 없는 사람들은 이런 문제를 다루기가 쉽지 않다. 하나님께서는 우리의 일을 통해서 기쁨을 가져다 주시기에 우리는 일 가운데서 즐거움을 찾아야 한다.전도서 5:18, 20 "그러므로 나는 사람이 자기 일에 즐거워하는 것보다 더 나은 것이 없음을 보았나니 이는 그것이 그의 몫이기 때문이라" 전도서 3:22

소유

그리스도인들이 성경적 관점으로 소유에 대해서 이해하는 것은 매우 중요하다. 로버트 워쓰나우는 교회가 소유와 관련된 문제에 대해서 말하고 청지기 직분에 대한 성경적인 개념을 가르치는 일에 실패한 것을 제대로 지적하였다.[7] 그는 사람들이 자신의 소유와 그리스도인의 삶 사이의 연관성을 보지 않기 때문에 교회가 직면하고 있는 재정적 위기를 보여주는 통계를 제시한다. 제자 삼는 사역의 과정에서 우리가 실패한 것을 분명하게 보여주는 이 문제에 대해서 성경이 어떻게 말하고 있는지 사람들에게 가르칠 필요가 있다.

수년 전 내가 목사로 사역했던 교회의 신실한 회원인 빌을 잊을 수 없다. 빌은 일과 소유에 대한 이 가르침 때문에 곤란을 겪고 있었다. 그는 "헌신된" 그리스도인이었지만, 그리스도인의 삶에 일과 소유에 대한 가르침이 포함되어야 하는 것을 이해하지 못했다. 그의 문제가 무엇인지 알아차리고, 나는 의도적으로 그와 개인적인 시간을 보내면서 대화를 나누고 공부하면서 그런 개념들을 보완해 주었다. 빌은 이런 문제들에 대해서 올바른 기독교적 관점을 깨달았을 뿐만 아니라 집사회의 회장이 되었다(역주-장로교회나 개혁교회에서는 교회의 재정을 집사회가 관리하는 경우가 많다). 그는 자신의 삶 속에서 소유에 대한 기독교적 관점을 가르치고 모범을 보였으며, 하나님께서는 그에게 교회 안에서 사역할 딱 맞는 직분을 주셨다.

전도자는 우리가 비기독교적 세계관으로 살면 하나님께서 선물로 주신 것들을 우리 자신을 위해 쌓아두고 움켜쥐려고 한다는 것을 알려주고 싶어 한다. 우리의 소유가 우리 자신 것이라는 전제 위에서 살아가면 하나님의 가르침에 불순종할 위험이 있다. 우리는 주변에 궁핍한 사람들이 있음에도 불구하고 우리의 소유를 낭비하고 있는 자신을 발견한다. 그리스도의 제자라고 하더라도 소유에 대한 비기독교적 철학을 가지고 그분의 나라에서 살아가면 우리가 가진 소유에 결코 만족할 수 없다.

전도자는 우리가 가족을 위해 소유와 재산을 얻으려고 일할 수 있다고 말한다. 만약 가족이 없다면 우리 스스로를 위해서 더 많이 소유하려고 일할 수도 있다. "내가 해 아래에서 내가 한 모든 수고를 미워하였노니 이는 내 뒤를 이을 이에게 남겨 주게 됨이라. 그 사람이 지혜자일지 우매자일지 누가 알랴?"전도서 2:18-19 또한 "내가 또 다시 해 아래에서 헛된 것을 보았도다. 어떤 사람은 아들도 없고 형제도 없이 홀로 있으나 그의 모든 수고에는 끝이 없도다. 또 비록 그의 눈은 부요를 족하게 여기지 아니하면서 이르기를 내가 누구를 위하여 이같이 수고하고 나를 위하여 행복을 누리지 못하게 하는가 하여도 이것도 헛되어 불행한 노고로다"전도서 4:7-8

전도자에 따르면, 부와 소유를 우리 자신을 위해서 사용한다면 그것들은 헛될 뿐이다.전도서 5:8-17 누구든지 돈을 사랑하는 사람은 결코 그가 가진 것으로 만족하지 않을 것이고, 내일 무슨 일이 일어날지 알지 못하기에 오히려 역효과를 초래할 뿐이다. 우리는 소유를 영원으로 가지고 갈 수 없다. 그러므로 "해 아래" 철학 혹은 세계관으로는 부와 소유에 대한 적절한 관점을 가질 수 없다. 6장 2절은 비록 하나님께서 우리에게 소유를 주실지라도 그것을 비기독교적 방식으로 사용하면 그것을 즐길 수 없다고 말한다.

거꾸로 말하면, 만약 우리가 기독교적 세계관으로 살면 우리의 소유와 부가 우리 삶 속에 조화롭게 맞아 들어가는 지점을 알게 될 것이고 많은 소유를 가지고 부유한 것보다 가난하지만 지혜로운 것이 더 낫다는 것을 알게 된다.^{전도서 4:13} 기독교적 관점을 통해서 우리는 우리가 가진 부와 소유로 하루하루 살아야 한다는 것을 이해한다. 내일을 알지 못하기에 주님께서 우리에게 행하라고 가르치신 대로 궁핍한 다른 사람에게 베풀어야 한다. 부와 소유에 관해서 오늘 우리가 소유한 것으로 행한 일은 미래에 우리가 얻을 개인적인 이익보다 더 중요하다. 만약 우리가 이런 일들에 관해 올바른 관점을 가진다면 우리는 부유한 중에 즐겁게 지내라는 전도자의 권고를 따를 수 있다.^{전도서 7:14} 전도자에 따르면, 심지어 우리는 부를 "낭비"하는 방법을 찾을 수도 있다. 물론 그는 우리의 소유를 허비하는 것에 대해서 말하고 있는 것이 아니라 그것을 너무 꽉 움켜쥐지 말라는 의미로 말하고 있다.

이 장의 메시지는 분명하다. 하나님께서는 우리에게 우리가 가진 것으로 구두쇠가 되라고 하신 것이 아니라 다른 사람을 위해 쓰고 나누어 주기를 원하신다. 우리는 우리 소유가 비록 일한 대가로 정당하게 얻은 것이라 하더라도 하나님께서 우리에게 주신 것이기에 주님께 속해 있음을 안다.

우리가 기독교적 세계관을 드러내 보여줄 때 우리 속에 있는 하나님의 형상을 드러낼 것이다. 하나님께서 창조의 사역과 구속의 사역에서 그러셨던 것처럼 우리도 그분의 형상 안에서 나눔의 정신을 가지고 있음을 드러낼 것이다. 우리는 베푸는 사람들이 될 것이고 보물을 땅에 쌓아두지 않을 것이다.

사람

전도자는 비기독교적 세계관을 가지고 사는 사람은 자기 자신을 오직 이생에서만 사는 존재로 여긴다는 것을 분명하고 확실하게 보여 준다. 우리는 그저 태어나고, 살고, 죽는다. 이것이 인생에서 일어나는 일의 전부이다. 우리는 이웃을 질투하기에 열심히 일하고 재산을 늘려나간다. 하지만 끝이 다가오면 무슨 일이 일어날지 알지 못한다. 결국 우리는 모든 것을 잃고 만다! 무덤은 여인에게서 태어난 사람들의 마지막 장소이다. 비기독교적 세계관은 모든 관심을 지금 여기에만 집중하고 영원에 대해서는 생각하지 못한다. 먹고 마시며 놀든지, 혹은 열심히 일해서 부를 늘리든지 상관없다. 그의 삶은 어떤 진정한 의미나 목적도 가지고 있지 않다. 그러므로 그는 자기 자신을 아무 희망도 없는 타락한 세상 속에 살아가는 피해자로 본다.

전도자는 해 아래의 사람과 해 위의 사람을 대조할 때, 논의를 하나님으로부터 시작한다. 하나님은 사람을 이해하는 열쇠다. 우리가 누구인지에 대해 적절하고 바른 이해를 가지기 위해서는 하나님에 대한 바른 지식과 믿음을 가져야 한다. "너는 청년의 때에 너의 창조주를 기억하라 …"전도서 12:1 우리의 창조주이시기에, 우리는 그분의 뜻에 따라 산다. 그분은 우리를 그분의 형상과 모양대로 만드셨으며, 우리는 우리가 죽을 수밖에 없는 존재임을 알지만, 기독교 세계관은 우리 마음속에 영원에 대한 확신을 가지고 살 수 있게 해준다. 우리는 우리가 이곳에서 순례자이자 이방인임을 알고 있다. 우리의 지상적 삶에 관해 내일 무슨 일이 있을지 알지 못하지만, 우리가 영원을 갈망하도록 지음 받았음을 안다. 우리는 우리의 기쁨이나 노역, 소유와 재산을 통해서 참된 만족을 발견할 수는 없지만, 우리가 "아무 것도 아닌 것은 아님"을 상기시켜주는 영원에 대한 갈망을 가지고 살아간다. 우리는 하나님께서 손수 만드신 작품이다. 그리고 그것에 더해, 전도자는 8장 14-17절에서 사람은 해 아래서 행해지는 일을 알아낼 수 없다고 말한다. "또 내가 하나님의 모든 행사를 살펴보니 해 아래에서 행해지는 일을 사람이 능히 알아낼 수 없도다 사람이 아무리 애써 알아보려고 할지라도 능히 알지 못하나니 비록 지혜자가 아노라 할지라도 능히 알아내지 못하리로다"

다른 무엇보다 중요한 것은, 마음 속에 영원을 품고 사는 사람은 그의 생명이 하나님의 손 안에 달려있음과 이 땅 위에서 그의 날들을 하나님께서 정해놓으셨음을 자각하고, 그런 지식을 통해서 삶의 의미를 발견할 수 있다는 것이다. 그는 죽음이 무의미하고 그의 생명이 순식간에 끝날 수도 있다는 두려움을 극복하고 살 수 있다. 기독교 세계관은 장차 올 삶을 바라보면서도 현재의 삶에서 만족한 경험을 할 수 있는 문을 열어준다.

영원

사람과 밀접하게 관련된 마지막 주제는 영원이다. 삶과 죽음, 영원에 대한 문제보다 두 세계관을 더 극명하게 대조하는 것은 없다.

전도서 전체에서 드러난 비기독교인의 사고방식에는 영원에 대한 자의식적인 관념이 결핍되어 있다. 비기독교적 세계관은 궁극적으로 이생의 삶이 전부라고 본다. 이생의 삶이 끝나면다 끝난 것이다. 우리에게는 내일에 대한 확신이 없기 때문에 오늘의 희망만이 있을 뿐이다. 그러므로 실존주의에서처럼 "지금"이 전부이다. 성경은 "한번 죽는 것은 사람에게 정해진 것이요 그 후에는 심판이 있으리니" 히브리서 9:27 라고 가르치지만, 비기독교적 관점을 가지고 사는 사람은 오직 현재의 순간만을 본다. 비록 창조주 하나님께서 사람의 마음 속에 영원을 향한 갈망을 심어 놓으셨고 그는 궁극적으로 내세를 부정할 수 없으면서도 오로지 이생에만 초점을 맞춘다. 그것은 전적으로 자아에 대한 것이지 하나님에 대한 것은 아니다. 오늘날 젊은 세대들은 너무 현재 지향적이어서 많은 결정과 선택을 장기적인 숙고 없이 해왔다. 우리는 기관들마저도 장기적인 결과가 뒤따르는 결정을 단기적인 관점으로 내리는 것을 본다.

하지만 전도자는 전도서 전체를 통해서 우리가 영원을 인식하면 앞으로 더 나은 것이 올 것이라는 희망을 가질 수 있음을 보여준다. 그것은 이생에서 두려움과 절망을 제거하는 한편 더 큰 기쁨과 즐거움의 가능성을 열어준다. 그는 이것을 3장 9-13절과 같은 구절에서 분명하게 보도록 해준다. 책 전체를 통해서 삶과 죽음, 영원의 문제에 관한 두 세계관의 차이는 극명하다.

여러 해 전 나의 부친이 돌아가셨을 때, 그분의 유언에 따라 내가 장례 예배를 인도하는 영예를 누렸다. 비록 그분은 스스로를 보잘것없는 작은 기업의 경영자로 생각했지만, 주님을 사랑하셨고 말년에 여러 해 동안 하나님의 말씀을 신실하게 가르치셨다. 그분의 주일학교 반 학생들은 명예 장례위원으로 봉사하였다. 그분은 건강이 점점 더 악화되어가면서, 특히 그가 가르치는 일을 그만두고 난 후에, 하늘에서 주님과 함께할 준비가 되었다고 나에게 여러 번 말씀하셨다. 그분은 나에게 마음 속에 영원을 품고 사는 사람의 모범을 보여 주셨다. 나는 지금도 아버지와 대화를 나눌 수 있는 기회를 간절히 원한다. 하지만 이제 그분이 주님과 함께 계시다는 것과 그것이 아버지의 소망이었고 확신이었음을 아는 것은 나와 내 가족들이 그분의 인생에 대한 하나님의 때와 계획을 쉽게 받아들일 수 있도록 해준다.

기독교 세계관은 앞으로 더 나은 것이 올 것을 알고 그것을 소망하면서 일상을 살아갈 것을 요청한다. 그것은 전도자가 전도서의 마지막에 말하는 것을 우리가 실천할 수 있도록 돕는다. "일의 결국을 다 들었으니 하나님을 경외하고 그의 명령들을 지킬지어다 이것이 모든 사람의 본분이니라 하나님은 모든 행위와 모든 은밀한 일을 선악 간에 심판하시리라" 전도서 12:13-14 이 구절은 인생을 성경적으로 독특하게 바라보는 기독교적 지성을 발전시켜 나가는 일의 중요성을 함축적으로 말하고 있다.

제자를 삼는 일에서 내가 바라는 것은 그리스도인들이 영원의 관점에서 생각하고 결정하고 선택하며 살아가는 일의 중요성을 알아가는 것이다. 사물을 영원의 관점으로 보면 다르게 보이거나 혹은 다른 의미를 가지게 된다.

기독교 세계관과 율법주의

제자를 삼는 과정에서 그리스도인들은 기독교가 규칙과 규례들로 만들어진 율법주의적 멍에가 아님을 이해해야 한다. 일찍이 예수님과 사도들이 다루어야 했던 문제들 중 한 가지는 종교를 해야 할 일과 하지 말아야 할 일의 목록으로 바꾸려는 사람들의 성향이었다. 전도자는 두 가지 근본적인 세계관의 대조를 통해서 그리스도인들이 흥겨운 잔치나 먹고 마시는 것(술 취함이 아니라), 일하고 돈을 버는 것과 같은 일에도 참여하고 즐길 수 있는 자유가 있음을 명백하게 하였다. 그리스도인들에게도 현재의 삶에서 즐길 수 있는 것이 너무 많다. 우리는 만약 우리가 하나님을 불쾌하게 하면 하나님께서 우리를 떠날 것이라는 두려움 속에 살지 말아야 한다. 우리는 그저 기독교적 관점으로 행동하면 된다.

전도자는 일과 돈, 소유, 음식, 음료, 결혼, 다른 많은 것들이 적절한 성경적 관점이 없이는 해로운 것이 될 수 있음을 지적한다. 전도자는 다른 한편으로 독자들이 성경적으로 개혁된 전망으로 이런 것들이 그분의 자녀들을 위한 하나님의 선한 계획의 일부로서 즐길 수 있는 것임을 알기를 원한다. 전도서 공부를 하면 몇몇 율법주의자들은 금기로 여길 것들이지만 우리가 참여할 수 있고 즐길 수 있는 일들이 많이 있다는 것이 명백해진다. 그러나 기억해야 할 중요한 것은 우리 스스로의 힘으로는 하나님의 은총과 그의 은혜를 얻을 수 없다는 사실이다. "하나님께서 행하시는 모든 것은 영원히 있을 것이라 그 위에 더 할 수도 없고 그것에서 덜 할 수도 없나니 하나님이 이같이 행하심은 사람들이 그의 앞에서 경외하게 하려 하심인 줄을 내가 알았도다" 전도서 3:14

결론

전도서는 하나님 나라의 제자를 삼는 모델의 중요한 일부이다. 왜냐하면 그것이 그리스도인들이 성경에 근거한 입장에서 행동할 필요가 있음을 분명하게 강조하기 때문이다. "하나님의 생각을 생각하라"는 도전은 한 사람의 세계관을 개발하는 일의 열쇠이며 우리는 전도서에서 진정한 회개와 그 열매는 세계와 인생에 대한 기독교적 관점의 개발로 귀결됨을 배운다. 새로 그리스도인이 된 사람들은 이것을 처음부터 이해해야 한다. 우리는 그리스도께서 성경에서 드러내 보여주신 것과 같이 그리스도의 관점으로 사물을 다르게 보고 다르게 생각하는 법을 배워야 한다. 주님은 성령님을 보내주셔서 우리가 그런 일을 할 수 있도록 도우신다.

웨스트민스터 소요리 문답은 "사람의 제일되는 목적이 무엇인가?"라고 묻는다. 그에 대한 대답은 "하나님을 영화롭게 하는 것과 영원토록 그를 즐거워하는 것"이다. 전도서는 이를 어떻게 좀 더 의도적으로 실천할 수 있는지 보여준다.

제자를 삼는 하나님 나라의 모델과 방법은 포괄적이다. 그것은 세계와 인생에 대한 기독교적 관점으로 매일매일 행동할 수 있는 능력과 함께 하나님의 일에 대한 기독교적 지성과 마음을 개발할 것을 요구한다. 그것이 우리가 변혁이 일어나는 것을 보기 시작하는 지점이다. 왜냐하면 우리가 믿음으로 살면 그것은 우리 삶의 모든 영역과 우리 문화의 모든 영역에 영향을 미칠 것이기 때문이다.

더 깊은 생각과 토론을 위한 주제

1. 이 장(그리고 4장)에서 언급된, 대다수는 아닐지라도 많은 그리스도인들이 세계와 인생에 대한 자의식적인 관점을 가지고 있지 않다는 통계 자료에 대해서 어떻게 생각하는가?

2. 당신이 그리스도인으로 성장하는 과정에서 그리스도인이 된다는 것은 단지 신앙을 고백하는 것 이상이고 교회나 주일학교를 가는 것 이상이라는 사실을 처음 이해한 것은 언제인가?

3. 기독교 세계관을 당신이 직면한 상황과 환경에 어떻게 적용하였는지, 그리고 그 결과 어떻게 더 나은 선택과 결정을 하였는지에 대한 구체적인 사례를 들어보라.

4. 전도서와 관련지어 다룰 수 있는 다른 주제들이 많이 있다. 이를테면 권력, 선, 우정, 가족, 그리고 심지어 하나님 같은 것이다. 이 책에 나오는 상반되는 세계관들이 그런 주제들에 대해서 어떻게 말하는지 알아보라.

5. 전도서에서 당신이 성경적 세계관에 대해서 생각하도록 도전을 받고 도움을 받은 부분이나 구절은 어디인가?

추천도서

Adams, Jay E. *Life under the Sun/Son: Counsel from the Book of Ecclesiastes.* n.p.: Timeless Texts, 1999. 목회 자료로 가득 찬 실제적이고 유용한 소책자이다.

Ferguson, Sinclair. *The Pundit's Folly.* Carlisle, Pa.: Banner of Truth, 1995. 「헛된 것에 속지 마라」(규장) 매우 훌륭한, 읽기 쉽고 얇은 주석. 유용하고, 실제적이며, 신학적으로 탁월하다.

Longman, Tremper, Ⅲ. *The Book of Ecclesiastes, New International Commentary on the Old Testament.* Grand Rapids: Eerdmans, 1998. 전도서에 대한 월등하게 좋은 주석이다.

_____, and Dan Allendar. *Bold Purpose.* Wheaton, Ill.: Tyndale, 1998. 전도서에 관한 내러티브 형식의 책, 전도서를 가르치는 탁월한 방식이다.

Provan, Iaon. *Ecclesiastes: Song of Songs*, NIV Application Commentary. Grand Rapids: Zondervan, 2001. 사용하기 쉽고 생각을 자극하는 주석. 본문의 원래 배경에서 오늘날의 상황으로 옮겨오는 것에 대한 훌륭한 생각들이다.

12장

성경을 언약의 말씀으로 읽기
창세기 13장

　　10장에서 청중이 복음 전하는 사람의 말을 이해하고 그것을 자신과 관련 지음으로써 기독교적 사고의 틀을 형성하는 성경적 모델로서 사도행전 17장을 살펴보았다. 아테네는 오늘날과 비슷하게 이교적 문화에 젖어 있었다. 바울은 메시지의 내용을 바꾸지 않으면서 다리를 놓는 방식을 통해 사람들에게 복음을 제시하고자 하였다. 11장에서는 전도서의 저자가 기독교 세계관을 비기독교적 세계관과 대조함으로써 기독교 세계관을 드러내는 방법을 살펴보았다. 이 장에서는 창세기 13장을 사용하여 언약의 틀을 가지고 어떻게 성경 말씀을 읽고 연구하며 이해하고 적용할지에 대해 이야기하고자 한다.

성경을 언약의 책으로 아는 것은 제자 삼는 하나님 나라의 접근법에서 매우 중요하다. 이 장은 언약의 관점에서 성경을 읽는 것과 또 다른 두 가지 접근법(율법주의와 도덕주의)을 대조하여 보여주려고 한다. 또한 2장에서 언급한 바와 같이, 지식은 하나님께서 말씀을 통해 스스로 계시하신 것 위에 세워진 인격적 지식이라는 점을 강조할 것이다.

성경 신학은 언약 신학이고, 언약 신학은 곧 성경 신학이다. 그간 대부분의 제자훈련에 있어 언약의 개념은 무시되어 왔다. 언약 개념의 부재는 기독교를 총체적인 삶의 방식으로, 그리고 하나님과 다른 사람들과의 개인적인 관계로서 이해하는 것을 약화시켜 왔다. 따라서 언약의 관점에서 성경을 이해하는 것은 여러 가지 면에서 중요하다.

첫째, 언약은 우리를 공동체적 맥락 안에 둔다. 나는 언약의 자녀가 세례의 표징을 통해서 공적으로 인정을 받을 때, 그 표징의 시행으로 그 자녀의 삶에서 교육의 과정 혹은 제자 삼는 과정이 실제로 시작된다는 칼뱅의 말에 동의한다. 기독교는 단순히 개인적인 성격의 종교가 아니다. 기독교는 한 가족이다.

최근에 나는 내 손자에게 세례를 베푸는 특별한 영광을 누렸다. 나는 이 표징이 손자에게 하나님과 기독교 가정, 교회에 소속감을 줄 것이라는 것을 그 어린 손자에게 말했고 회중들에게 상기시켰다. 세례식에서 부모와 회중이 행하는 서약은 우리에게 기독교가 하나님께서 세우신 언약 개념에 기반을 둔 가족 지향적 종교라는 사실을 상기시켜 준다.

기독교는 수직적인 그리고 수평적인 관계 안에서 구체적으로 표현되는 진리의 종교이다. 주 하나님과의 관계는 우리 서로 간의 관계들을 함의하고 심지어 필요로 한다. 서로 다른 유형의 많은 관계들이 있긴 하지만, 이들 모두는 내게 있어 그리스도인으로서의 삶의 일부이다. 예를 들어, 나는 내 아내와 특별한 언약 관계를 맺고 있다. 그것은 나의 자녀들, 부모, 그리고 믿음의 형제와 자매들과 맺은 언약과 구별된다. 그러나 우리 모두는 하나님과, 또 서로와 연결되어 있는 가족이다.

서양 문화는 "자아"와 "나"를 지나치게 강조하면서 자주 "우리"의 중요성을 잊어버리는 개인주의의 문제를 가지고 있다. 우리는 특별히 종교와 관련하여서 다른 사람들이 우리 삶의 어느 부분에 어울리는지 늘 이해하는 것은 아니다. 7장에서 우리는 근대성의 죄된 부분으로 인해 종교가 단지 우리와 하나님(만일 우리가 하나님을 믿는다면) 사이의 사적인 문제라고 믿게 되었음을 이야기하였다. 그래서 우리는 종교를 삶의 모든 영역이 아니라, 다른 사람들과의 관계는 제외하고 특정한 영역에서만 적용하려 한다. 다시 말해 우리 문화를 위한 일상의 종교는 아닌 것이다. 그러나 언약 개념은 그런 관점이 왜 잘못되었는지 우리에게 알려준다. 우리의 종교, 하나님에 대한 우리의 신앙은 우리 삶의 모든 영역에 관련을 가지며, 다른 사람들의 삶에서도 마찬가지다. 우리는 이것을 창세기 이야기에서 확인해 볼 수 있다.

둘째, 우리가 제자 삼는 과정에서 언약 개념을 이해하면, 역사 속에 실제로 거대한 이야기, 메타내러티브가 있다는 것을 알 수 있을 것이다. 포스트모더니즘은 우리에게 모든 것을 포괄하는 거대한 주제 혹은 삶의 이야기란 존재하지 않는다고 확신시키려 한다. 그러나 성경의 언약 사상은 그러한 이야기가 존재하며, 그것은 하나님이 그분의 세계와 그분의 백성과 맺은 관계에 관한 것임을 입증한다. 성경은 역사(history)가 하나님께서 그분의 백성과 맺으신 언약이 펼쳐져 가면서 작은 이야기들이 하나로 엮이는 그분의 이야기(his story)라는 것을 보여준다. 언약을 이해하면 삶을 전체적으로 통일시켜주는 주제가 있다는 것을 알게 되고, 그 주제가 애초에 우리에 관한 것이 아니라, 하나님과 그분의 계획, 뜻에 관한 것이라는 점을 알게 된다. 세상의 모든 것은 우리가 그것을 하나님의 계획과 목적에 비추어 볼 때에만 제대로 이해할 수 있다.

셋째, 언약을 이해하면 그 언약이 하나님께서 먼저 베푸신 은혜로 시작된다는 것을 알게 된다. 하나님께서는 언약의 제정자이시며 또한 언약의 수호자이시다. 하나님은 언약을 통해서 그분의 창조세계와 관계를 맺기로 결정하셨다. 하나님의 계획은 언약의 체계를 필요로 한다. 하나님의 언약이 그분과 그분의 계획에 대한 것이긴 하지만, 하나님께서는 우리가 그 계획 안에 포함되어 있다고 말씀하신다. 그러므로 하나님과 우리 관계는 언약적 관계이다. 언약은 우리 쪽의 훌륭함이나 하나님의 호의를 얻기 위해 선을 행하는 것에서 비롯되지 않는다.

우리들 대부분은 글로 된 세세한 규정을 원한다. 그리스도인들은 눈으로 보는 것이 아니라 믿음으로 걸어갈 자유를 가졌지만, 우리는 역사를 통해 많은 사람들이 그 자유를 인식하지도 못했고 사용하지도 못했던 것을 본다. 많은 그리스도인들이 회색 지대를 불편하게 여긴다. 그러므로 "이것을 행하라 그러면 살 것이다"라고 말하는 행동의 규칙과 기준을 만드는 것은 우리의 자연스러운 속성이다.

기독교는 처음부터 율법주의와 도덕주의로 인해 방해를 받았다. 율법주의자는 자기 삶의 근거를 규칙을 지킬 수 있는 자신의 능력에 두는 사람이다. 그 규칙은 종종 사람이 만들고 다른 사람들에게 부과된다. 만일 기존의 규칙들이 충분치 않다고 판단하면, 그들은 더 많은 규칙을 만들어낸다. 도덕주의자는 이른바 선한 일을 행하는 사람이라고 표현할 수 있다. 말씀을 언약의 관점에서 읽거나 이해하지 않는 사람들은 하나님의 계획을 경시한다. 나는 러쉬두니(R. J. Rushdoony)의 책 『지적 정신분열』(*Intellectual Schizophrenia*)에서 "주일학교의 협박"(The Menace of the Sunday School)이라는 제목의 장을 떠올리게 되었다. 러쉬두니는 대부분의 주일학교들이 "착해야 해, 하나님이 기뻐하시는 일을 해야 해, 그분의 호의를 얻어야 해, 그리하면 모든 일이 다 잘 될 거야"와 같은 도덕주의를 가르치는 잘못을 저지르고 있다고 주장한다. 비록 좋은 의도를 가지고 있다고 해도, 이러한 접근은 은혜의 가치를 훼손하고 하나님의 언약적 사랑을 잘못 이해하게 한다. 많은 그리스도인들이 은혜의 원리가 아니라 도덕주의적인 틀에 맞춰 행동한다. 이것은 관심을 하나님께 두는 것이 아니라 우리에게 두는 것을 의미한다. 창세기 13장에서 우리는 관심의 초점이 우리에게 모아질 때 하나님께서 뜻하신 명령을 거스르고 올바른 일들이 일어나지 않는 것을 볼 것이다. 그런 관점에서 보면 구원은 하나님의 호의를 얻는 것과 관련되거나 우리가 원하는 방식대로 하나님께서 어떤 일을 하시도록 그분을 조정하려는 것과 관련된 문제라고 오해하게 된다. 어떤 사람들은 창세기 13장을 그런 식으로 해석하였다.

넷째, 언약을 이해하는 것은 삶을 변화시키는 방식으로 하나님과 그분의 뜻에 대해 배우고 하나님의 관점에서 삶을 볼 수 있게 해줄 것이다. 그분은 인생과 실재의 모든 것에 대한 궁극적인 기준점이다. 만일 우리가 하나님께서 어떻게 언약의 방법을 통해 우리와 관계를 맺으시기로 작정하셨는지 이해하지 못하면, 사물들을 바른 관점으로 볼 수 없게 된다.

6장에서 나는 더흐라프(S. G. DeGraaf)가 쓴 『약속 그리고 구원』(크리스챤서적, *Promise and Deliverance*)을 언급하였다. 그리스도인으로 성장하면서 내가 받은 진정한 복 중에 하나는 네 권으로 이루어진 이 책을 발견한 일이었다. 이 책은 언약의 틀 안에서 성경을 배우고, 연구하며, 가르치는 일에 초점을 맞추고 있다. 나는 이 책을 네덜란드어에서 영어로 옮긴 번역자의 서문에서 내 마음에 박힌 글귀에 밑줄을 그었다.

> 그런 연구들도 유익하겠지만, 하나님께서 세우신 사물의 질서를 파악하거나 이 질서를 이해할 수 있게 하는 하나님과의 기본적인 언약 관계를 보여주는 연구는 거의 없다. (중략) 하나님의 언약은 이 땅 위의 가능한 모든 관계, 즉 가정, 결혼, 교육, 경제생활(일), 정치, 예술, 소통, 예배 등을 다 포함한다.[1]

더흐라프는 언약의 틀 안에서 성경을 읽고 연구하며 이해하고 적용하는 방법을 설명한다. 그는 성경 각 본문에 대해서 다음 세 가지 질문을 해야 한다고 주장한다.

1. 이 본문은 하나님에 대해 무엇을 가르치고 있는가, 또는 여기서 하나님의 자기 계시는 어떻게 드러나고 있는가?
2. 이 본문은 언약의 중보자이신 그리스도에 관하여 무엇을 가르치고 있는가?
3. 하나님께서 그의 백성과 맺은 언약을 통해서 언약과 관련된 특권과 책임을 포함하여 그분 자신에 대해서 무엇을 가르치고 있는가?

이 질문들은 성경을 이해하기 위한 더흐라프의 해석학적 원리의 틀이다. 이 틀은 언약적 관점을 유지하고, 우리의 관심을 하나님과 그분이 우리에게 요구하는 것에 두도록 하는데 유용한 방법이다. 그것은 제자훈련의 핵심이다. 즉 하나님을 더욱 닮아가고, 그분이 사랑하고 돌보시는 것을 사랑하고 돌봄으로써 우리의 삶이 변화된다. 이러한 방법을 통해 하나님을 알아가는 것이다. 이 언약적 방법은 단순히 성경을 연구하거나 우리 자신의 관점으로 삶을 바라보는 것과는 다르다.

다섯째, 2장에서 나는 모든 참된 지식은 객관적 실재와 주관적 경험, 두 가지를 필요로 한다는 것을 지적했다. 달리 말해,

우리는 신앙의 내용을 먼저 믿어야만 그것을 알 수 있다. "나는 알기 위해 믿는다"라고 했던 아우구스티누스의 말을 기억하라. 성경을 이해하기 위해서는 우리의 믿음과 헌신이 필요하며, 언약 신학은 하나님과 그의 백성들과 맺는 인격적 관계의 실재를 강조한다. 어떤 의미에서 언약 신학은 우리가 무엇을 믿고 누구를 믿는지 그리고 그것이 우리 삶에 어떤 영향을 주는지를 알아가는 길을 제시해 준다. 기독교적 관점에 따른 지식은 한편에서는 인식의 주체, 그리고 다른 한편에서는 인식의 대상 즉, 알려지는 사람과 사물 간의 관계를 요구한다. 그러므로 하나님 나라의 제자를 삼는 것은 진리에 기반한 수직적이고 수평적인 관계를 요구한다.

창세기 13장의 배경

언약을 품고 있는 거대 서사는 창세기 13장에서 시작하지 않는다. 실제로 언약의 거대 서사는 아담과 하와의 창조로부터 시작되었다. 하나님께서는 이 땅의 첫 번째 부부인 두 사람과 언약적 관계로 들어가셨다. 언약은 당사자들에게 특권과 책임을 부여한다. 그 언약(행위 언약)은 "이것을 행하라 그리하면 네가 살겠고 낙원의 유익을 누릴 것이다"라는 언약이었다. 하지만 범죄한 아담은 그 언약을 파기했을 뿐 아니라, 스스로 무능력해져서 파기한 언약을 회복하거나 지킬 수 있는 능력을 상실했다

창세기에서 우리는 언약을 깨트린 아담을 죽일 수 있는 권리를 가진 하나님께서 이 상황에 개입하셔서 심판을 유예하시고 은혜의 언약을 더해 주신 것을 본다. 하나님께서는 범죄한 아담에게 "불순종함으로 네가 행한 것, 너의 노력을 통해서는 회복할 수 없는 것을 내가 고칠 것이다. 너의 죄된 행위를 원래 상태로 돌리기 위해서 나의 아들을 보낼 것이다"라고 말씀하셨다. 창세기 3장 15절부터 은혜의 언약이 다방면으로 전개되어 나가는 것을 보여주는 이야기가 시작되고 있다. 그 새 언약은 우리를 위해 언약을 지키시고 우리가 하나님과 언약 관계 안에 살아가게 하시려고 둘째 아담으로 오신 예수 그리스도 안에서 마침내 성취되었다.

은혜의 언약은 전체 구약을 통해 다양한 시대에 펼쳐진다. 이야기의 각 부분이 전개될수록 언약에 대한 지식이 더 많이 드러난다. 이것은 원래의 약속을 바꾸지 않으면서도 그 풍성함을 더 많이 드러낸다. 하나님께서 아담에게 하셨던 말씀을 홍수가 끝난 후에 노아에게 한 번 더 확인하셨다. 창세기를 읽어나가다 보면 이 이야기의 다음 장면에서 아브라함이라는 인물을 만난

다. 창세기 11장은 아브라함이 어떤 사람이었고 어디에 살았는지에 대해 기록하고 있다. 하나님의 특별한 부르심이 그에게 임했다. 그는 이 언약 이야기에서 핵심 인물이 된다. 하나님께서 부르실 때, 아브라함은 갈대아 우르에서 그의 아버지와 형제들과 함께 살고 있었다.^{사도행전 7:2-4 참조} 창세기는 그가 사라라는 이름의 여인과 결혼했다고 말한다.

그곳에서 아브라함은 고향과 친척, 아비의 집을 떠나 그에게 보여줄 땅으로 가라는 하나님의 말씀을 들었다.^{창세기 12장} 하나님께서는 아브라함을 그에게 익숙한 주변 환경으로부터 분리시켜 그가 큰 민족을 이루고 그로 말미암아 땅의 모든 족속이 복을 얻게 하려는 계획을 세우셨다. 그리고 그 계획을 아브라함이 이해하기를 원하셨다. 언약 내러티브의 이 부분에서 창세기 3장 15절에서 약속하셨던 씨에 대해서 이미 많은 것이 드러나기 시작했다. 그 씨는 하나님의 아들, 예수 그리스도로 밝혀질 것이다. 새로운 공동체의 아버지로서, 아브라함은 그리스도의 예표가 된다. 그는 또한 모든 인간적 유대로부터 자신을 단절시켜야 했다. 그 이야기의 나머지 부분을 읽어보면 아브라함의 인생에서 특정한 사건들이 왜 일어나야 했는지를 그리스도의 언약 성취로부터 이해할 수 있다.

하나님께서 부르셨고, 아브라함은 그 부르심에 긍정적으로 응답하여, 아내 사라와 조카 롯과 함께 고향을 떠났다. 당시 아브라함의 나이는 75세였고, 사라는 65세였다. 그들에게는 아직 자녀가 없었다. 그가 가나안에 도착했을 때, 세겜에 거주하였다. 거기서 주님께서 "내가 이 땅을 네 자손에게 주리라"고 말씀하셨다. 아브라함과 가장 가까운 인척관계의 아이는 롯이었다. 그는 아브라함의 후손이 될 수 있을까? 아브라함은 제단을 쌓고 여호와께 예배를 드렸다.

아브라함은 네게브에서 살려고 거기로 내려갔지만 그 땅에 기근이 들어서 이집트로 피신하였다. 여전히 자녀는 없었지만 후손에 대한 하나님의 말씀을 기억하며, 아브라함은 다음과 같이 생각했다. **내 아내 사라는 아름다운 여인이다. 나는 이집트에서 죽임을 당하고, 사라는 바로의 아내로 빼앗길까 두렵다. 그렇다면 하나님의 약속은 어떻게 되는가?** 아브라함이 마음 속으로 이런 말을 했으리라 상상할 수 있다. **나도 살고 동시에 사라도 보호할 계획을 만들어야 해.** 그는 사라에게 자신의 계획을 말했다. "나는 바로에게 당신이 내 누이라 할 것이오. 이 방법이 바로에게서 우리를 안전하게 지켜줄 것이오." 바로는 아브라함을 살려두었고 많은 재물도 내어주었다. 그러나 바로가 사라를 취하고자 했을 때, 하나님께서는 바로의 집에 큰 재앙을 내리시고 바로에게 사라가 아브라함의 아내라는 사실을 알리셨다. 바로는 사실을 말하지 않은 아브라함을 책망했다. 바로는 그 둘을 죽이는 대신에 아브라함에게 더 많은 재물을 주고 아무런 신체적 해를 입지 않고 이집트를 떠나도록 해 주었다.

롯에게 일어난 상황

이집트를 떠날 때, 아브라함, 사라, 그리고 롯은 그들의 모든 소유를 가지고 네게브로 돌아갔다. 그들은 이전에 벧엘과 아이 사이에 쌓았던 제단으로 돌아가 하나님을 예배하였다. 창세기 13장은 이 때까지 롯이 가축을 포함하여 많은 재물을 가지고 있었다고 기술한다. 아브라함의 목자들과 롯의 목자들 사이에 갈등이 발생했다. 아브라함은 롯을 아들로 생각하고 사랑했지만, 주변 환경은 그들의 관계를 불편하게 만들었다. 아브라함은 롯과의 관계를 유지하기 위해서는 롯으로부터 떨어질 필요가 있다는 사실을 깨달았다.

그들은 서로 동의했고, 아브라함은 롯이 땅을 먼저 선택할 수게 해주었다. 롯은 더 좋아 보이는 땅, 요단 계곡을 선택했고, 그는 악한 도시인 소돔 근처에 정착하게 되었다. 그 일이 있고나서, 하나님께서는 또 다시 아브라함을 찾아가 큰 민족의 아비가 되게 하겠다는 예전의 약속을 재확인시켜 주셨다. 우리는 아브라함이 헤브론에 있는 마므레 상수리 수풀 근처에 정착했음을 본다.^창세기 13:18 그는 그 곳에서 여호와를 경배하기 위해 제단을 쌓았다.

이야기를 끝내기 전에 이 본문을 언약적 접근법으로 검토하고 평가해보자. 제자 삼는 사역의 하나님 나라의 접근법을 따를 때 신자들이 바울이 했던 말을 똑바로 이해할 수 있게 해주는 기초를 놓는 일이 중요하다. "너희는 그 은혜에 의하여 믿음으로 말미암아 구원을 받았으니 이것은 너희에게서 난 것이 아니요 하나님의 선물이라 행위에서 난 것이 아니니 이는 누구든지 자랑하지 못하게 함이라"^에베소서 2:8-9 많은 사람들이 죄로부터의 구속을 잘못 알고 있는 것은 정말 안타까운 일이다. 나는 구속을 이해하는 올바른 방법과 잘못된 방법을 강조하기 위하여 창세기 13장을 선택했다. 먼저 이 본문을 해석하고 적용하는 두 가지 잘못된 방법을 살펴본 뒤, 언약적인 접근법으로 이 말씀을 검토할 것이다.

예전에 자메이카의 킹스턴에서 가르칠 기회가 있었다. 나는 당시 사람들을 세 그룹으로 나누었다. 각 그룹에게 특정한 입장을 주었다. 그들은 창세기 13장에 대해 흥미롭고 다양한 해석들을 도출했다. 그 중에서 두 가지를 소개한다.

첫째, 율법주의자들은 하나님의 호의를 얻어야 한다고 믿기 쉽고 또 그런 유혹을 받는다. 만일 우리가 선하고 어떤 특정한 생활방식대로 살면, 하나님의 특별한 호의를 얻을 자격이 있고 구원을 받을 것이다. 이것이 사람의 행위나 노력에 의해 구원이 이루어진다고 생각하는 가장 간단한 예이다. 처음에 아브라함은 구속에 관한 하나님의 말씀을 믿는 데 어려움이 있었다. 그래서 그는 스스로 계획을 세워 하나님의 약속을 성취하고자 하였다. 창세기 12장에서 바로에게 사라에 대해 거짓말을 했던 것에서 이 사실을 분명하게 알 수 있다. 믿음이 부족한 아브라함은 언약의 약속을 올바로 이해하지 못했다.

둘째, 도덕주의자들은 이 이야기가 우리가 따라야 할 모범을 제시하고 있다고 말할 것이다. 예를 들어, 하나님께서는 그들이 거짓말을 했음에도 불구하고, 사라가 남편의 말을 순종하였기 때문에 아브라함과 사라에게 복을 주시고 지켜주셨다. 만일 우리가 "도덕적으로 옳은" 일을 하면, 우리의 행위가 하나님의 말씀과 그 말씀을 성취하실 하나님의 능력을 의심한다고해도, 하나님께서 아브라함과 사라에게 그러하셨듯이 우리에게도 복을 주실 것이다. 또는, 아브라함과 롯이 헤어진 일에 적용하여, 아브라함은 롯에 비해 나이가 많은 리더였음에도 불구하고 겸손하여 롯에게 선택권을 주었다. 아브라함이 그의 조카에게 재산을 기꺼이 나누었던 것처럼, 우리도 우리의 소유를 다른 사람들과 나누어야 한다. 하나님이 주신 복은 롯에게 땅을 먼저 선택하게 했던 아브라함의 겸손함 때문이었다. 우리는 아브라함을 변호하면서, 마치 하나님께서 말씀하신 것을 이룰 수 없는 분인 것처럼, 그가 하려고 했던 모든 일들은 하나님의 약속을 성취하기 위한 것이었다고 말할 수 있다.

율법주의(행위를 통한 구원)와 도덕주의 접근법은 핵심을 놓치고 있다. 그들은 하나님의 약속을 오해하고 있다. 그 결과, 그들은 하나님의 약속으로부터 오는 축복과 그것이 성취되리라는 소망을 놓치고 만다.

창세기 13장과 거기에 나오는 사건들에는 몇 가지 중요한 진리가 담겨 있다. 그 중 하나는 하나님께서 약속을 세우시거나 말씀을 주실 때, 말씀이 결실을 맺는 일에 있어 우리의 노력을 필요로 하지 않으신다는 것이다. 천지창조에 대한 이야기에서 보는 것처럼, 하나님께서 말씀하시면 그것은 이루어진다. 하나님께서 아브라함에게 약속하실 때, 구체적인 모든 내용을 다 알지 못하지만 아브라함은 하나님을 전적으로 신뢰해야 했다. 그는 약속을 성취하기 위해 하나님을 도와야 하는 것이 아니었다. 예를 들어, 그는 바로에게 거짓말을 할 필요가 없었다. 하나님께서는 아브라함이 열국의 아비가 되고 그의 자손을 통해 이 땅의 모든 나라들이 복을 받게 될 것을 말씀하셨다. 그것으로 아브라함은 충분했다. 하나님께서 아브라함과 사라를 보호하신 것은 사라가 아브라함에게 순종했기 때문이 아니라, 이사야 선지자가 우리에게 알려주듯이, 하나님께서는 언약을 세우셨고 그분이 하신 말씀은 헛되이 그분께로 돌아가지 않기 때문이다. 하나님은 그가 하실 것이라 말씀하신 것을 행하신다. 이것이 바로 제자들이 이해해야 할 하나님에 대한 기본적인 진리이다. 하나님께서는 목적을 이루기 위해 그분의 자녀를 통하여 일하시지만, 그가 시작하신 일을 완성하시고 그의 약속을 지키신다.

이 이야기에서 아브라함과 롯이 별로 중요하지 않은 인물이라는 의미가 아니다. 그들이 중요하지 않았다면 하나님께서 이 성경 속에 그들을 포함하지 않으셨을 것이다. 이 본문을 깊이 주해하면, 아브라함과 롯에 대해 많은 것을 이야기할 수 있고 또 그래야 한다. 우리는 그들의 관계와 그들 사이에 점점 높아졌던 긴장에 대해서 이야기할 수 있다. 요단 계곡을 선택했던 롯으로부터 우리가 배울 점도 있다. 그러나 제자 삼는 하나님 나라의 접근법과 관련하여 강조할 것은 가장 중요한 것, 즉 하나님을 최우선 순위에 두어야 한다는 것이다. 하나님을 출발점으로 삼고 상황을 제대로 인식하면 다른 모든 것들은 제자리를 찾게 될 것이다. 그렇게 되면 모든 일의 의미는 보다 분명해

질 것이다. 이 이야기의 가장 주된 초점인 하나님으로부터 시작할 때, 이 사람들에게 벌어진 사건의 뜻을 이해할 수 있다.

우리가 제자를 삼고 그들이 성경을 잘 배우는 학생이 되도록 돕는 과정에서 그들이 구속의 메타내러티브를 볼 수 있기를 원한다. 어떤 의미에서 구원의 태피스트리(역주—여러 가지 색실로 그림을 짜 넣은 직물)가 펼쳐질 때, 언약은 바로 이것을 엮어 나가는 실이다. 우리가 이러한 관점을 이해하게 된다면, 성경은 서로 맞아 들어가지 않는 많은 이야기와 사건들을 한데 모아 놓은 것이 아니다. 성경은 언약 백성을 위한 하나님의 구상과 계획에 관한 하나의 거대한 이야기이다.

언약적 해석학을 적용한다면, 창세기 13장을 어떻게 이해해야 하는가? 첫째, 창세기 13장이 하나님에 대하여 우리에게 가르치는 것은 무엇인가? 교훈은 간단하다. 하나님의 약속은, 비록 우리가 그것이 어떻게 성취될지 이해하지 못하고 심지어 위기가 따르더라도 반드시 이루어진다. 하나님은 통치하는 분이시고, 그가 이루겠다고 하신 말씀을 결국 이루는 분이시다. 하나님은 약속의 성취과정에서 우리에게 의존하시는 분이 아니다.

둘째, 우리는 하나님께서 중보자로서 스스로에 대하여 가르쳐주시는 것이 무엇인지 묻는다. 아브라함은 가족과 친구들, 그리고 결국에는 조카 롯과도 분리됨으로써 열국의 아비가 되어야 했다. (어떤 이들은 조카를 데리고 갔기 때문에 그의 가족을 떠나라는 하나님의 부르심에 아브라함이 전적으로 순종하지 않은 것이라고 말하지만, 이 본문은 그런 주장을 지지하지 않는다.) 그의 역할은 율법의 명령을 성취하고 영원한 생명을 주시는 오직 한 분 예수 그리스도를 예표하는 것이다. 언약의 가족과 함께하는 그리스도의 예표로서 아브라함은 창세기 13장에서 롯의 사건이 보여주는 것처럼 온전한 분리를 경험해야 했다. 아브라함에게 약속된 씨는 나중에 그의 아들 이삭을 통해 일차적으로 성취되지만, 그 씨는 아담과 하와가 그들의 후대에 저질러 놓았던 모든 것을 원래대로 회복시키신 예수 그리스도 바로 그 분이시다.

아브라함과 롯이 각자의 길을 가게 된 것을 볼 때, 우리는 하나님께서 창세기 3장 15절에서 처음으로 주셨던 구원의 약속을 떠올리게 된다. 우리는 그 약속이 점진적으로 이루어지고 있음을 알게 되는 것이다. 구약에 나오는 각각의 중요한 사건을 통해, 하나님의 약속이 예수 그리스도의 오심으로 성취될 때까지 마치 꽃이 피어나듯이 펼쳐져 열리는 것을 본다. 아브라함이 배워야 했던 것은 아브라함 자신에 관한 것이 아니라 하나님에 관한 것이었다. 달리 말하면, 하나님의 언약은 원래부터 아브라함이 아니라 하나님에 관한 약속이다.

그러나 우리는 아브라함의 인생 초기에 있었던 일에서 초점이 하나님께 있다고 해서 사람에게 주어진 책임이 면제되거나 언약의 사람으로서 주어진 특권이 무효화되지 않는다는 사실을 분명히 알 수 있다. 따라서 더흐라프의 세 번째 해석적 질문에 답할 필요가 있다. 이 본문은 하나님께서 그의 백성과 맺은 언약을 통해서 언약과 관련된 특권과 책임을 포함하여 그분 자신에 대해서 무엇을 가르치고 있는가? 우리는 믿고 순종해야 한다. 그렇지 않을 때 결과가 따른다. 언약의 관점에서 성경을 읽을 때 우리가 바라는 바는 전적으로 하나님과 그분의 주권적 은혜에만 집중하게 된다는 사실이다. 그 결과, 우리는 온전한 사랑과 지속적인 순종으로 하나님께 반응하게 될 것이다. 이 일에 실패할 때, 우리는 즉각 회개하고 그분의 용서를 구할 것이다.

이사야가 여호와의 놀라운 비전을 보았을 때, 그가 할 수 있는 일은 그저 "거룩하다 거룩하다 거룩하다 만군의 여호와여 그의 영광이 온 땅에 충만하도다"^{이사야 6:3} 라고 부르짖는 것이었다. 이와 유사하게, 구속하시는 은혜의 계획을 통해 하나님을 알면, 제단을 쌓고 경배하며 그분을 높이는 것 외에 우리가 할 수 있는 일이 무엇이 있겠는가? 언약이라는 틀 혹은 관점을 통해 바라봄으로써 우리는 이러한 일들을 더 잘 할 수 있게 될 것이다. 내가 아니라 하나님에 대하여 묻는 것이 먼저다.

많은 성경공부 방법들이 성경의 본문을 읽은 후 "이것이 내게 어떤 의미가 있는가"라는 질문을 성급하게 던진다. 언약적 접근법은 성경공부가 우리가 아니라 하나님에 관한 것임을 상기시킨다. 하나님께 먼저 초점을 둔 후에라야 비로소 우리는 나와 관련된 질문을 할 수 있다. 이 본문은 내게 어떤 의미가 있는가? 율법주의적인 방향이나 도덕주의적인 틀로 성경을 읽으면 사람으로 시작함으로써 이 과정을 뒤바꾸어 놓는다. 우리는 그림의 일부만 보게 되고, 적절한 해석을 하지도 못한다. 이것이 바로 우리가 제자훈련에서 하나님의 나라 개념을 찾는 것이 그토록 어려운 이유 중 하나이다.

우리는 하나님의 말씀을 이해하는 가장 주된 목적으로서 하나님께 집중해야 하지만, 부수적인 사건들 또한 간과할 수 없다. 우리는 순종하는 종으로서 뿐만 아니라 하나님의 은혜와 긍휼을 필요로 하는 죄인으로서 아브라함을 볼 수 있어야 한다. 그는 죄를 범했고 거짓말을 했으며 하나님보다는 자신을 먼저 생각했다. 이런 사람이 어떻게 하나님께서 열방에게 주시는 복의 통로가 될 수 있는가? 우리가 아브라함에 초점을 두게 되면 그것은 율법주의적인 질문이 된다. 그러나 우리가 하나님으로부터 시작하면 이 이야기는 완전히 다른 관점을 취하게 된다. 얼마나 많은 사람들이 자기 자신에 주목함으로써 언약을 파기해 왔는지 생각해 보라. 많은 결혼 언약이 하나님으로부터 출발하지 않음으로 인해 깨졌다. 하나님께 주목하지 않았기 때문에 사업에서 동업자 간의 언약이 깨어졌다. 하나님이 주된 관심의 대상이 아니었기 때문에 교회들도 갈라지고 분열되었으며, 지금도 그런 일들이 벌어지고 있다. 아브라함과 롯에게 있었던 진짜 문제는 소유물에 관한 것이 아니었다. 그 약속은 아브라함이 예표하는 예수 그리스도에 관한 것이었다. 아브라함에게 약속되었던 씨는 온전히 하나님과 그분의 때에 달려 있었다. 그리고 우리는 이 이야기의 후반부에서 이삭의 출생을 통해 하나님께서 가장 적절한 때와 장소에서 역사하심을 배운다.

인생이 우리에 관한 것이 아님을 깨달을 때, 그것은 전혀 다른 의미를 지닌다. 우리 인생의 목적은 하나님을 섬기라는 그분의 명령에 순종하는 것이다. 우리는 하나님께서 사랑하신 사람들을 사랑하고, 그가 돌보시는 것들을 돌보기 위해 산다. 그 사랑으로 우리의 삶이 변화되지 않는다면, 그분을 더욱 더 닮아감으로써 삶이 변화되지 않는다면, 우리 인생은 진정한 의미와 목적을 상실하게 된다. 자기 자신을 중심에 두고 출발한 인생의 끝은 막다른 길에 도달할 뿐이다.

아브라함은 하나님의 약속이 자신의 이해나 노력, 행위에 달려 있지 않다는 것을 배워야 했다. "알기 위해서 믿는다"는 말은 우리의 표어가 되어야 한다. 그리고 나서야 우리는 "여자에게서 난 씨앗"의 중요성을 더 잘 이해할 수 있다. 시편 기자는 하나님의 빛 안에서 우리는 빛을 본다고 말했다. 우리가 하나님의 빛에 먼저 주목할 때, 사물은 새로운 관점과 의미를 가진다. 하나님의 빛 안에서 사물을 보도록 다른 사람들을 가르치는 것이 바로 제자 삼는 것과 관련된 일이다.

은혜 안에 자라가는 동안, 우리는 부족한 믿음과 불순종으로 인해 때로 죄를 범하기도 하고 주를 기쁘시게 하지 못할 때도 있을 것이다. 그러나 우리가 그렇게 행할 때라도 하나님께서는 우리와 맺은 언약을 깨트리지 않으신다. 하나님께서는 우리로부터 돌아서거나 우리를 내버려두지 않는 분이시다. 그분은 마음과 뜻과 몸과 영혼을 다해 그분을 사랑하는 자들에게 용서와 회복을 약속하시는 은혜의 하나님이다.

그동안 나는 죄로 인해 하나님께서 자신을 버리셨다고 생각하는 많은 사람들을 상담해왔다. 어떤 일을 하거나 하지 않은 사람들을 하나님께서는 어찌 사랑하시는가? 그들은 "내가 용서받을 수 있을까요?"라고 묻는다. 그에 대한 분명한 답은 그분의 사랑이 우리의 행위에 달려 있지 않다는 것이다. 하나님께서 사랑하는 자들을 어떻게 다루실지는 그분께서 결정하신다. 그러나 일상의 삶에서 우리의 행위가 어떻게 나타나는가와 상관없이, 하나님은 결코 우리를 떠나거나 내버려두지 않으신다. 하나님께서 우리에게 약속을 주실 때, 그분께서는 모든 약속이 그리스도 예수 안에서 반드시 성취되도록 하실 것이다. 하나님은 우리에게 "제일 먼저 해야 할 일"을 하라거나 우리 자신의 관심사에 주목하라고 하지 않으신다. 하나님은 그분을 믿고 신뢰하며 사랑하라고 말씀하신다.

그리스도인들은 죄로부터 구원을 받는 것이 사람의 노력이 아닌, 하나님의 은혜로 말미암는다는 사실을 분명히 기억해야 한다. 이 진리가 각자의 마음과 영혼에 굳건히 자리 잡지 않는 한 그리스도인의 성장은 일어나지 않는다.

사역을 하는 중에 이 진리를 붙드는 사람들을 보는 것은 내게 있어 진실로 감동적인 경험이었다. 신앙생활의 아주 초기 단계였지만, 나는 그리스도인의 삶에서 하나님의 은혜와 그분의 조건 없는 사랑에 대한 진리를 마침내 깨달았을 때를 기억한다. 하나님께서 그의 언약을 지키시고 내 삶에 시작하신 일을 완성시키시는 분임을 알게 되었을 때, 나는 실로 큰 영적 성장을 경험할 수 있었다. 그러나 나는 이 일을 통해 아무렇게나 살아도 상관없다고 생각하지 않고, 이전보다 더 주를 위해 살아야겠다고 다짐했다. 바로 이것이 하나님의 은혜로 말미암아 변화된 제자가 마음을 다하여 해야 할 일이다.

결론

나는 창세기 13장을 통해 성경을 언약적으로 접근하는 것이 어떤 차이를 만들어내는지 보여주고자 했다. 창세기 11-13장 이야기의 핵심은 아브라함이 그의 아내 사라에 관하여 바로에게 한 거짓말이 아니다. 또한 아브라함이 그의 조카 롯에게 땅을 나누어주었던 일, 그리하여 그렇게 하는 것이 사실일지라도 그리스도인들이 다른 사람들과 기꺼이 나누며 살아야 함을 설명하려는 것도 아니다. 이들 모두 아브라함 이야기에 있어 중요한 내용이긴 하지만, 가장 중심되고 중요한 목적은 우리로 하여금 말씀 안에 그 자신을 드러내신 하나님께 시선을 고정하는 것이다. 이 부분을 이해함에 있어 열쇠가 되는 것은 총체적인 구속 서사에 주목하는 것이다.

더흐라프가 제시한 기본적인 질문들로부터 시작하지 않는다면, 우리는 하나님께서 우리에게 주시고자 하는 메시지에 결국 이르지 못할 것이다. 나는 이것이 현재 실천 중인 제자훈련 방법에서 가장 큰 실패 요인이라고 생각한다. 또한 이것이 우리가 총체적인 삶의 변화를 보이지 못하는 한 가지 이유이다. 언약 이야기는 말씀을 주시고 그 말씀을 지키시는 하나님에 관한 것이다. 이시아 선지자가 당시의 사람과 오늘 우리에게 말하고 있는 것도 여기에 기초를 두고 있다. "내 입에서 나가는 말도 이와 같이 헛되이 내게로 되돌아오지 아니하고 나의 기뻐하는 뜻을 이루며 내가 보낸 일에 형통함이니라" 이사야 55:11 하나님께서 동정녀 마리아에게 예수의 나심과 관련하여 하신 "대저 하나님의 모든 말씀은 능하지 못하심이 없느니라" 누가복음 1:37 는 말씀도 그러하다.

몇 해 전 우리는 손자를 잃었다. 그 아이는 심장이식을 받았지만 생존하지 못했다. 그러나 우리와 그 아이의 부모는 죽은 손자가 바로 언약의 자녀라는 사실을 통해 위로를 경험할 수 있었다. 하나님께서는 그분이 약속하신 말씀을 지키신다는 것을 믿기에, 우리는 슬픔 속에서도 그 손자가 주와 함께 있다는 소망을 가질 수 있었다. 창세기 3장 15절에 나타난 하나님의 약속은 예수님의 죽음과 부활로 영광스럽게 성취된다. 예수님은 그의 백성들을 죄로부터 구속하실, 여자의 후손이었다. 그분은 모든 피조물을 새롭게 하기 위하여 그분의 보좌로부터 곧 오실 것이다. 이것이 바로 우리와 맺으신 하나님의 언약으로 말미암아 모든 것이 함께 연결되어 있는 구속 이야기의 거대 서사이다.

이제 이 이야기의 나머지 부분을 살펴 보자. 롯이 땅을 택한 뒤, 하나님은 아브라함에게 "너는 눈을 들어 너 있는 곳에서 북쪽과 남쪽 그리고 동쪽과 서쪽을 바라보라 보이는 땅을 내가 너와 네 자손에게 주리니 영원히 이르리라 내가 네 자손이 땅의 티끌 같게 하리니 사람이 땅의 티끌을 능히 셀 수 있을진대 네 자손도 세리라"^창세기 13:14-16^고 말씀하셨다. 하나님은 창세기 17장 7절에서도 "내가 내 언약을 나와 너 및 네 대대 후손 사이에 세워서 영원한 언약을 삼고 너와 네 후손의 하나님이 되리라"고 말씀하셨다. 달리 말하면, "나는 너와 네 후손의 하나님이 되리라"는 것이다. 하나님은 아브라함과 맺으신 그의 언약을 지키셨다. 그리고 그는 그리스도 안에서 우리와 맺으신 언약도 지키신다.

기독교가 수직적이면서도 수평적인 관계들 안에서 구체화된 진리의 종교라는 사실을 보여줄 수 있다면 포스트모던주의자들도 우리의 말에 더 잘 귀를 기울일 것이다. 기독교는 가장 깊은 수준에서 우리의 삶에 개입한다. 그리고 관계와 공동체를 이루어가는 과정을 통해서 우리의 삶에 들어온다.

우리 교회에서는 아이들에게 언약의 징표로서 세례를 베풀 때마다 다음의 찬송을 부른다. 찬송가 "십자가 그늘 밑에"의 곡조를 붙여 부르는 이 노래는 하나님의 언약 사랑이 계속 이어진다는 것을 매우 잘 표현하고 있다.

피로 얼룩진 기둥 아래, 나는 내 자녀와 함께 서 있네
악을 전하는 자들이 이 땅을 지나가노라
무너뜨리려는 자의 얼굴로부터 숨을 곳은 어디에도 없네
피로 얼룩진 기둥 아래가 바로 우리의 피난처

고난당하신 하나님의 어린 양이 우리의 죄와 허물을 담당
하셨도다
믿음으로 그 피가 우리의 거하는 문 위에 뿌려지네
적들이 들어오려다 그 거룩한 표시를 보고 두려워하니
오늘밤 그 피로 얼룩진 기둥 아래가 나의 피난처

나의 구원자, 내 사랑하는 주여, 당신의 진실한 약속을 나는
선포하나이다
"우리의 가정"에 오신 어린 양, 자녀들에게도 구원자 되시네
이 땅의 어린 자들도 당신의 거룩한 만지심을 느끼오니
피로 얼룩진 기둥 아래 주의 축복이 내게 임하네

순종하지 않는 작은 발걸음 마저도 지키시는 오 주여
그들 앞에 펼쳐진 광야, 삶의 아픔을 만날 때
어머니의 사랑마저 힘을 쓰지 못해도 나는 당신의 돌보심을

신뢰하네

피로 얼룩진 기둥 아래, 오, 나로 거기 거하게 하소서

내가 주를 믿사오니 나는 실망치 않으며

지혜의 주께서 내 상한 마음에 기름을 부으시네

아버지여 내 자녀와 함께 하지 않고서는 주의 얼굴을

뵈올 수 없나이다

나는 피로 얼룩진 기둥, 주의 은혜의 언약을 기다립니다

우리를 위하여 고난을 당하신 놀라운 구세주

열방의 죄 위에 심판의 폭풍 그치는 날

나의 안전한 피난처로부터 오는 기쁨으로 우리가 주의 눈을

보겠네

피로 얼룩진 기둥 아래, 나의 자녀, 나의 주, 그리고 나[2]

더 깊은 생각과 토론을 위한 주제

1. 이 장은 언약의 관점에서 성경을 공부하는 것이 우리에게 주는 많은 유익에 대해 다루었다. 여기에서 다룬 것 이외에 또 어떤 유익이 있겠는가?

2. 성경공부에 대한 다음 두 가지 접근 방법에는 정말로 차이가 있는가?
    1) 첫 번째 방법

        본문이 말하는 것은 무엇인가?

        본문은 어떤 의미를 담고 있는가?

        그것은 내게 어떤 의미가 있는가?

    2) 두 번째 방법

        본문은 하나님에 대해 무엇을 가르치고 있는가?

        본문은 중재하시는 하나님에 관하여 무엇을 말하는가?

        언약의 특권과 의무에 관하여 본문이 가르치는 바는 무엇인가?

3. 도덕주의 혹은 율법주의의 틀을 가지고 구약 성경의 본문을 공부하기 위해 첫 번째 방법을 사용해 보라. 그리고 언약의 접근방법으로 본문을 공부하기 위해 두 번째 방법을 사용해보라. 두 방법으로 성경을 살펴본 결과를 비교해 보라.

4. 히브리서는 성경에서 언약에 관하여 더 깊이 살펴보기에 좋은 말씀이다. 성경 용어 색인집(concordance)을 통해 적절한 구절을 찾아보고 이 장에서 다루었던 내용에 비추어 그 말씀을 공부해 보라.

추천도서

DeGraaf, S. G. *Promise and Deliverance.* 4 vols. St. Catharines, Ont.: Paideia, 1977. 『약속 그리고 구원』(크리스챤서적) 언약이 창세기로부터 요한계시록에 이르기까지 성경 전체를 관통하는 주제임을 보여주는 탁월한 설명이다. 특별히 1권을 읽어볼 것.

Hunt, Susa. *Heirs of the Covenant.* Wheaton, Ill.: Crossway, 1998. 언약을 실제적으로 다룬 책이다.

Jocz, Jacob. *The Covenant: A Theory of Human Destiny.* Grand Rapids: Eerdmans, 1968. 언약에 관한 지극히 가치 있는 자료이다.

Moore, T.M. *I Will Be Your God.* Phillipsburg, N.J.: P&R Publishing, 2002. 개인과 그룹 모두를 위한, 언약에 관하여 매우 읽기 쉽게 쓰여진 책이다.

Robertson, O. Palmer. *Covenants: God's Way with His People.* Philadelphia: Great Commission, 1987. 『언약이란 무엇인가』(그리심) 언약이라는 주제를 가르치기에 좋은 책이다.

후기

    나는 "하나님 나라"의 제자를 삼는 일에 기여할 것이라는 희망을 가지고 이 책의 열 두 장을 썼다. 제자 삼는 일에 참여하고자 하는 그 누구의 자신감도 잃게 할 의도는 없다. 오히려 이 책을 통해 목사들과 교사들, 리더들 그리고 평범한 그리스도인들이 제자가 되는 것과 제자 삼는 것에 대해서 생각하도록 격려하기를 원한다.

    이 책은 제자도와 관련해서 현재 널리 사용되는 방법들이 우리의 희망대로 제자 삼는 일에 성공하지 못하는 몇 가지 이유를 제시하고 있다. 너무 뻔한 것은 다루지 않았다. 왜냐하면 이 주제에 대해서 관심 있는 사람들은 여러 가지 필요조건들,

즉 성경읽기와 공부, 개인 전도, 신앙을 나누는 일, 기도 같은 것들에 대해서 이미 잘 알고 있다고 생각하기 때문이다. 기도와 간증 없이는 어떤 것도 효과적이지 않다. 그렇지만 전체적으로 봤을 때, 우리가 자주 그냥 지나치거나 무시했던 다른 영역들을 제시하였다.

1부에서 초점을 맞춘 것은, 적어도 일정한 수준에 도달하기 전까지는 제자 삼는 사역에 포함시키지 않는 기초적인 철학과 신학, 교리의 영역들이다. 하지만 그 영역들은 제자 삼는 사역의 기초이며, 그 사역의 과정에 반드시 포함되어야 한다. 바울은 디도에게 "오직 너는 바른 교훈(doctrine, 교리)에 합당한 것"디도서 2:1을 말하라고 한 후에, 늙은 남자와 여자들을 제자로 삼는 과정에서 실천해야 할 일들을 가르치고 있다. 바울은 제자 삼는 일의 맨 처음 시작 단계에 이런 기초적인 것들을 가지고 들어왔다.

세 가지 경우가 있다. (1) 그리스도인이 되지도 않고 그리스도인처럼 생각하지도 않을 경우, (2) 그리스도인이 되고서도 그리스도인처럼 생각하지 않을 경우, (3) 그리스도인이 되고서 그리스도인처럼 생각할 경우. 바로 세 번째 경우가 이 책의 모든 내용을 통해 이루고자 하는 목표다. 제자 삼는 일에 좌절을 겪는 사람들의 우려와 현재 익숙한 제자훈련 접근법의 실패를

또렷하게 보여주는 통계들은 좀 더 통전적인 혹은 우리가 표현했던 것처럼 "하나님 나라의 접근법"이 필요하다는 것을 보여준다. 나는 "하나님 나라의 접근법"이 하나님의 은혜로 오늘날 우리를 낙심시키는 추세를 상쇄할 것이라고 확신한다. 그리스도인들은 신앙과 그들이 삼위일체 하나님과 맺는 관계가 삶의 전 영역에 관여한다는 것을 반드시 알아야 한다. 또한 만일 그런 삶을 살게 된다면, 우리가 사는 이 세계에서 그리스도인의 영향력이 더 많아질 것이다.

1부에서 우리는 필요한 기초 요소들, 즉 하나님 나라의 전 포괄성에 대한 이해와 긍정적인 판단에 대해서 살펴보았다. 내가 주장하는 바는 이것이 독특한 세계관을 만들어낼 것이고, 우리는 이 세계관으로부터 좀 더 명확한 영적 관점을 발전시켜 낼 것이라는 것이다. 개혁주의 신앙은 모든 진리가 그러해야 하듯 쉽사리 삶으로 번역되는 교리 체계를 제공한다. 분명 신학은 삶이고 삶은 신학이다. 이러한 체계 속에서 언약은 삶의 체계를 한데 묶는 실과 같다.

2부는 세상을 알아야 할 필요성에 중점을 둔다. 우리는 진공 상태 속에서 살지 않는다. 제자 삼는 사역에 우리가 살고 있는 세계와 문화에 대한 이해가 필수적인 두 가지 이유가 있다. (1) 그런 이해는 우리가 미쳐 깨닫지도 못하는 사이에 이 세계가 만들어 둔 틀 속으로 정신 없이 빠져들지 않게 해준다. (2) 또한 우리가 단순한 반응이나 순간적인 기분에서가 아니라 어떻게 생각하고, 결정하며, 선택해야 할지에 대해서 알게 해준다.

우리가 살고 있는 세계를 이해하는 데 결정적이라고 생각되는 세 가지 주제가 있다. 첫째는 근대성이다. 왜냐하면 근대성은 기술의 모든 발전과 함께 현재 삶의 틀을 형성하였기 때문이다. 기술 발전의 속도가 너무 빨라서 그 결과에 대해 미처 생각할 시간이 없을 정도다. 그런 후에 우리는 현재 문화의 철학적 패러다임으로서 포스트모더니즘을 선택한다. 왜냐하면 포스트모더니즘이 우리 삶의 모든 영역에 영향을 주기 때문이다. 이 책은 포스트모더니즘이 모두 나쁜 것은 아니라고 주장한다. 포스트모더니즘은 가치가 전혀 없는 것이 아니며 우리의 사상과 선택, 생활방식에 영향을 준다. 그러므로 우리는 제대로 알고 제대로 평가할 수 있어야 한다. 마지막으로 세대에 관한 장은 그리스도의 제자로서 우리가 상호작용 해야 하는 문화 속에 있는 사람들에 대한 이해를 미세하게 조정하려고 시도했다. 사람들에 대해 뭔가 안다는 것은 그들과 어떻게 관계를 맺고, 증거하며, 상호소통하고, 제대로 인식할 지에 대해 아는 열쇠가 된다.

3부에서는 성경을 공부하고 우리 삶에 적용할 때, 1부에서 다룬 기초와 2부의 문화적 민감성을 결합하는 방법을 보여준다. 예를 들어, 아테네에서 행한 바울의 접근법은 제자 삼는 사역을 위한 하나님 나라의 틀을 제공해주며, 우리 시대와 문화에 아주 적절하게 잘 들어맞는다. 전도서는 결국에는 두 개의 세계관, 즉 기독교적인 것과 비기독교적인 것이 있을 뿐이라고 말한다. 그리스도인은 이 두 개의 세계관 중 하나를 선택해야 한다. 사람들은 그리스도인이라면 당연히 기독교적으로 생각할 것이라 여기지만 전도서에서 가르치듯 실제로는 그렇지 않다. 마지막으로 창세기 13장에 나오는 아브라함과 롯의 이야기를 통해 성경을 언약적으로 읽는 것이 중요하다는 것을 보여준다. 하나님 나라의 제자는 하나님을 모든 것의 기준점으로 보도록 배운다. 하나님과 함께 시작하지 않고 하나님 나라의 관점으로 보지 않는다면, 창조나 구속, 그리스도인의 삶은 이치에 맞을 수 없다.

나는 하나님께서 이 책을 사용하셔서 어떻게든지 당신의 삶과 성장의 과정에서 당신을 격려하실 뿐만 아니라, 당신이 사역하는 모임에 훈련 중에 있는 사람들을 격려하시기를 기도한다. 이 기도가 응답된다면 나로서는 감사할 뿐이다. 개인적으로 당신을 모르지만 이 책을 통해 이런 생각들을 당신에게 나눈 것은 큰 특권이자 도전이었다. 아리스토텔레스는 우리가 친구들을 통해 최선의 것을 배운다고 말한 적이 있다. 이 책을 통해서 나는 우리가 서로를 친구라고 생각하고, 더 잘 알아가는 기회가 되었으면 한다.

당신이 시간을 들여 이 책을 읽고 공부한 것에 대해 감사드리며.

하나님께서 당신에게 복 주시길.

모든 명예와 찬송, 영광이 그분께 있기를.

부록 1.

제자 삼는 사역에서
세례와 교회의 역할

　　제자 삼는 사역에 대한 하나님 나라 접근법을 다룰 때, 대위임령의 핵심, 즉 승천하시기 전 예수님의 마지막 가르침이 제자를 삼으라는 것이었음을 잊으면 안된다. 이것은 우리 주님께서 직접 명하신 것이다. 그분은 제자 삼으라고 명령만 내리시지 않고, 어떻게 그 일을 할지 설명도 해주셨다.

　　제2차 대각성 운동의 전통에서 초기 부흥운동과 찰스 피니의 개인 회심에 대한 강조로 인해 우리는 전도의 방법을 공동체의 몸으로부터 빼내서 혼합물을 첨가시켰다. 실제로 예수님은 세례와 그리스도인의 양육을 제자 삼는 일과 관련 짓는 말씀을 하셨다. 브렛 웹-미첼(Brett P. Webb-Mitchell)은 "세례는 그리스도께서 몸소 행하여 보여주신 우리 교육의 비공식적인 시작이다. 그것은 이 세상과 성도들의 공동체를 향해 우리가 하나님의 소유이고, 따라서 하나님의 자녀라는 새로운 이름이 주어졌음을 선언하는 성례이자 몸으로 표현하는 의례이다"[1]라고 말한다. 그는 더 나아가 제자도란 실제로 우리가 받는 세례의 완전한 의미를 배우는 것이라는 의미로 칼뱅이 말한 "우리의 세례에 대한 이해"에 주목한다.

우리가 올바로 이해했다면, 하나님의 언약에 근거하여 유아세례를 받았든지 아니면 만년에 회심한 성인으로서 세례를 받았든지간에 세례는 한 사람의 교육의 과정(process)이 시작되었음을 보여주는 표식이 된다. 그리고 세례는 교회에 속한 성례이기 때문에 교회는 제자 삼는 사역에 책임이 있고 그 일에 적극적이고 의도적으로 개입해야 한다. 그 책임과 특권을 다른 누구에게도 넘길 수도 없다.

이 과정에서 교회가 맡은 책임에 관하여 칼뱅이 말한 것을 좀 더 쉽게 풀어서 표현하자면, 교회의 역할은 하나님의 자녀들을 양육하고 훈련하는 것이다. 진실로 이상적인 것은 하나님의 자녀가 구원에 있어서 항상 예수를 신뢰하고 그 신뢰와 믿음의 결과로 영적으로 성장하여 일상의 매 순간을 하나님의 영광을 위하여 살게 하는 것이다.

부록 2.

로버트 웨버의 『기독교 사역론』에 대한 논평

이 책을 완성했을 때, 로버트 웨버의 저작 『기독교 사역론』을 한 부 받게 되었다. 그 책은 웨버가 이전에 쓴 『복음주의 회복』의 속편이다. 단순히 참고문헌 목록에 올리기만 해도 되겠지만, 그 책의 초점과 특별한 첫 시작 부분 때문에 그 책에 대해서 간략한 논평을 하고자 한다.

웨버는 1999년 9월, 영국 이스트본(Eastbourne)에서 450명의 교회 지도자들이 모여 개최한 국제 제자도 회의(International Consultation on Discipleship)에 대해서 논한다. 그는 몇몇 잘 알려진 복음주의자들을 포함한 여러 참가자들의 말을 인용하였다. 예를 들어, 존 스토트는 "복음주의자들은 제자도에 있어서 그에 상응하는 성장없이 … 통계적으로 막대한 성장을 경험하였다"고 말했다. 아프리카의 토쿤보 아데예모(Tokunboh Adeyemo)는 "교회가 1마일 멀리 뻗어 나갔지만, 그 깊이는 1인치밖에 안된다"고 한탄했다. 그 대회의 선언문은 "대위임령은 단지 전도하라는 명령이 아니라 제자를 삼으라는 명령이다"라고 밝히고 있다. 제자도는 "일정 기간 동안 신자가 그리스도 안에서 영적 성숙을 이루기 위한 목적으로 수행하는 활동의 과정"이다. 크리스채너티 투데이의 편집인, 데이비드 네프(David Neff)는 "그 국제회의가 제자 삼는 사역을 전세계적인 복음전도의 아젠다로 올려 놓았으므로 이제 성경 학자들과 신학자들과 영적 지도자들이 제자의 삶에 대한 완전하게 발전된(full-orbed) 전망을 개발해주는 것이 필수다"라고 반응했다. 이전에 다른 사람으로부터 들어본 적이 없는 이 도전이 나에게 책을 쓰도록 만들었고, 이 책의 이면에 있는 동기를 잘 표현하고 있다.

웨버는 나아가 그 국제회의의 주요 관심사를 언급하였다. "교회는 새로운 회심자를 제자로 삼는 일에 실패하고 있다 … 제자도는 평생에 걸친 과정이고 교회는 생애를 통해 제자로 만들고 살아가도록 주의를 기울여야 한다."

웨버의 접근법이 나의 방법과는 약간 다르지만, 나는 우리가 같은 방향을 향해 나아가고 있음을 확신한다. 만약 모든 사람이 내가 사용한 체계와 용어를 채택한다면 우쭐해지겠지만, 더 큰 관심사는 예수님의 명령을 행하는 것에 대해서 그 필요를 명확하게 정의하고 다같이 혼신의 노력을 기울이는 것이다. 우리 둘 다 현재의 포스트모던 세계에서는 근대 세계에서 사용한 접근법을 계속 사용할 수 없다는 점에 동의하고 있다. 근대 세계에서 논리, 이성, 논의, 증거와 같은 것들이 매우 큰 영향력을 가지고 있었다. 내가 말하고자 하는 것은 우리가 이런 것들을 모두 내버려야 한다는 것이 아니라 그것들을 좀 더 관계적 방식으로 의도성을 가지고 사용해야 한다는 것이다. 대조적으로 포스트모던 환경에서의 접근법은 좀 더 일상적이고 관계적이며, 덜 이성적이고 덜 논리적이며 증거 요구를 덜하는 것이다. 문화는 말하는 방식뿐 아니라 행동하는 방식에도 영향을 준다. 우리는 기독교 신앙의 성경적 내용을 이전 시대보다 좀 더 관계적이고 경험적 방식으로 표현하는 것을 배워야 한다.

나는 웨버가 제자도의 시작점이 교회라는 것을 강조한 것에 감사한다. 또한 그의 접근법에 예배, 가르침, 기도, 교제, 구제, 사역, 공동체를 포함한 것에 대해서 박수를 보낸다. 그의 책은 전체적으로 읽을 가치가 충분하다.

주

1부 말씀 알기: 제자도를 위한 틀

1장 하나님 나라 모델의 개관

1 George Barna, *The Second Coming of the Church* (Nashville: Word, 1998), 23.
2 George Gallup Jr. and D. Michael Lindsey, *Surveying the Religious Landscape: Trends in U.S Beliefs* (Harrisburg, Pa.: Morehouse, 1999), 4.
3 Barna, *The Second Coming*, 8.
4 David Williamson, *Group Power* (Englewood Cliffs, N.J.: Prentice-Hall, 1982), 5.
5 Robert Wuthnow, *I Come Away Stronger* (Grand Rapids: Eerdmans, 1994), 6.
6 Abraham Kuyper, *Souvereiniteit in Eigen Kring*. Rede ter Inwijding van de Vrije Universiteit (Kampen: Kok, 1930), 32.
7 Norman De Jong, *Education in the Truth* (Lansing, MI.: Redeemer, 1989), 118.
8 Ibid.
9 J. P. Moreland and William Lane Crag, *Philosophical Foundations for a Christian Worldview* (Downers Grove, Ill.: InterVarsity, 2003), 5.

2장 인식론: 앎의 내용과 방법

1 Francis Schaeffer, *The Francis Schaeffer Trilogy* (Westchester, Ill.: 1990), 303.
2 W. Jay Wood, *Epistemology: Becoming Intellcetually Virtuous* (Downers Grove, Ill.: InterVarsity, 1998), 17.
3 N. T. Wright, *The New Testament and the People of God* (Minneapolis: Fortress, 1992), 45.
4 Robert Reymond, *A New Systematic Theology of the Christian Faith* (Nashville: Nelson, 1998), 96-97.
5 J. Richard Middleton and Brian A. Walsh, *Truth Is Stranger Than It Used to Be* (Downers Grove, Ill.: InterVarsity, 1995), 165.
6 Cornelius Van Til, "A Christian Theistic Theory of Knowledge," *The Banner*, 6 November 1931.
7 Cornelius Van Til, *Defense of the Faith* (Philadelphia: Presbyterian and Reformed, 1955), 152-53.
8 Henry Meeter, *The Basic Ideas of Calvinism* (Grand Rapids: Zondervan, 1939), 76.

3장 하나님 나라

1 Cornelius Plantinga, *Engaging God's World* (Grand Rapids: Eerdmans, 2002), 107.
2 Meredith Kline, *The Structure of Biblical Authority*, 2nd ed. (Eugene, Ore.: Wipf & Stock, 1997).
3 Douglas Bannerman, *The Scripture Doctrine of the Church* (Grand Rapids: Eerdmans, 1955), 249-50.
4 Raymond O. Zorn, *Church and Kingdom* (Philadelphia: Presbyterian and Reformed, 1962), 9.
5 Ibid., 13.

6 Herman Ridderbos, *The Coming of the Kingdom* (Philadelphia: Presbyterian and Reformed, 1962), 354.
7 Edmund P. Clowney, *The Church* (Downers Grove, Ill.: InterVarsity, 1995), 199ff.
8 George Eldon Ladd, *A Theology of the New Testament* (Grand Rapids: Eerdmans, 1974), 111.
9 Jacques Ellul, *The Presence of the Kingdom* (Colorado Springs: Helmers and Howard, 1989), 11-13.

4장 기독교 세계관

1 James Sire, *The Universe Next Door: A Basic Worldview Catalog* (Downers Grove, Ill.: InterVarsity, 1988), 17.
2 Ibid., 18.
3 Albert M. Wolters, *Creation Regained: Biblical Basics for a Reformational Worldview* (Grand Rapids: Eerdmans, 1985), 2.
4 Arthur Holmes, *Contours of a World View* (Downers Grove, Ill.: InterVarsity, 1983), 5.
5 Paul Hiebert, *Anthropological Insights for Missionaries* (Grand Rapids: Baker, 1983), 48.
6 Wolters, *Creation Regained*, 73-74.
7 Ibid., 97-98.
8 David Naugle, *Worldview: The History of a Concept* (Grand Rapids: Eerdmans, 2002), 336.

5장 개혁주의 신앙

1 Stanley Grenz, *Created for Community: Connecting Christian Belief with Christian Living* (Grand Rapids: Baker, 1998), 18-19.
2 Francis Schaeffer, *A Christian Manifesto* (Westchester, Ill.: Crossway,

1981), 17.
3　George Barna, *The Second Coming of the Church* (Nashville: Word, 1998), 62.
4　Cornelius Plantinga, *Engaging God's World* (Grand Rapids: Eedmans, 2002), ix.
5　George Gallup Jr. and D. Michael Lindsay, *Surveying the Religious Landscape: Trends in U.S Beliefs* (Harrisburg, Pa.: Morehouse, 1999), 5.
6　George Barna and Mark Hatch, *The Boiling Point: It Only Takes One Degree* (Ventura, Calif.: Regal, 2001), 242-43.
7　Grenz, *Created for Community*, 9.
8　John M. Frame, *The Doctrine of God* (Phillipsburg, N.J.: P&R Publishing, 2002), 5.
9　Ibid.
10　Grenz, *Created for Community*, 18-19.
11　Millard Erickson, *Does It Matter What I Believe?* (Grand Rapids: Baker, 1992), 67.
12　Louise Berkhof, *Manual of Christian Doctrine* (Grand Rapids: Eedmans, 1965), 161.
13　*Institutes of the Christian Religion*, 4.1.1.
14　John S. Feinberg, *No One Like Him: The Doctrine of God* (Wheaton, Ill.: Crossway, 2001), xxii.

6장 언약 신학

1　Robert Wuthnow, *The Crisis in the Churches: Spiritual Malaise, Fiscal Woe* (New York: Oxford University Press, 1997).
2　William Hendriksen, *The Covenant of Grace* (Grand Rapids: Baker, 1932), 9.
3　Geerhardus Vos, *Redemptive History and Biblical Interpretation,* ed. by Richard B. Gaffin Jr. (Phillipsburg, N.J.: P&R Publishing, 1980), 241.

4 Ibid., 245.

5 Herman Bavinck, in *Creator, Redeemer, Consummator: A Festschrift for Meredith G. Kline.* ed. Howard Griffeth and John R. Muether (Jackson, Miss.: Reformed Theological Seminary, 2000), 169.

6 William Heyns, *Manual for Reformed Doctrine* (Grand Rapids: Eerdmans, 1926), 127.

7 Ibid., 131.

8 Gordon Spykman, *Reformational Theology: A New Paradigm for Doing Dogmatics* (Grand Rapids: Eerdmans, 1992), 359.

9 Henry Buis, "Biblical Covenants," in *Encyclopedia of Christianity*, ed. Philip E. Hughes (Marshalltown, Del.: National Foundation for Christian Education, 1972), 3:219f.

10 S. G. DeGraaf, *Promise and Deliverance.* 4 vols. (St. Catharines, Ont.: Paideia, 1977), 1:17-26

2부 세상 알기: 제자도의 맥락

1 Charles Ringma, *Resist the Powers* (Colorado Springs: Pinon, 2000), May 21 reading.

2 Cornelius Plantinga Jr., *Engaging God's World: A Christian Vision of Faith, Learning, and Living* (Grand Rapids: Eerdmans, 2002), 150.

3 James Skillen, "Why Kuyper Now?" in Luis Lugo, ed., *Religion, Pluralism, and Public Life: Abraham Kuyper's Legacy for the Twenty-First Century* (Grand Rapids: Eerdmans, 2000), 370.

7장 근대성 속에 틀 지워진 문화

1 Ken Myers, *All God's Children and Blue Suede Shoes* (Wheaton, Ill.: Crossway, 1989), 58.

2 Peter Berger, *The Homeless Mind* (New York: Random House, 1973), 4.

3 Os Guinness, *Dining with the Devil* (Grand Rapids: Baker, 1993), 48.

4 See Carl F. H. Henry, *The Twilight of a Great Civilization: The Drift towards Neo-Paganism* (Wheaton, Ill.: Crossway, 1988), 170.

5 Myers, *All God's Children*, 52.

6 Guinness, *Dining with the Devil*, 90.

7 Ibid.

8장 포스트모던 패러다임

1 Paul Strathern, *Foucault in 90 Minutes* (Chicago: Ivan R. Dee, 2000), 81.

2 Richard Rorty, "On Religion—A Discussion with Richard Rorty, Alvin Plantinga, and Nicholas Wolterstorff," interviewed by Stephen Louthan, *Christian Scholar's Review* 26.2 (Winter 1996): 180.

3 Alvin Plantinga, "On Religion," interview by Stephen Louthan, 183.

4 Stephen Davis, God, *Reason and Theistic Proofs* (Edinburgh: Edinburgh University Press, 1997), 90ff.

5 Stanley Grenz, *A Primer on Postmdernism* (Grand Rapids: Eerdmans, 1996), 108.

6 Norman F. Cantor, *The American Century: Varieties of Culture in Modern Times* (New York: Harper Collins, 1997), 435.

9장 세대 차이의 배경

1 Jerry Gerber et al., *Lifetrends: The Future of Baby Boomers and Other Aging Americans* (New York: Macmillan, 1989), 7.

2 William Strauss and Neil Howe, *Generations: The History of America's Future, 1584 to 2069* (New York: Macmillan, 1991), 35.

3 Ron Zemke, Claire Raines, and Bob Filipczak, *Generations at Work: Managing the Clash of Veterans, Boomers, Xers, and Nexters in Your Workplace*

(New York: AMACOM, 1999), 1.
4　Ibid., 30.
5　Susan Mitchell, *The American Generations: Who They Are, How They Live, What They Think* (Ithaca, N.Y.: New Strategies, 2003), 23.
6　Quoted in Gerber et al., *Lifetrends*, 1.
7　Douglas Coupland, *Life after God* (New York: Pocket, 1994), 359.
8　Strauss and Howe, *Generations*, 322.
9　Ibid., 329.
10　Ibid., 334.
11　George Barna, *Generation Next* (Ventura, Calif.: Regal, 1995), 11.
12　Ibid., 128.
13　Neil Howe and William Strauss, *Millennial Rising: The Next Generation* (New York: Vintage, 2000), 28.
14　Ibid., 24.

3부　말씀을 세상에 적용하기 위한 성경적 모델들

10장　사도행전 17장에서 보는 바울의 사례

1　Simon Kistemaker, *Acts* (Grand Rapids: Baker, 1991), 630.
2　Ben Witherington III, *The Acts of the Apostles: A Socio-Rhetorical Commentary* (Grand Rapids: Eerdmans, 1998), 518.
3　Ibid., 524.
4　Kistemaker, *Acts*, 639.

11장　전도서: 세계관 연구

1　Jay E. Adams, *Life under the Sun/Son: Counsel from the Book of Ecclesiastes* (n.p.: Timeless Texts, 1999), v.

2 Jacques Ellul, *Reason for Being* (Grand Rapids: Eerdmans, 1990), 112.

3 Tremper Longman III, *The Book of Ecclesiastes*, New International Commentary on the Old Testament (Grand Rapids: Eerdmans, 1998), 195.

4 Ellul, *Reason for Being*, 133ff.

5 Longman, *Ecclesiastes*, 85.

6 James Crenshaw, *Ecclesiastes: A Commentary* (Philadelphia: Westminster, 1987), 73ff.

7 Robert Wuthnow, *The Crisis in the Churches: Spiritual Malaise, Fiscal Woe* (New York: Oxford University Press, 1997).

12장 성경을 언약의 말씀으로 읽기: 창세기 13장

1 H. Evan Runner, introduction to *Promise and Deliverance, Promise and Deliverance*, by S. G. DeGraaf, 4 vols. (St. Catharines, Ont.: Paideian, 1977), 1:13-14.

2 H. A. Ironside, "Beneath the Blood-stained Lintel," in *The Continual Burnt Offering: Daily Meditations on the Word of God*, 3rd ed. (Neptune, N.J.: Loizeaux Brothers, 1995). Used by permission from Loizeaux Brothers.

부록1

1 Brett P. Webb-Mitchel, *Christly Gestures: Learning to Be Members of the Body of Christ* (Grand Rapids: Eerdmans, 2003), 245.

용어해설

가정 Assumption
추론을 하거나 여타의 어떤 일을 하기 전에 추정하는 것, 논리적으로 혹은 무심결에 우리에게 필요하다고 믿는 어떤 것.

개혁주의 Reformed
역사적인 프로테스탄트 종교개혁과 관련된 개념으로, 성경의 권위와 전체 삶에 대한 하나님의 통치를 강조하는 전통을 언급할 때 이 용어를 사용함.

계몽주의 Enlightenment
사람이 성년에 이르게 되면 스스로 사고하고, 추론하고, 어떤 대상에 대해 알기 시작한다고 여긴 18세기 초반의 시기. 사람은 자율적인 사고가 가능한 존재가 되어, 어떤 대상에 대해 알기 위해 더 이상 하나님으로부터 출발할 필요가 없다고 믿게 되었다.

구조주의 Structuralism
고정된 형식에 실재를 적용하려는, 그럼으로써 객관성을 부여하려는 시도.

근대성 Modernity
이에 대한 여러 정의가 있지만, 간단히 말해 "근대의 특성"이라고 할 수 있으나, 그 이상의 의미를 지니고 있다. 서구 사상에서는 일반적으로 발전된 산업 사회를 의미한다. 이 용어는 철학적이고 사회학적인 의미를 모두 가지고 있다. 또한 그것은 도덕적인 측면들을 가진 개념이기도 하다. 근대성은 현대 세계, 특별히 발전된 산업 사회의 맥락에서의 이데올로기들을 지칭한다.

근대주의 Modernism
기독교적 신앙은 자연주의적 가정들에 적합하도록 바뀌어야 한다고 주장하는 계몽주의 철학의 이데올로기적 산물. 이 용어는 핵심적인 준거 지점에 계신 하나님을 대신해 사람을 중심에 두는 패러다임 전환을 말한다.

근대화 Modernization
근대 세계에 사회적, 경제적, 기술적, 철학적으로 미치는 이데올로기의 영향들.

논리학 Logic
올바른 사고 혹은 타당한 추론의 과학. 추론의 형식적 원리를 다루는 학문.

뉴에이지 운동 New Age movement
동양의 철학과 종교를 서양의 틀에 가져와 하나님은 모든 것이자 모든 것이 하나님이라는 믿음을 만들어내는 시도. 사람은 궁극적으로 신으로서, 그 자신의 실재를 창조한 존재다.

대중 문화 Pop culture
실질적이고 전통적인 문제들보다는, 엔터테인먼트, 재미, 삶에 대해 보다 가벼운 최근의 동향에 있어 지적으로 하향 평준화된 관심.

문화 Culture
우리의 삶의 양식을 결정하는 가치, 신념, 행동을 포함한 환경.

변증론 Apologetics
비기독교적인 종교와 철학에 대항하여 기독교 신앙을 적극적으로 옹호하거나 또는 방어하는 신학의 한 분야.

상대주의 Relativism
진리와 실재는 상황에 따라 결정된다고 여기는 이데올로기. 하나의 상황에서 진리인 것이 또 다른 맥락에서도 반드시 진리인 것은 아니며, 그러므로 보편적이고 절대적인 진리는 없다고 봄.

세계관 Worldview
실재 혹은 우리가 실재라고 믿는 것을 "볼" 때 우리가 사용하는 필터 혹은 안경반드시 과학적으로 타당할 필요는 없음. "세계관"은 어떤 것이 어떻게 진짜로 그것인지, 우리가 그 대상을 해석할 때 활용하는 체계에 대한 우리의 관점을 말한다.

세속주의 Secularism
삶은 종교적 신념과 분리되어 있거나, 그로부터 자유롭다고 보는 관점.

시스템 접근법 Systems approach
모든 것은 복잡하게 서로 이어져 있어 각 부분은 반드시 전체에 영향을 미친다고 보는 관점.

실용주의 Pragmatism
진리는 실제적이고, 경험적인 신념의 결과에 의해 결정된다고 보는 관점.

언약 Covenant
하나님께서 피조물, 특별히 사람하나님의 형상을 가진 존재과 맺는 상호 간의 결속 혹은 계약과 같은 성격의 합의. 하나님께서 우리와 맺으신 언약은 우리가 하나님, 우리를 둘러싼 것들, 그리고 다른 사람들과 관계를 맺는 방식에 강력한 영향력을 미친다.

인식론 Epistemology
우리가 이해하는 방식, 지식에 관한 이론을 다루는 철학의 한 영역으로, 특별히 우리가 알고, 믿는 것, 그리고 그 이유와 관련성을 가지고 있다.

이데올로기 Ideology
사람들로 하여금 특정한 이해와 행동을 하도록 하는 견해 혹은 신조의 체계.

인포테인먼트 Infotainment
"인포메이션"과 "엔터테인먼트"의 합성어로서, 정보를 생산해 내는 오늘날의 성향을 이르는 말. 종종 즐거움을 주는 지식과 혼용되기도 함.

일원론 Monism
모든 것은 하나요, 하나는 모든 것이라는 신념.

추정 Presupposition
가정(Assumption)을 참고하라.

테크놀로지, 기술주의 Technology, technism
과학의 시대에 발전된 모든 것.

토대주의 Foundationalism
우리가 기반으로 삼는 신념과 지식에 대한 초기의 관점. 데카르트에 따르면, 그것은 사람의 의심하는 능력을 말한다. 기독교인에게 토대주의란 하나님의 계시이다. 전자는 그렇지 않은 반면, 후자는 선하다. 양쪽 모두를 거부하긴 하지만, 포스트모더니즘은 주로 데카르트의 개념에 대한 반발이라고 볼 수 있다.

포스트모더니즘 Postmodernism
모더니즘 철학을 무력화하거나 혹은 완성하려는 철학 패러다임. 포스트모더니즘은 진리와 실재를 사람이 무언가를 결정하는 틀 안에 둔다. 그것은 권위, 객관성, 이성, 과학적 모델 대신에 평등주의, 주체성, 감정, 신비주의를 강조한다.

하나님 나라 Kingdom of God
왕이신 예수 그리스도의 통치와 다스림을 의미하는 "하늘 나라"와 교차적으로 사용 가능한 용어.

합리적인 Rational
사고와 이성을 가지고 있는.

합리주의 Rationalism
사람은 외부 자원으로부터 아무런 도움을 받지 않고도 직관에 의해 진리를 발견할 수 있는 지적인 능력을 가지고 있다고 보는 신념. 하나님의 계시와 관계 없이 논리적인 수단을 통해 진리에 도달할 수 있다고 생각하기 때문에, 이성이라는 하나님의 선물을 사실상 오용하는 것이다.

허무주의 Nihilism
삶, 인간, 그리고 하나님을 포함하여 아무 것도 진정으로 알 수 없다는 신념. 모든 것은 기본적으로 아무 것도 아니며, 따라서 의미도 없고 소용도 없다고 생각하는 입장.

혼합주의 Syncretism
둘 혹은 그 이상의 사상이 뒤섞여 있는 것. 예를 들어, 기독교를 문화적으로 잘 받아들여지도록 하기 위해 기독교에 다른 종교적 가르침을 섞어 놓은 것.

추가적인 참고문헌

Adams, Jay E. *Life under the Sun/Son: Counsel from the Book of Ecclesiastes.* n.p.: Timeless Texts, 1999.
Anderson, Walter. *Reality Isn't What It Used to Be.* San Francisco: HarperCollins, 1992.
Barna, George. *The Second Coming of the Church.* Nashville: Word, 1998.
Barna, George. *Transforming Children into Spiritual Champions: Why Children Should Be Your Church's #1 Priority.* Ventura, Calif.: Regal, 2003.
Barna, George, and Mark Hatch. *Boiling Point: It Only Takes One Degree.* Ventura, Calif.: Regal, 2001.
Barrs, Jerram. *The Heart of Evangelism.* Wheaton, Ill.: Crossway, 2001.
Bellah, Robert, et al. *Habits of the Heart.* Berkeley: University of California Press, 1996.
Bloom, Allan. *The Closing of the American Mind.* New York: Simon and Schuster, 1987.
Brown, Harold O. J. *The Sensate Culture.* Dallas: Word, 1996.
Carson D. A. *Exegetical Fallacies.* 2nd ed. Grand Rapids: Baker, 1996.
Colson, Charles. *Against the Night: Living in the New Dark Ages.* Ann Arbor: Servant, 1989.
Dawn, Marva J. *Is It a Lost Cause?* Grand Rapids: Eerdmans, 1997.
Dawn, Marva J. *Reaching Out Without Dumbing Down.* Grand Rapids: Eerdmans, 1995.
DeGraaf, S. G. *Promise and Deliverance. 4 vols.* St. Catharines, Ont.: Paideia, 1977.

Dumbrell, W. J. *Covenant and Creation: A Theology of the Old Testament Covenants.* Grand Rapids: Baker, 1984.

Ellul, Jacques. *The Presence of the Kingdom.* Colorado Springs: Helmers and Howard, 1989.

Engels, James, and Will Norton. *Contemporary Christian Communications: Its Theory and Practice.* Nashville: Nelson, 1979.

Feinberg, John S. *No One Like Him: The Doctrine of God.* Wheaton, Ill.: Crossway, 2001.

Frame, John M. *The Doctrine of God.* Philipsburg, N.J.: P&R Publishing, 2002.

Frame, John M. *The Doctrine of the Knowledge of God.* Philipsburg, N.J.: P&R Publishing, 1987.

Gallup, George, Jr., and D. Michael Lindsay. *Surveying the Religious Landscape: Trends in U.S. Beliefs.* Harrisburg, Pa.: Morehouse, 1999.

Gallup, George, Jr., and Timothy Jones. *The Next American Spirituality.* Elgin, Ill.: Cook, 2000.

Gerber, Jerry, et al. *Life trends: The Future of Baby Boomers and Other Aging Americans.* New York: Macmillan, 1989.

Grenz, Stanley J. and Roger E. Olson. *Who Needs Theology: An Invitation to Study God.* Downers Grove, Ill.: InterVarsity, 1996.

Guinness, Os. *Time for Truth: Living Free in a World of Lies, Hype, and Spin.* Grand Rapids: Baker, 2000.

Hendriksen, William. *The Covenant of Grace.* Grand Rapids: Baker, 1932.

Henry, Carl F. H. *Twilight of a Great Civilization: The Drift Toward Neo-Paganism.* Westchester, Ill.: Crossway, 1988.

Hesselink, I. John. *On Being Reformed.* 2nd ed. New York: Reformed Church Press, 1988.

Heyns William. *Manual for Reformed Doctrine.* Grand Rapids: Eerdmans, 1926.

Hicks, Rick, and Kathy Hicks. *Boomers, Xers, and Other Strangers: Understanding the Generational Differences That Divide Us.* Wheaton, Ill.: Tyndale, 1999.

Holmes, Arthur. *Contours of a World View*. Downers Grove, Ill.: InterVarsity, 1983.

Hunt, Susan. *Heirs of the Covenant*. Wheaton, Ill.: Crossway, 1998.

Jocz, Jacob. *The Covenant: A Theology of Human Destiny*. Grand Rapids: Eerdmans, 1968.

Jones, Landon. *Great Expectations*. New York: Ballantine Books, 1980.

Lewis, Bernard. *The Crisis of Islam*. New York: Modern Library, 2003.

Lugo, Luis, ed. *Religion, Pluralism, and Public Life: Abraham Kuyper's Legacy for the Twenty-First Century*. Grand Rapids: Eerdmans, 2000.

Marsden, George M. *Reforming Fundamentalism*. Grand Rapids: Eerdmans, 1987.

McIntosh, Gary L. *One Church, Four Generations: Understanding and Reaching All Ages in Your Church*. Grand Rapids: Baker, 2002.

Meek, Esther Lightcap. *Longing to Know: The Philosophy of Knowledge for Ordinary People*. Grand Rapids: Brazos, 2003.

Middleton, J. Richard, and Brian J. Walsh. *Truth Is Stranger Than It Used to Be: Biblical Faith in a Postmodern World*. Downers Grove, Ill.: InterVarsity, 1995.

Moore, T. M. *I Will Be Your God*. Philipsburg, N.J.: P&R Publishing, 2002.

Moore, T. M. *Redeeming Pop Culture*. Philipsburg, N.J.: P&R Publishing, 2003.

Moreland, J. P., and William Lane Craig. *Philosophical Foundations for a Christian Worldview*. Downers Grove, Ill.: InterVarsity, 2003.

Neuhaus, Richard John. *Naked Public Square*. Grand Rapids, Eerdmans, 1984.

Patterson, James, and Peter Kim. *The Day America Told the Truth*. Old Tappan, N.J.: Prentice Hall, 1991.

Peterson, Jim. *Lifestyle Discipleship*. Colorado Springs: NavPress, 1994.

Plantinga, Cornelius. *Engaging God's World: A Christian Vision of Faith, Learning and Living*. Grand Rapids: Eerdmans, 2002.

Regels, Michael. *The Death of the Church*. Grand Rapids: Zondervan, 1995.

Ridderbos, Herman. *The Coming of the Kingdom*. Philadelphia: Presbyterian and Reformed, 1962.

Ringma, Charles. *Resist the Powers*. Colorado Springs: Pinon, 2000.

Rushdoony, Rousas J. *Intellectual Schizophrenia*. Philadelphia: Presbyterian and Reformed, 1961.

Schaeffer, Francis. *The God Who Is There*. Downers Grove, Ill.: InterVarsity, 1998.

Spykman, Gordon. *Reformational Theology: A New Paradigm for Doing Dogmatics*. Grand Rapids: Eerdmans, 1992.

Stevens, R. Raul. *The Other Six Days*. Grand Rapids: Eerdmans, 1999.

Stott, John R. W. *Between Two Worlds*. Grand Rapids: Eerdmans, 1982.

Stott, John R. W. *One People*. Downers Grove, Ill. InterVarsity, 1978.

Strauss, William, and Neil Howe. *Generations: The History of America's Future, 1584 to 2069*. New York: William Morrow, 1991.

Vos, Geerhardus. *Redemptive History and Biblical Interpretation*. Edited by Richard B. Gaffin Jr. Phillipsburg, N.J.: P&R Publishing, 1980.

Walsh, Brian J., and J. Richard Middleton. *The Transforming Vision: Shaping a Christian Worldview*. Downers Grove, Ill.: InterVarsity, 1984.

Webber, Robert E. *Ancient-Future Evangelism*. Grand Rapids: Baker, 2003.

Webb-Mitchell, Brett. *Christly Gestures: Learning to Be Members of the Body of Christ*. Grand Rapids: Eerdmans, 2003.

Witherington, Ben, III. *The Acts of the Apostles: A Socio-Rhetorical Commentary*. Grand Rapids: Eerdmans, 1998.

Wolters, Albert M. *Creation Regained: Biblical Basics for a Reformational Worldview*. Grand Rapids: Eerdmans, 1985.

Wuthnow, Robert. *The Crisis in the Churches: Spiritual Malaise, Fiscal Woe*. New York: Oxford University Press, 1997.

Zorn, Raymond O. *Church and Kingdom*. Philadelphia: Presbyterian and Reformed, 1962.

역자 후기

 '제자훈련', '제자도'는 이제 식상한 말이고 시효가 다한 이슈일지 모른다. 과거 한국교회와 기독교 선교단체가 '제자훈련' 혹은 '제자양육'에 열과 성을 다하던 때가 있었다. 하지만 지금은 그런 분위기를 어디서도 느낄 수가 없다. 심지어 '제자훈련'이란 말을 들으면 사명감의 고취는 고사하고 피로감과 짜증을 느낄 사람들도 많을 것 같다. 차갑게 식어버린 음식처럼 도무지 구미가 당기지 않고 신선한 느낌이라고는 전혀 없다. 제자훈련은 결국 선교단체나 교회 내의 헌신자를 세우는 과정이나 자격 부여를 위한 코스가 되어 버렸다. 한국교회의 최근 역사는 제자훈련의 결과로 이룩한 큰 성과와 그 이후의 그늘을 목격하고 경험하는 과정이었다고 볼 수도 있다.

하지만 제자훈련이나 제자 삼는 사역은 일시적인 유행이 되어서는 안된다. 성경은 지금도 여전히 제자도가 그리스도인의 본질적인 과업임을 말하고 있다. 주님께서 우리에게 주신 대위임령의 핵심은 '제자를 삼는 것'이다. 먼저 그리스도의 신실한 제자가 되고 모든 민족을 그리스도의 제자로 삼는 것, 그것은 개인적 차원에서나 공동체적 차원에서 그리스도인들이 힘써 추구할 궁극적인 사명이다. 제자도는 그리스도인이 항구적으로 붙들어야 할 본질적인 가치이다. 그래서 지금 우리에게 필요한 것은 제자훈련과 제자도의 중요성을 새롭게 인식하고 우리의 삶에 실천할 계기를 마련하는 것이다.

이 책은 그런 의미에서 우리에게 도움을 줄 수 있다. 저자는 제자 삼는 사역을 제대로 된 개념의 틀과 맥락 안에 정치(定置)한다. 그리스도의 제자는 하나님 나라라는 개념과 불가분 연결되어 있다. 우리 주님께서 지상 사역을 통해 선포하신 복음의 핵심은 '하나님 나라'(하나님의 통치)였다. 십자가에서 죽으시고 부활하심으로써 온 우주의 왕이 되신 그리스도께서 제자들에게 그리스도의 왕되심을 선포하고 구현하라고 명령하셨다. 하나님 나라를 선포하고 이루어가는 일의 핵심은 바로 모든 민족을 제자로 삼는 것이다. 그러므로 제자도는 필연적으로 하나님 나라를 전제하고 있다.

이 책의 미덕은 제자도를 구체적인 훈련 프로그램이나 실천 원리로 환원시키지 않는 것이다. 저자는 제자를 삼기 위해서는 먼저 성경말씀을 전체적으로 제대로 알고 우리가 살아가는 세계를 아는 것이 필요하다고 주장한다. 말씀(the Word)을 알고, 세상(the world)을 알면 우리가 처한 상황 속에서 하나님 나라의 제자로서 살아가는 삶의 방향을 설정할 수 있다고 말한다. 이 책은 성경을 전체적으로 바로 알기 위한 개념들과 복음을 들어야 할 대상(세상)을 아는 데 필요한 핵심 개념들을 잘 정리해서 우리에게 제시한다. 이 개념적 체계를 바탕으로 각 교회와 선교단체, 개인은 상황에 맞게 제자 삼는 사역을 구체적으로 계획하고 실천할 수 있을 것이다.

몇 해 전, IVP 출판고문이신 웨슬리 웬트워쓰(Wesley Wentworth) 선생님께서 이 책을 소개해 주셨다. 책을 다 읽은 후에 이것이 한국교회의 제자 삼는 사역에 대한 인식을 새롭게 하고 이 본질적인 과업을 다시 실천할 수 있는 계기를 마련해 줄 수 있겠다는 생각이 들었다. 당시 교육 현장에서 바쁘게 활동 중이던 김양숙 선생님과 미국에서 유학 중에 있던 김종훈 선생님에게 책의 번역에 참여해 달라고 부탁했다. 두 분 다 번역 작업에 시간을 할애하기에는 사정이 어려웠을 것이다. 그런데도 취지에 공감하고 흔쾌히 번역 작업에 동참한 두 분 공역자들께 감사드린다. 역자들은 기독교사 단체인 교사선교회(TEM)에서 함께 활동하고 있으며 젊은 시절부터 제자훈련을 통해서 기독교사의 소명을 깨닫고 정체성을 확립하였다. 역자들은 제자훈련에 대해서 공통된 이해와 경험을 가지고 있었기에 책의 내용에 대해서 같은 입장을 견지하며 작업을 할 수 있었다.

이 책이 나오기까지 여러 사람들의 도움이 있었다. 교사선교회의 대표인 이거랑 선생님을 비롯한 본부팀의 김동현, 김유진, 류창기, 박제명, 장명수, 주종호 선생님은 책의 내용을 검토한 후 이 번역 작업을 교사선교회의 공식 사역으로 인정하고 격려해 주었다. 남수민, 박예은, 정승진, 정휘범, 조성현, 홍철민, 황형준 선생님은 함께 모여서 번역 원고를 읽고 귀중한 조언을 주었다. 출판위원인 고광철, 김만호, 백승국, 전경자 선생님은 최종 원고를 읽고 교정 작업을 위한 수고를 아끼지 않았다. 김선희 대표는 신생 출판사인 템북을 맡아 고군분투하는 와중에 제대로 된 책을 만들기 위해 큰 희생을 감내하였다. 이 모든 분들께 감사드린다.

부족한 우리를 사용하셔서 이 일을 가능케 하신 우리 주님께 감사드린다. 이 책이 한국교회의 제자 삼는 사역에 대한 사명감을 새롭게 자각시키고 다시금 진정한 제자도를 실천하는 데 기여할 수 있기를 바란다.

2019년 1월
역자를 대표하여 이현민

지은이

찰스 도나휴 Charles H. Dunahoo

콜롬비아 신학교 목회학 석사, 웨스트민스터 신학교 목회학 박사로 미국 장로교 기독교교육 및 출판 위원회의 코디네이터이자 Equip for Ministry의 편집장이다. 그는 미국 장로교단(PCA)의 설립과 조직에 있어 중요한 인물로서, 교단이 형성되던 시기에 여러 위원회에서 섬겼다.

교육자로서 도나휴는 목회와 더불어 애틀랜타 성경연구대학에서 4년간 교수로서 조직신학과 변증론을 가르친 경험이 있다. 현재 그는 기독교교육, 상담, 가정과 결혼, 관리자 교육에 관하여 다양한 세미나를 진행하고 있으며, 북미와 세계 여러 나라에서 지역 교회 지도자들과 여러 기독교 단체들에 대한 컨설팅도 수행하고 있다.

옮긴이

이현민

부산교육대학교를 졸업하고 남아프리카공화국 노스웨스트대학교 포쳅스트룸 캠퍼스(옛 기독교고등교육을 위한 포쳅스트룸대학교)에서 교육철학 전공으로 박사학위를 받았다. 신칼뱅주의 철학을 바탕으로 신앙에 합치된 교육을 실천하기 위한 교육의 일반 이론을 구축하는 일에 관심을 가지고 계속 공부 중이다. 니콜라스 월터스토프의 〈샬롬을 위한 교육〉(SFC)을 공동 번역했고, 한국교육철학회 〈교육과 지식〉(학지사)의 공저자이다. 현재 부산 엄궁초등학교 교사이자 동아대, 부경대, 한동대에서 강의 중이다.

김양숙

경인교육대학교 졸업, 한국교원대학교 대학원 교육과정을 전공하고 평가철학으로 논문을 썼다. 교사선교회에서 경인교육대학교와 교원대학교의 제자양육사역에 헌신하였고, 초등교육과정의 과정중심평가에 관심을 두고 교실을 다시 들여다보며 현장을 연구하는 교사이다. 두 아이의 엄마로 자녀를 기르고 진로를 결정함에 있어 하나님의 사람으로 사는 삶을 고민하며, 현재 초등학교 교사로 20년째 아이들을 가르치고 있다.

김종훈

경인교육대학교, 서울대학교를 졸업하고 미국 위스컨신대학교에서 교육과정 전공으로 박사학위를 받았다. 유학 시절, 같은 마을에 사는 '교사들의 교사' 파커 파머를 만나 인터뷰했던 감동을 지금까지 마음에 담고 있다. 예비교사들에게 감동을 가르치는 교수로, 교사선교회에서 선생님들과 가르침의 의미를 고민하는 실천연구자로 살고 있다. 현재 홍익대학교 교육학과에서 교수로 재직 중이다.